知识·态度·行动

地理学科视角下的中学生环境素养培育研究

李冬昕 著

上海教育出版社
SHANGHAI EDUCATIONAL
PUBLISHING HOUSE

"虹口·海派教育名师"
丛书编委会

青出于蓝而胜于蓝(代序)

20 多年前,我和李冬昕老师相识于北郊高中校园。

那时的他才思敏捷。记得他在课堂上经常会问一些别人意想不到的问题,为此,我们经常讨论、画图。见他如此喜欢地理,我就一直鼓励他选报地理。因为我在他身上看到了地理人的一些特质,比如喜欢思考和探索、对自然环境的热情、对新事物充满着好奇与渴望等等。值得高兴的是,他不仅在高考中取得较好成绩,还填报了地理师范专业。等到他大学毕业重新回到虹口担任地理教师之后,我看着他从一个青涩懵懂的青年教师一步步成长了起来。

这时的他才华横溢。几年时间里,在市区公开课上能看到他的身影、学术专业杂志上能看到他的名字、课题项目汇报会上可以听到他的发言……他不满足于此,2013 年,他成为我名师工作室的骨干成员,后来又成为市德育培训基地的学员。他一步一个脚印,坚定踏实地不断前行。他和我说,他深爱地理课堂,挚爱对教育教学的思考,他会坚定地走专业发展的道路,做一名专家型教师。其间,他出了第一本专著《地理学科与信息技术的深度融合》,多次参加上海市的学业水平考命题,后来担任了虹口区的学科教研员,成为学科带头人。

有时,我会想:到底是什么让李冬昕等青年教师一步步成长起来的?

其实,对于教师这一职业来说,由于每年工作的相似性和重复性,很容易陷入春夏秋冬又一春的循环。一名优秀的教师首先必须拒绝平庸,必须追求一种超越现实世界的精神境界,必须不断地从实然世界走向应然世界。李冬昕有矢志不渝的理想,有一丝不苟的认真,有锲而不舍的努力;他勤于思考教育教学中的问题,坚守教学第一线,深耕课堂和学校。理想是对现实而言,认真是对轻率而言,努力是对苟且而言。一名教师只有看到现实的不完美,看到自身的不足,才能看到诗意与远方,才能有所觉悟,有所超越,才能执着前行。李冬昕的成长过程就是一个不断摆脱旧我、获取新生的过程,是与时俱进、不断超越自我的过程。其中,也必然地包含成长的烦恼与挫折中的痛苦,没有任何一个人可以随随便便、轻轻松松地成功。所有经历中的坎坷与磨难都将积聚为生命的厚重,构成教育的智慧与人生的意义。

从李冬昕的身上可以看到:一位优秀教师的成长,必须历经实践、学习、思考、表达这一完整的过程。这里的表达不仅是言说,也包括专业写作。我认为,表达是教师成长的动力,也是教师专业发展的必然途径。为什么要将表达提到这么重要的位置上呢?一方面,表达是对教师的思想与语言的锤炼,是对教学实践的审视与反思,是从理论与实践结合的角度,对教学过程进行全面、理性、系统的梳理、提炼、总结和升华;另一方面,作为一名优秀的教师,他有责任将自己长期以来在教育实践中那些有价值的所做、所思、所悟、所感让更多的同行了解和借鉴,也必须接受来自同行的批评与建议,以期得到不断的改进与提高。因此,教师要养成表达的习惯,习惯于将自己的行动和思考形成文字,彰显于报刊,抑或集结成书稿,成为一种读物而传播。对于广大身处一线的教师而言,谁能够更加智慧地学习、深入地思考、不懈地探索,谁就能够获得更为快速的成长。让读书、研究、写作走进教师专业化成长的生命历程,让每一位教师都配享专业所带来的尊严与自豪。

如今的他才清志高。这是他的第二本专著,他想请我写序。作为他曾经的高中地理老师,同时也是他工作后的师父,对徒弟的要求自然难以推却,只能领受任务。读着读着,我不但有了兴致,而且有了更多的感想,正所谓"青出于蓝而胜于蓝"。

李冬昕的这本书体现了这些年来他对环境素养培育的探索,是他理论思考与实践经验相结合的产物,是他强烈的成长意识和自觉研究意识相互交织的成果。我知道,对环境教育他情有独钟,并有一定的积淀。早在10多年前,他的"地理学科培育环境素养的实践研究"曾获上海市中青年教师课题评比的一等奖。经过不断的探索,本书在环境素养培育的理论与实践方面都取得了一定的突破,对于落实习近平生态文明思想、提高环境教育质量的实效性,以及推进中学地理课程改革,拓展地理课程育人功能等方面均具有重要的指导作用和参考价值。此外,本文所探讨研究的思路对于其他学科教师开展其他项目研究同样具有重要的参考和借鉴价值。

今天的他已是北郊教育集团的负责人之一,成了我的"顶头上司"。从20多年前的师生情,到后来的师徒情,再到今天的同事情,结缘于北郊校园,致力于地理教育,我为他的成长进步感到由衷的高兴和骄傲,于是信笔写下了这篇代序。

期待能够有更多像李冬昕这样的老师出现,让教学研究成为我们所有教师的文化自觉和生活常态!

是为序。

上海市地理特级教师、正高级教师

2023.12.14

目　录

地理学科视角下
培育环境素养的时代背景

　　世界范围内的环境问题日益突出,使人类面临前所未有的生存危机,也迫使我们重新审视教育的功能与价值。人类对生存环境恶化的担忧促使环境素养培育的应运而生,其动机归根结底来自人类对自身生命的关爱和珍惜。

　　绪论部分,首先着重对环境素养培育理念产生和发展的背景进行梳理,包括人与环境关系演化、用数据与事例说明世界和中国主要存在的环境问题,以及新时代生态文明建设的理念要求。接着对地理学科与环境素养的相关性进行了分析。这是因为地理学科培育环境素养有着天然的优势,但是仅是理论上的优势,具有潜在的可能。如何揭示这种优势,并将潜在的可能进行具体化表达,是本节重点论述的问题。最后,从整体上对本书的研究思路与框架进行说明,以便形成对本书的整体认识。

第一节　人类面临全球环境问题

一、人与环境之间关系的演变

从人类诞生之初，人与环境之间就产生了紧密联系，也正式开启了人类与环境之间的相互影响和作用的发展历程，而且这种联系和作用关系始终贯穿在人类社会的不同发展阶段。纵观人类发展历程可以看出，人与环境之间的相处关系既纷繁复杂又意义重大。在早期的人类发展过程中，由于缺乏对人与自然和环境的客观科学的认知，引发了众多环境问题。因此，要了解人类面临的全球环境问题，必须先从历史的维度，整体认识人与环境的相互关系，即人类是如何引发环境问题的。对这一问题的认识与回答，有助于我们更好地协调与环境之间的相互关系，解决环境问题。

（一）渔猎文明时期：适应生存阶段

在这一阶段，全球的人口数量还相对较少，一般研究认为，此时的全球人口数量在 1 000 万以内。为了进一步获取食物，大多数人栖息聚集在河流流域或森林区域，古埃及的人口分布就是如此。人类与其他动物在生存环境上基本类似，时刻面临着饥饿的侵袭，还有可能遭受巨大的自然灾害影响，猛兽袭击的事件也频繁发生。在这个时期，人类的活动范围相对狭小，能力也相对有限，难以充分改造自然。同时，人类对自然施加的影响也相对有限，即使产生了一些干扰或造成了一些不利影响，自然系统也能够迅速调节、恢复。这时人类的活动与环境之间并非高度和谐。很多时候，人类为了获取食物，将动物群体赶下悬崖。有时甚至为了将躲藏在森林中的动物逼迫出来，人们不惜大片燃烧森林和草地。采取这种方式也会带来物种灭绝的灾难性后果，尤其是森林火灾引发的不利后果让人触目惊心。但整体来看，这种影响具有明显的局部性特征，而且持续时间不会很长。

与现代人类社会相比而言，处在渔猎文明时期的人类还难以通过自身的能力对环境施加较大的影响；人类往往受制于环境的约束，受环境影响的程度更大。在那时的生命形式中，人类处于较低层次，对环境施加影响也只是为了更好地生存和延续种族。

（二）农业文明时期：环境安全阶段

距今 1 万年以前，人类步入新石器时代。人类不再是漫无目的地采集野生小麦，而是开始对小麦进行有意识的栽种，并逐渐步入农耕生活时代。随着人类逐渐形成农耕的生活方式，农业、畜牧业都有了显著的发展，农业革命也正式开启，人类的生产和生活方式发生了翻天覆地的变化。饲养动物、种植庄稼已成为农业生产的常态，人类的食物来源也已经由渔猎时期的捕猎发展到农业和畜牧业生产提供的粮食与肉制品。这为人类的村庄定居奠定了良好基础。随着食物数量的增加和生存环境安全性的提高，人类的生存境况有了极大的提升，生活也有了基本的保障。人类能够花费更多的时间在劳动工具的改进和农业技术的提升上，从而推动了整体生产力水平的提高。随着人类改造自然能力的不断增强，人口数量也在不断增加。为了更好地满足人类日益增长的发展需求，获得更加富足的生活，人类通过集群的形式开垦土地，对自然环境施加影响，由此引发了严重的土壤侵蚀、植被破坏和荒漠化问题。这一问题的出现直接导致了一些国家的衰败。早期巴比伦王国经济发达，民众生活富足，但随着农业生产规模的持续扩大，人们开始大量地开垦土地，大兴水利工程，对当时的水土资源造成了重大不利影响，从而造成生态环境的恶化，最终使得这一文明古国走向了终结。

农业文明时期，人类开始注意与环境之间的和谐共处，实现了更高程度的人与自然的和谐状态，人类社会也逐渐步入了环境安全的发展阶段。随着食物来源的日益稳定和人身安全的日益保障，人类社会的整体生产力也有了明显的提升，对自然施加的影响也大幅提高，由此引发了对自然环境的更大范围的干扰和影响。但由于当时人类社会对环境的认知还相对匮乏，盲目利用和无节制索取成为当时人类生存的常态。再加上食物供给充足，造成了人口的快速增长，对环境施加的压力越来越大，环境问题也日趋加剧，生态破坏日益严重。但由于人类活动区域相对有限，对自然造成的影响也相对有限，而且彼时自然资源十分丰富，空间也十分辽阔，自然具有较强的自我调节能力，因此并未出现严重的环境危机或生态危机，人和环境还能够处于相对和谐的共存状态。

（三）工业文明时期：环境恶化阶段

距今 600 年前，随着西欧社会对东方文明的不断消化吸收，又先后经历了文艺复兴和科技革命,推动整个社会发生了根本性的变革。尤其是以英国瓦特改良的蒸汽机为代表的技术革命,推动了人类生产生活中机械的大量运用,显著地提高了人类的生产效率,也改善了人类的生活,物质和精神财富前所未有的丰富,人类的生存状态也有了显著的改变。人类社会逐渐步入工业文明时代,推动了当时的人与环境之间的关系进展。

随着工业革命的深入推进,人们找到生产商品的新方法和能源利用的新途径。一方面,人类的能力有了显著的提升,对周边环境的依赖程度大幅下降,新型建筑高耸入云,越来越长的道路被铺设,越来越多的设备被制造出来,整个世界也逐渐朝着人类期望的方向发展。与此同时,大兴土木造成森林被大量砍伐,沼泽被抽干,多种物种的栖息地被占领,许多物种濒临灭绝,甚至有些已经在人类的活动影响下完全灭绝。另一方面,除了人类对环境造成影响以外,环境也在一定程度上影响人类自身的生存境遇,一系列严重的环境问题出现在人类社会,日本的水俣病、伦敦的光烟雾都对人类社会的发展产生了十分不利的影响。

可以说,现代工业的发展为人们带来了众多便利,但同时也催生了大量问题,生态恶化、资源耗竭等问题十分突出,已经严重地影响到人类发展的进程。过度工业化还使得一些国家出现了一系列的社会性问题,如贫富差距加大、阶级矛盾加深等。随着人口的快速增长,环境承受的压力也变得越来越大。

(四)后工业文明时期:危机改善阶段

进入后工业文明时代,电子技术发展的序幕正式拉开了。除了传统的矿物能源和物质资源以外,信息资源也成为重要的资源形式,对人类社会发展产生重要影响。知识伴随着信息网络的扩张,在全社会大范围地传播,进一步强化了信息的重要作用。

相比以往任何发展阶段,人类在发展过程中所需要的物质资源的数量更少。尤其是在技术创新方面取得的重大进展,更是让人们减少了能源的消耗,也降低了对环境的污染。人们在现代社会中生活得更加便捷、更加高效,通过一些现代化的技术手段能够有效处理日常工作事务。尤其是在互联网的支撑下,人类无须四处奔波去参加各种商务活动或科学考察,极大地节省了时间精力,也减少了资源的消耗。但与此同时,科技的发展也带动了人类的生活区域的扩展和生活方式的改变,城市和乡村之间的联系日渐紧密,人类也逐渐意识到构建和谐高效的人类环境的重要意义。进入 21 世纪以来,各国政府对环境问题均更为重视,国民在环保意识方面也有了显著的提升。人们通过开展更加高效的生产活动能够最大限度地降低对环境造成的不利影响,有助于实现人与自然的和谐共处,同时也能够协调经济与自然的发展。可以说在这一时期,人类将与自然的和谐共处作为经济发展的基础,极大地提升了人与自然之间的和谐层次,有效地改善了当前的环境问题。

二、日趋严峻的世界环境问题

环境问题的出现是由工业经济发展所带来的。人类社会发展至今,人类始终依赖自然提供的各种资源,将环境作为人类赖以生存的重要基础。恩格斯曾指出,人是自然的产物,人的发展是与环境共同发展的结果。在早期人类社会发展阶段,人类的活动范围还相对有限,以适应性生产为主的经济行为,并未对人类栖息地造成太大危害。然而,自 18 世纪 60 年代开始的工业革命以来,由于大量使用能源和机械设备,虽然社会生产力有了显著的提升,物质生活水平显著提高,但是代价却是不可再生的自然资源被大量消耗,人类社会出现了严重的生态环境问题。由此可以看出,人类的生态问题的根源在于生产活动和经济行为的错配。

(一)人类生存环境的破坏

从蒸汽机的发明开始,人类正式步入工业革命时代。人类在征服和改造自然过程中,形成了错误的"人类中心主义"思想,将世界的万物都当作人类发展的工具。人类为了自己的需要和利益,可以我行我素,为所欲为,同时缺乏对环境的关注,各种工业生产的废弃物引发全球环境危机,土壤、水体和大气污染等成为全球环境问题的重要表现。一项研究表明,2022 年全球海洋温度创下 1958 年有记录以来的最高纪录。全球海洋吸收了来自温室气体排放的 90% 的多余热量。1990 年以来,全球海洋温度一直呈加速上升趋势,全球海洋变暖带来的极端天气威胁着人类的可持续发展。

从历史来看,环境受到破坏的事件层出不穷。在 20 世纪 30 年代美国中西部出现了黑色风暴,对大量农场造成严重的影响,人们也开始意识到生态环境对整个社会的重要意义。1948 年,多诺拉工厂出现了二氧化硫和烟雾粉尘污染,大量的居民患上了哮喘等疾病,交通事故频繁发生,人们的正常生产生活受到了严重影响,身体状况也受到了重大威胁。1952年,英国伦敦出现了浓雾笼罩,在一周之内4 000多人丧生;在随后的一个多月里,死亡人数激增至8 000人。其主要原因在于雾气中包含了大量的工业CO和SO_2,对人体的影响巨大,严重威胁了人类的生存健康。在20世纪50年代,日本发生了甲基汞中毒事件,许多患者先是头晕目眩,进而口齿不清、耳聋失明,甚至最后精神失常。追根溯源在于化工厂把大量的甲基汞排放到水体中,造成鱼类受到严重污染,人类在食用污染的鱼类后出现中毒现象。1989年,苏联切尔诺贝利核电站核泄漏,当场造成31人死亡,随后陆续死亡了200多人。为了防止核扩散对人类造成的不利影响,苏联政府紧急疏散了10万人。其带来的经济损失超过30亿美元。这一系列的环境污染事件逐渐发展成为社会公害,造成生物多样性骤减和全球气候不断变暖,严重地威胁了人类的生存状况。环境污染问题已经成为威胁人类身体健康的重要问题,迫切需要采取措施对其进行有效处理。

(二)工业经济发展使得"资源"与"环境"分离

自然环境为人类提供了生存的场所,自然资源是人类生存必需的资源形式,它以一定的形式存在于特定的环境中。两者之间存在着相互作用、相互融合的关系。资源的不断枯竭也会引发自然环境遭受严重的破坏,两者往往相继发生或同时发生。

自然资源和自然环境本来就是同一事物的两个方面,无法对两者作出明确的区分。两者在某种情形下可以相互转化,具有典型的二元性特征。在科技快速发展和人类需求不断转变的过程中,人类对自然资源作出的定义也发生着变化。自然环境因素经过一定的技术处理以后,转化为重要的自然资源。以前单纯被视作自然环境的因素,如空气、水等,在现代社会却被视作重要的自然资源,予以评估和开发利用。综合上述分析可以看出,自然资源构成了自然环境,并且是其重要组成部分。对自然资源的破坏就必定会导致自然环境的破坏。因此,本书后面的部分,也会对利用资源的合理性进行论述与分析,将其作为地理学科培育环境素养的重要内容之一。

自然资源与自然环境的关联是引发资源与环境,以及它们与经济社会发展造成的连锁反应的关键性因素。人类活动的科学与否、适宜与否将会决定连锁反应走向是积极的一面还是消极的一面。如果人类开发活动措施不当,如过度开垦、过度砍伐,会造成自然资源的枯竭和流失,并由此引发生态破坏与环境恶化,将人与自然置于对立面。

在人类漫长的发展历程中,生产力的每一次飞跃都会以新工具的发明和应用为标志,也必然会引发自然资源开发的新热潮,从而不断加剧自然环境的恶化,引发新一轮的自然环境危机。随着社会发展步伐的不断加快,人类在生产和生活过程中对原材料的需求数量也日益增加,由此引发了一系列生产、生活危机。重金属矿产的无序开发造成了许多重金属流入土壤,富集在食物、蔬菜等人类的必需物资中。自然资源的疯狂利用和开发又会引发自然资源的严重破坏。土壤盐碱化、沙漠化,水土流失和草原退化等问题变得越来越突出,严重地威胁了人类的生存健康。

从 20 世纪 80 年代开始,许多发达国家围绕着环境污染损失方面展开相关研究,并提出了科学的分析评估措施。人类开发活动引发的经济损失要显著超出获得的内部收益。人类在谋求经济与社会共同发展的同时,需要进一步寻求更加高效和谐的人与自然相处的途径与办法。

(三)城镇化发展引起的城市环境质量问题

全球城市化已经引发了许多环境问题。预计到 2025 年,全球城市中心地区的居住人口数量将会突破 40 亿。人口的大规模聚集导致了一系列环境问题。如,城市人口数量的急剧增加会使得这些区域的空气污染程度不断加剧,而空气污染的程度受到人口密度和经济政策、经济发展模式等多种因素的综合影响。

从我国的现状来看,2020 年第七次全国人口普查结果指出[①],当前我国城镇人口数量突破了 9.02 亿人,在人口总量中的占比达到了 63.89%;乡村人口为 5.1 亿人,占比为 36.11%。城市,尤其是那些经济发展程度相对较高的城市,所承受的人口压力是前所未有的,造成的环境和资源的污染也是极其严重的。大量的人群聚集在狭小的空间内,造成住房困难和交通紧张,引发了一系列的城市病,十分不利于城市环境的发展。

人口集中在大城市既有利也有弊。由于住宅和工业生产均大量集中在一个狭小的地理区域,大城市的污染排放量可能大大超过当地环境的自我清

---

① 中华人民共和国中央人民政府.第七次全国人口普查主要数据情况,https://www.gov.cn/xinwen/2021-05/11/content_5605760.htm.

洁能力——这是不利的一面。有利的一面表现在：城市污染物集中可以降低管理和控制成本。因此，在一定的人口规模条件下，分散的生存方式对自然环境的破坏反而会大于城市群。城市群的净化效应在很大程度上取决于政治和社会制度在治理和控制污染方面的有效性，以及城市发展的速度和制度保障。

（四）消费文化产生的环境问题

市场经济的发展需要促进新的需求和带动新的消费，为其提供不断发展的动力。在人类社会发展的历程中，人类对科技掌握的能力不断提高，改造自然的能力也在不断提升。尤其是人类过去错误的发展理念导致人类对物质的过度追求，由此引发了全社会的过度消费。例如，当前发达国家绝大多数都是高消费型社会，美国世界人口占比不足 5%，在生物资源的承载力方面能够达到 12% 左右，但美国消耗的资源却接近 25%。在这类发达国家中，对娱乐的无节制追求和对物质享受的过度推崇，致使大量的物质材料一经使用便被抛弃。这种不良的消费习惯正在不断地突破地球的承载力。大自然资源被人类无情地挥霍浪费，城市垃圾不断堆积，废弃物污染日趋激烈，严重地破坏整体的生产环境，也遭到了自然毫不留情地报复，出现了一系列的自然灾害，资源枯竭问题日益彰显，人类的生存环境遭受了重大威胁。如何在此背景下，合理高效地进行资源开发和环境利用，同时又不会影响人们的经济效益，是当前人类社会迫切需要解决的难题。如果无法扭转当前的环境恶化趋势，将会造成生态系统的持续破坏，甚至在某一天将会造成生态系统的彻底崩溃。好在人类已经逐渐意识到环境对人类发展的重要性，在生产生活中开始对消费行为和生产行为进行反思，也在不断采取措施来改善生态环境。

（五）经济全球化加速了环境问题的产生

从 20 世纪 90 年代开始，信息技术有了迅猛发展，人们生产生活方式受到信息技术的极大推动，发生了显著的改变。尤其是互联网的出现，使得国家之间距离不断缩小，地球逐渐变成了地球村，人们的交流变得更加密切。随着国与国之间的合作逐渐密切，尤其是跨国公司的扩张，在全球范围内形成了相互依存的国际市场。国际化分工日渐形成，人力、物力及财力等资源要素在全球范围内流动，生产朝着全球化的方向迈进。在经济全球化的大力推动下，资源匮乏、环境污染的问题日益严重，物种灭绝的现象也十分普遍。伴随着经济全球化的不断深入,生产和贸易全球化也在继续进展,由此带来了环境问题的全球化。各国对环境质量要求不同,对环境资源的消耗程度不同,使得许多跨国企业纷纷将工厂转移至环境标准宽松的地方。伴随着全球化的推进,西方国家开始寻求在世界范围内进行产业转移,并在产业转移的过程中将部分污染产业转移到发展程度相对较低的国家。发展中国家也需要迫切寻找产业转移机会,对自身原有的产业作出相应的调整。尽管一些发展中国家知道西方发达国家转移的项目是高污染项目,但为了提升自己的综合国力,不得不接受西方发达国家的污染转移行为。而且那些进入发展中国家的企业在环境成本上的花费可以忽略不计,吸引了越来越多的发达国家通过转移产业的形式获得成本优势。西方国家在转移高污染产业时,主要是遵循着这样一条途径:欧洲转移至亚洲,北美洲转移至南美洲。

总而言之,从工业文明发展至今,人类所处的自然生态环境有了明显的恶化的征兆,制约和影响着人类整体的发展,逼迫人类不得不重新关注人与自然之间的关系,反思现代工业的合理性,寻求可行的措施去调整环境与人之间的关系。

三、中国环境问题的现状

由于我国人口数量众多,人口负荷过大,再加上对一些资源长期不合理开发利用,对自然环境缺乏保护意识和改善举措,我国生态环境面临严峻挑战。环境问题的出现,对人们的生产生活造成了重大不利影响,也限制了经济的健康持续发展,甚至还会严重威胁国家安全。

(一) 不同要素的环境问题

1. 大气环境

从改革开放发展至今,中国的经济建设方面取得了重大突破,工业化发展水平不断地提升,城镇化速度也在持续加快,人均可支配收入水平持续增长,生活水平显著提高。但与此同时,大气污染问题不断突出。近年来,北方城市雾霾天气频发,严重地影响公众的正常生产、生活,对人类的生存健康造成了极大的威胁。为此,我国社会各界人士对于大气污染问题给予了重点关注,国家也出台了多项政策,要求从多个层面来治理大气污染问题。

《2021 年中国生态环境状况公报》指出：2020 年中国的大气污染方面有了明显的好转，但总体还是处于低位的；2021 年全国 339 个地级及以上城市中，位于空气环境质量标准要求之上的有 218 个城市，占比为 64.3%，比 2020 年提高 3.5%；121 个城市环境空气质量超标，占 35.7%，相较于 2020 年下降了 3.5%。从 6 项污染物的数据看，2021 年，$PM_{2.5}$、O_3、PM_{10}、SO_2、NO_2 和 CO 浓度相比于 2020 年均有了不同程度的下降，$PM_{2.5}$ 和 PM_{10} 的浓度分别比 2020 年下降 6.1% 和 6.8%。

结合我国当前大气污染的现状与发展特点，可以将其概括为三个类型。

一是煤烟型污染。这类污染物以 SO_2、NO_x、CO 和颗粒物为主，在阳光强度较弱、环境温度较低、存在较低风速和逆温差的情形下，大气污染物无法顺利地迁移扩散，导致在某些区域尤其是近地层大量积聚，从而引发煤烟污染。中国已经发展成为世界第二大能源消费与生产国，在很长一段时间内，中国的煤炭都是主要的能源供给形式，因此煤炭污染造成的大气污染占比最高。

二是交通型污染。随着汽车保有量的不断提高，机动车开始成为交通型污染的重要来源。此外，机动船也是污染来源之一。以汽油和柴油为燃料的车船在行驶过程中排放出大量的 CO 和各类碳氢化合物，严重影响了人类的健康。这类污染类型在当前造成的危害日益突出。在人口聚集地区，交通型污染使得大量细颗粒物飘浮在空中，极易诱发光化学烟雾现象。

三是酸沉降型污染。酸沉降指的是通过降雨、降雪或类似的降水形式将大气中的酸性物质迁移至地表。酸沉降的最典型表现是酸雨。发展至今，中国已经成为第三大酸雨区，仅次于欧洲和北美。中国的酸雨区主要分布在西南地区，重庆和柳州等地发生频率较高。在 20 世纪 90 年代，随着工业污染的问题日益加重，酸雨的影响范围也在不断扩大，逐渐扩散至青藏高原、四川盆地和长江以南的众多区域。

2. 水环境

2021 年，中国对包括长江、黄河、珠江在内的主要河流监测区设定的 3 117 个国考断面中，经过监测后发现，87.0% 的河流水质断面达到 Ⅰ—Ⅲ 类标准，与 2020 年相比，提高 2.1%；劣 Ⅴ 类占 0.9%，比 2020 年下降 0.8%；长江流域、西北流域、西南流域、浙闽江、珠江流域水质优；黄河流域、辽河流域、淮河流域水质良好;海河流域、松花江流域为轻度污染。

《2021中国生态环境状况公报》在最近公布的一项数据中指出,监测的湖泊水库的水质监测区210个,其中Ⅰ—Ⅲ类区域的占比为72.9%,相比于2020年下降0.9%。劣Ⅴ类占5.2%,与2020年保持同等水平。中国在开展的营养状态监测中设置的监测区域共计209个,其中贫营养状态区域占比为10.5%,比2020年上升5.2%;中营养状态占62.2%,比2020年下降5.1%;轻度富营养状态占23.0%,比2020年下降0.1%;中度富营养状态占4.3%,与2020年持平。

由上述河流和湖泊的数据可以发现,在我国政府带领下,公众的环保意识有了明显提升;在各方努力下,水污染的状况也有了明显的改善,尤其是局部区域环境恶化的情形有了不同程度的好转。但整体来看,水环境和水污染的问题还是很严重,形势依然严峻,尤其是库区富营养化的问题还是很普遍。

此外,我国近岸海域水质总体稳中向好,但也存在局部污染的情况。2021年的数据显示,优良(Ⅰ、Ⅱ类)水质海域面积比例共为81.3%,比2020年上升3.9%;劣四类为9.6%,相比于2020年增长了0.2%,其核心指标为活性磷酸盐和无机氮(见表0-1)。

表0-1 2021年中国管辖海域未达到Ⅰ类海水水质标准的各类海域面积

海 区	海域面积(平方千米)				
	Ⅱ类	Ⅲ类	Ⅳ类	劣Ⅳ类	合计
渤海	7 710	2 720	820	1 600	12 850
黄海	6 310	1 830	720	660	9 520
东海	11 450	3 490	4 720	16 310	35 970
南海	5 070	2 920	890	2 780	11 660
管辖海域	30 540	10 960	7 150	21 350	70 000

资料来源:中华人民共和国生态环境部.2021中国生态环境状况公报。

3. 土壤环境

当前中国的土壤环境问题主要表现在两个方面:一是土地退化,二是土壤污染。土壤环境的问题会造成土地的生产力急速下降,人口被迫大量迁移,直接造成粮食生产安全问题。大量的生物栖息地变化,也不利于整个生态系统的健康发展(见表0-2)。

表0-2　典型地块及其周边地区土壤污染状况

样　地	点位占比(%)	主要企业或污染物
重污染企业	36.3	金属冶炼、金属制品、石油化工、皮革制造等
工业废弃地	34.9	锌、汞、铅、铬、砷和多环芳烃
工业园区	29.4	镉、铅、铜、砷和锌
固废处理处置场地	21.3	以无机型污染为主
采油区	23.6	石油烃和多环芳烃
矿区	33.4	镉、铅、砷和多环芳烃
污水灌溉区	26.4	镉、砷和多环芳烃
干线公路	20.3	铅、锌、砷和多环芳烃

资料来源:中华人民共和国环境保护部和国土资源部.全国土壤污染状况调查公报(2014).

针对当前我国土壤污染的严峻形势,党中央、国务院高度重视土壤环境保护与污染治理,中央领导多次作出重要指示和批示。各地区和各部门也在积极探索和实施土壤环境保护及污染控制。2021年,中国在土壤环境方面作出了种种努力,有效防范了土壤环境系统性风险,也基本上遏制了土壤污染的加速发展趋势,极大地提升了污染耕地安全利用效率,农地土壤环境整体趋稳。

此外,全国耕地质量平均等级为4.76等,属于中等地。在三个划分等级中,低等级耕地(一至三等)、中等级耕地(四至六等)和高等级耕地(七至十等)的耕地面积占比依次为31.24%、46.81%和21.95%。全国水土流失面积为269.27万平方千米。其中,水力侵蚀面积为112万平方千米,风力侵蚀面积达到了157.27万平方千米。根据侵蚀程度和侵蚀面积来分,轻、中、强烈、极强烈和剧烈五个等级的面积占比分别为 63.3％、17.2％、7.6％、5.7％和 6.2％。[①]中国工业化发展至今,走过一段漫长的粗放式发展历程,尤其是产业结构和产业布局的不合理造成了污染物排放量不断提升,长期高位运行。土壤污染在某些区域还是十分突出的问题,严重地影响了当地的农产品质量和人体健康安全。土壤环境不断恶化,迫切需要加强污染控制改善土壤条件。

4. 生物环境[②]

生态质量指标(EQI)和生物多样性是衡量生物环境的两个重要指标。2021 年中国的生态质量指数达到了 59.77,处于二等生态质量水平,与 2020 年基本持平。这意味着中国的生态质量有了明显的好转且逐步趋稳,生态结构保持高度完整性,生态功能已基本完备。其中达到一类、二类生态质量标准的县域面积占比分别为 27.2％和 32.1％,分布区域主要集中在长白山、青藏高原、黄土高原、四川盆地等区域,两者综合占比接近 60％。

生物多样性反映了区域生物多样性在物种层面的状况,可以将其划分为以下几种类型。

一是生态系统多样性。从这一层面来看,我国陆地生态系统存在丰富的多样性特点,森林、竹种、灌木、草甸和草原分别为 212 种、36 种、113 种、77 种和 55 种,还有大量的天然湿地和海洋生态系统。除此以外,我国构建了多种形式的人工生态系统,如农田、人工林地和人工草原等。森林覆盖率达到了两成以上,森林蓄积量也超过了 175.6 亿立方米。其中天然林面积 141.08 亿立方米,人工林面积 34.52 亿立方米。

在物种多样性方面,我国已经确定名称的物种及下属单位共计 127 950 种。其中,以动物界为主,总量达到 56 000 多种,植物界有 38 394 种,真菌界为 15 095 种。《国家重点保护野生动物名录》中野生动物共计 8 类和 980 种,其中一级野生动物 1 类 234 种,二级 7 类 746 种。巨熊猫、南方长臂猿、羚羊、褐马鸡、长江江豚等为中国特有。455 种 40 类野生植物被列入《国家重点保护野生植物名录》,其中国家一级野生植物 54 种 4 类和国家二级 401 种 36 类。百山祖冷杉、水杉、霍山石斛、云南沉香等为中国独有。

---

① 数据来源:中华人民共和国农业农村部《全国耕地质量等级情况公报(2019)》。
② 本部分数据来自中华人民共和国生态环境部《2021 中国生态环境状况公报》。

在遗传多样性方面,我国有栽培作物 528 类、栽培种 1 339 种、经济树种 1 000 多种、乡土观赏柏树种 7 000 种、家养动物 948 个品种。

总的来说,我国生物环境相比大气环境、水环境、土壤环境受污染影响的程度较低,但是生物环境中的某些方面还是需要引起我们的注意。据《2021 中国生态环境状况公报》显示:我国需要重点关注和保护的高等植物 10 102 种,其中受威胁的 3 767 种,近危等级的 2 723 种;需重点关注和保护的脊椎动物 2 471 种,其中受威胁的 932 种,近危等级的 598 种。在过去 30 多年的发展过程中,中国消耗了大量环境资源,尤其是大量耗费野生植物资源,造成濒危野生植物持续攀升。

(二) 不同区域存在的环境问题

我国自然环境的问题存在区域差异。各区域由于人口分布状况、自然环境特征、经济发展水平和产业结构分布等的不同,使得不同区域的环境问题也存在一定的特殊性。

1. 城市的环境问题

城市是人类生存发展过程中形成的聚落单元,也是经济社会活动发展到一定阶段后的结果。它是建立在一定的时空范畴内,将人作为主体和中心的功能复杂的特殊生态系统。城市环境可以简单地划分为两类,一类是自然环境,一类是人工环境。城市环境除了会受到自然环境的影响,还会在人工环境的作用下发生相应的改变。

在改革开放经济高速发展的 40 多年里,中国城镇化建设持续推进。根据国家统计局统计,2022 年末全国常住人口城镇化率为 65.22%,比上年末提高 0.5%。根据住房和城乡建设部统计,截至 2021 年年末,全国城市建成区面积 6.24 万平方千米,同比增长 2.8%。全国城市城区人口 5.59 亿人,同比增长 4.03%。在市政设施固定资产投资方面,2021 年全国市政设施固定资产投资 2.75 万亿元,同比增长 4.93%。在城市居民生活需求方面,2021 年,全国城市供水总量 673.34 亿立方米,同比增长 6.96%;天然气供气总量 1721.1 亿立方米,同比增长 10.1%;液化石油气供气总量 860.7 万吨,同比增长 3.2%。在城市居民出行需求方面,2021 年年末,全国城市已建成轨道交通 8 571.4 千米,同比增长 12.8%;在建轨道交通 5 172.3 千米,同比增长 1.5%。在城市建成区绿地面积方面,数据如图 0-1 所示。

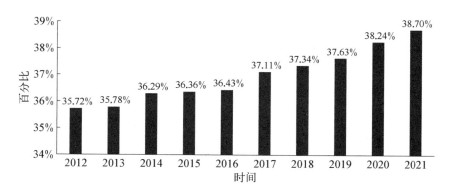

资料来源：中华人民共和国住房和城乡建设部.中国城市建设状况公报(2021).

图 0-1　2012—2021年全国城市建成区绿地率

相关数据显示,随着中国城市进程的深入推进,城市人口步入快速发展阶段,城市居民的需求迅猛增加,城市基础设施的大量投入,导致城市环境问题不断凸显。城市环境污染以大气、水土污染和固废垃圾污染为主。

一是大气污染。由于城市是工业区聚集区也是人口聚集区,工业废气和汽车尾气排放物不断增加,严重地影响了城市区域的大气环境。在很多重点工业发展城市,出现了明显的光化学污染、酸雨沉降等自然灾害,严重地威胁了民众的身心健康。在新型城镇化推进的过程中,传统建筑拆迁、一些未知区域的开发利用都产生了大量的扬尘污染。

二是水资源短缺。中国水资源相对匮乏,在广大的西部地区,水资源短缺问题长期存在且严重地影响当地民众的生产、生活。这是迫切需要解决的问题。随着城镇化的速度加快,水资源问题将会日益凸显。区域经济的快速发展,造成水资源的严重匮乏。而且一些地区对水资源的利用缺乏相应法律法规的保护,水资源污染和短缺的问题十分严重,供求矛盾也不断彰显,严重地限制了区域经济发展,也影响了城镇化的发展。

三是固废垃圾处理问题。随着中国城镇化的不断深入,固废垃圾大量地在城市区域内堆积。当前我国在垃圾无害处理方面的能力相对有限,发展水平相对较低,与发达国家之间还存在较大的差距,无法对日常生产的工业、医疗及生活的固体废弃物垃圾进行高效、安全的处置,很多城市甚至陷入垃圾"毒城"或垃圾"围城"的困境,严重地限制了城镇化的持续健康发展。

2. 农村的环境问题

中国是农业大国,农业在经济发展中发挥的作用是其他产业难以替代的。农业和农村是否能够持续发展,在很大程度上影响到国民经济发展的持续性。可以说,农业是经济发展的根本保证,为其他产业的发展提供了物质基础。

农村环境,指的是以农民为主的广大农村地区的各种自然因素和经过人类处理后的因素的综合。农村环境为人类的生产生活提供了基础,也是农民生存的基本保证。但当前出现了农村环境问题,在很大程度上是因为农民的农业生产或工业生产的无序造成环境资源的大量浪费与破坏,从而引发农村生态环境污染问题。这类问题的出现不但对居民的身体健康造成重大影响,也阻碍了农村地区的进一步发展,不利于农业和工业生产的持续发展。

在农业生产技术的推动下,农用化学药品和农用化学物质如塑料薄膜等被广泛地应用在现代农业生产中。从积极的方面来看,农用化学品能够极大地改善农业生产效率,提高农业经济效益。从消极的方面来看,农用化学品引发了大量的环境问题,造成生态环境不断被破坏,农产品的质量也显著下降,严重地影响人类的生存健康。近年来,由于绿色发展理念不断深入人心,我国的农业绿色发展水平持续提高。据中华人民共和国农业农村部发布的《中国农业绿色发展报告(2022)》,2021 年全国农业绿色发展指数为 77.53,比上一年提高 0.62,比 2015 年提高了 2.34。全国农用化肥施用量(折纯量)5 191 万吨,连续 6 年下降。

此外,受传统种植习俗的影响,中国的农村地区在粮食收获以后通常会将玉米和小麦秸秆焚烧,从而极大地减轻了废物清除压力,焚烧后的作物灰还能够有效提升土壤肥力,但是大量的秸秆燃烧会释放众多烟雾污染大气环境。在一些区域,因为秸秆燃烧造成局部区域大气环境指数持续下降。农村地区在自身经济实力提升的同时,也寻求由农业向工业转化。很多农村地区还出台了多种优惠政策吸引外界投资。越来越多的企业进入农村地区,为农村带来了新的发展动力,但与此同时,工业生产对农村的生态环境造成了破坏。

从城市和农村之间的关系来看,环境污染呈现出从城市向农村转移的趋势。主要是由于国家环保政策的实施,一些污染企业在城市中已经难以立足,开始从环境监管完善的城市向环境管理薄弱的农村地区转移。如一些农村地区对环境保护不够重视,让污染企业进入村子,那么这些企业造成的污染就会跟着进入农村。这将导致农村的水污染、空气污染、噪声污染等系列问题。假如毫不知情的农民用污染的水灌溉农作物,不但可能导致农作物的减产,还会污染农作物的果实,进而危害到人的健康。

四、我国生态文明建设的价值取向

党的十八大报告结合我国现阶段面临的环境问题,根据我国当前的环境污染问题、资源约束趋紧形势,对生态文明建设作出了重大战略部署。党的十九大明确提出建设美丽中国的伟大发展目标。在党的二十大报告中,习近平总书记明确指出,中国的现代化是人与自然和谐共生、良性共存的现代化。习近平总书记在讲话中多次强调"两山理论",明确了新时代我国生态文明建设的战略任务。党中央的重大决策部署,进一步彰显了党中央对生态文明建设落实的重要关注,也响应了中国人民对生态文明建设的热切期待。

（一）生态文明建设的概念

生态文明指的是人与自然、与社会和谐共存,达到一种良性循环和全面发展的状态。生态文明是人们在保护和建设环境中获得的有积极成效的各种物质成果集合。它落实在社会建设的全过程和各个领域的全部生产领域中,能够在一定程度上反映社会的进步状态和文明程度。

生态文明是一种人与自然及生物和谐共生的社会系统,是人类文明进展到一定时期、发展到一定阶段的必然产物,也是人类在科技教育知识等方面与自然高度契合的新型发展状态。它强调人类的发展要建立在自然环境保护的前提之下,将自然界作为人类生存发展的重要基石。由此可以看出,生态文明的核心在于人与自然的和谐协同发展。生态文明社会也是一个和谐发展的社会。自然界的持续发展是一个相对复杂的综合性系统。它的发展离不开对传统文明的传承和现代文明的融合发展,是包含了人类文明所有的积极因素部分的内容。生态文明能够反映出人类取得的一切文明成果中的有利部分,是工业文明发展到一定阶段后的产物。它摒弃了工业文明牺牲环境取得经济效益的错误理念,将环境发展作为人类生存的重要基础。生态文明的建设既需要政府做好宣传教育工作,也需要人类社会对生态文明给予高度认可,充分发挥自身的主观能动性,调节个人行为,从而达到生态文明建设的目标要求。

(二)实施生态文明建设的需求性

1. 强调生态文明建设的重要意义,是破解我国当前环境资源难题的重要抓手

为了更好地落实绿色发展理念,国家出台了《生态文明体制改革总体方案》等众多文件,强调要促进绿色消费,推动生态文明建设发展。我国人口基数大、数量多,自然资源相对有限,环境的承载力也相对不强。进入21世纪以后,中国在社会各个领域都有了迅猛发展,尤其是在经济建设上取得了历史性进步,人均可支配收入不断提高,消费水平不断上升,而消费对经济造成的影响也日益突出。从目前来看,绿色消费具有广阔的发展空间,因此迫切需要贯彻落实党的会议精神,以习近平总书记的重要讲话精神为指导,将绿色发展理念贯彻落实在生态文明建设中,在社会上逐渐形成良好的环保风气,贯彻落实绿色消费理念,引导公众自觉规范社会行为,构建以绿色为核心的消费产业形式。同时提高市场准入门槛,确保生产和消费的有效供给,进一步完善政策体系,构建绿色消费的长效发展机制,营造良好的绿色消费环境。

2. 将生态文明建设摆在重要位置,是满足民众生态环境愿望和需求的重要举措

在过去的几年里,随着我国的生态政策不断落实,生态环境水平有了明显向好发展的趋势。但由于生态环境改善的时间相对较短,建设力量相对有限,生态保护与经济建设之间的关系还存在一定的不匹配,使得实际的建设成效并不理想。随着中国环境文化建设的压力不断增加,环境文明也逐渐进入高品质的发展阶段,中国也具备相应的经济实力,有能力和有条件针对生态环境中的突出问题给予有效处理。因此迫切需要全国人民将生态文明意识观作为思想的武器,打好污染防范攻坚战,从根本上改变人们对待生态环境的错误态度,更好地解决生态文明建设问题。

3. 突出生态文明建设的重要意义,是满足人类生态文明进步发展需求的关键

在2022年初,《习近平生态文明思想学习纲要》出版,其中详细介绍了社会主义生态文明建设的原因、方向和努力方法,深入地探讨了生态文明建设的核心需求,很多内容涉及终极价值观念导向、基本理念阐述、主体力量支持

等重大事项。在推动社会主义生态文明建设的发展过程中,习近平总书记提出的"两山理论"是对当前生态问题的有力回应。"两山理论"是对生态文明建设达成目标的形象表述,是马克思主义生态观在当代的中国化和大众化的成果。

(三)生态文明建设在我国取得显著成效的主要原因

早在改革开放发展初期,我国就将保护环境作为长期坚持的基本国策。进入 21 世纪以后,又将资源节约型社会的建设当作中国建设发展的基本目标。生态文明建设也逐渐成为中国绿色发展总体布局的核心和关键。从党的十八大以后,党中央开展了大量的工作促进生态文明建设,推动生态环境保护。经过大量的宣传以后,社会民众对绿色生态观的认识不断增加,践行绿色发展理念的自觉性和主动性也有了明显的提升,逐步建立起多种形式的生态文明制度体系,取得了丰硕的生态环境治理成果。根据 2021 年中国生态环境状况公报,在京津冀及周边地区、长三角地区,城市空气质量优良天数分别为 67.2% 和 86.7%,比 2020 年上升了 4.7% 和 1.6%。之所以会取得如此成效,不外乎以下几个原因。

1. 正确的理论指导

从党的十八大发展至今,中国共产党始终贯彻落实生态文明建设基本理念,推动了相关工作进入全面提速阶段,并取得众多成效。生态文明建设极大地推动了人们对自然、人类文明、经济建设等多个领域发展规律的认识程度的提升,强调了人与自然和谐共生的基本理念,肯定了良好的生态环境对于提高民生福祉的重要积极意义,为中国生态文明建设提供了行动指南,也奠定了思想基础。

2. 有效的制度建设

制度设计科学与否、制度建设是否有效,既是生态文明建设水平的重要表现,也是生态文明能否取得成效的关键因素。长期以来,我国始终以产权清晰、系统完整和全民参与为整体目标构建一套相对完善的生态文明制度体系,大力开展生态文明建设工作。国家十分重视生态文明制度体系的重要引领价值,强调了这一制度的红线特征。随着《生态文明体制改革总体方案》的推进,中国在生态文明建设方面取得了很大发展,形成了相对完善的生态文明行动指南,为生态文明的有效建设提供了制度保障。

3. 坚实的法治后盾

法律保障是确保生态文明有效建设的关键。党的十八大以来,中国始终将法治建设作为工作的重点内容,先后出台了多项法律,颁布了多项政策法规,尤其是《中华人民共和国环境保护税法》的出台,为生态文明建设提供了法律支撑,其中包括许多环境破坏惩处措施方面的内容,对整个社会起到极大的威慑作用,也为生态文明的有序建设奠定了法律基础。

(四) 生态文明建设面临的问题与挑战

从党的十八大以后,中国的生态环境状况有了明显的改善,并且表现出稳中向好的长期发展趋势。但整体来看,我国当前的环境保护还存在众多问题,区域发展不平衡、行业发展不充分的问题还十分突出,也缺乏相应的环境保护基础设施。这就意味着当前我国在环境保护方面还存在众多难点有待解决,生态文明建设挑战众多,形势依然严峻。

一是优质耕地被大量占用,生态空间不断缩小。这些问题的出现,使得当前国内的环境承载力不断下降,引发了一系列诸如生态破坏和环境污染之类的问题。造成这一结果的原因在于开发不够科学、合理和集中。在如此发展背景下,虽然部分河流或干流水质有所改善,但在其他区域的部分污染流域治理效果还不够明显。一些养殖农场仍然建设在湿地自然保护区内,也在一定程度上造成了当前生态环境污染无法有效治理的结果。

二是部分区域能源结构不合理,产业结构有待改善。从资源总量节约管理层面来看,我国资源浪费的现象十分严重,资源利用率不高的情况还很普遍。自然资源产品价格偏低的问题还未能得到有效解决,保护生态难以获得令人满意的回报。在过去几年,我国水电、风能和核能等方面的使用比例不断增加,但整体而言,我国的能源结构还是以化石能源为主,煤炭占主导地位。

三是资源有偿使用制度规范不够完善。在生态补偿方面的制度设计上不够健全,还存在不同程度的权责不对应和管理职能交叉等问题,造成了许多区域的违法成本相对较低。尽管一些区域实施了危险废弃物管理条例,但仍然有很多单位和企业顶风作案,采取非法填埋或转移等方式来处理相关垃圾,十分不利于生态环境保护。

四是经济社会发展绩效评价不完善。在生态环境治理领导和管理等多个方面,我国虽然出台了一系列的社会发展绩效评价指标,但相关责任落实不到位的问题还十分严重,在一些区域还存在十分明显的官僚主义和地方保护主义,虚假整改的问题时有发生。为了保证经济社会持续发展,需要完善、落实评价,有效控制环境污染问题和解决生态环境破坏的问题。

第二节 地理核心素养与环境素养

当前,由于环境问题层出不穷,关注环境素养的研究较多,并在理论和实践层面达成了一定的共识,但是从具体学科开展的相关性研究却较少。在中学教育阶段培养学生的环境素养,是教育内容的重要构成部分,旨在培养学生的环境意识,提升学生环境素养。为此,需要对与环境素养相关联的学科——地理学展开深入研究,充分挖掘学科中环境素养的核心因素,重点解决中学生环境素养培育的问题。

一、地理学与环境素养

按照教学大纲中的相关规定,地理学是关注对地理环境的认识、全面揭示人与自然之间的关系、改变人类破坏自然的错误行为、树立可持续发展理念的一门学科,其中折射出地理学中环境素养培育的重要价值内容,为揭示地理学与环境素养两者的内在关联明确了研究方向。

(一)地理学的特点与环境素养

地理学是专门探讨人类活动与地理环境之间关系的一门综合性学科,具有明显的地域性特征,与环境素养有紧密的内在关联。

1. 综合性

地理学相比于其他学科具有较强的综合性特色。这是因为地理学的研究内容主要包括了地球表面的各种自然要素,如气候状况、地貌分布、植物及动物的生存和发展状况等,还涉及多个要素之间的相互作用和相互关系。此外地理学还涵盖了一部分人文现象,如军事、政治、人口等,同时还探讨自然要素与人文现象之间的内在关系。地理学的研究对象既包含人文综合体又包含自然综合体,是人地综合体的集中反映。

地理学侧重于探讨人与地理环境之间的关系，其核心目的是实现自然与人类的和谐、协调发展，促进人地关系朝着人类社会进步和生产方式改善的方向发展。因此，地理学在保护自然资源和环境、推动绿色生态发展、协调人地关系、解决环境问题、应对全球气候变化等方面都能发挥学科的优势与作用。这方面的内容都与环境素养具有密切关系。

综上所述，从地理学研究对象层面来看，地理学本身就包含众多环境素养的核心成分；从地理学的研究方法来看，由于地理学的研究对象具有明显的综合性特点，既需要综合运用社会科学、自然科学等多方面的知识，也需要使用到相邻学科的众多理论与方法，实现研究内容的渗透与融合，从而构建起新的学科生长点，为地理学与环境素养的相互吸纳融合奠定了良好基础。地理学具有综合性的学科特色，使地理学中的环境素养能够应用在人口资源矛盾的解决上，更好地解决经济发展与环境发展之间的关系，实现环境素养与地理学的有效融合。

2. 地域性

地球表面的自然和人文现象存在着深刻的不均一性。用赫特纳的观点来说，地理学的核心在于研究各地方、地区和大陆之间的差异关系，就使得地理学科必定具有鲜明的地域性特色。

从地理学的地域性特征来看，它主要关注的是地理事项空间的分布差异与内在联系。空间差异，反映出不同尺度空间中人的冲突差异，如全球人缘地域冲突和各大洲的人缘地域冲突等。空间联系，主要反映的是环境问题具有转移性、扩散性特征，将区域性的环境问题转化为全球性环境问题。正是因为有如此特征，才使得环境问题的解决需要全球各国的共同合作。空间差异的存在能够为环境问题的解决提供不同的方法策略和实施应用平台。环境素养的培育应当建立在对差异化的人际冲突的感知的基础上，系统地从各种尺度空间对人地关系冲突问题展开研究，为环境素养的培育提供基本原则和明确的相关操作规范。丰富的空间也为环境素养的践行提供了众多验证场景。空间联系的存在同样强调了环境素养培育的重要意义。从空间联系的维度上，将环境问题和区域发展联系起来充分反映出区域公平的原则。由此可以看出，地理学独特的地域性特点，使得环境素养能够与地理学之间建立起一条紧密的联系纽带。

（二）地理学研究的核心——人地关系

人地关系是传统地理学的核心研究领域,也是地理学研究中绕不开的主题。吴传钧院士曾经就指出,地理学的基础理论始终围绕着人地环境的作用关系展开。地理学的核心内容在于揭示人与环境在特定位置和地点中的互动特征,着重探讨人地的相互影响或相互反馈。环境素养培育是萌发于人类对大自然的深刻认识,是随着人们对环境的理解加深而逐步发展起来的。也就是说,环境素养培育的落脚点也是在人地关系矛盾的解决上。因此,环境素养培育中所涉及的环境意识、环境态度、环境行为等内容,更加注重对人地关系的认识和深化,从而产生高度的环境认同感。

从更深的层面来看,地理学探究的是不同尺度空间下特定的人地关系。其通过实证研究的方式,将相关内容进行归纳总结,并将其升华至哲学高度。环境素养则是从育人的角度,从现代公民培养的角度对地理学中的人地关系进行具体化、体系化。因此,可以将环境素养培育理解为将地理学中孕育的环境素养通过教育的方式,以具体化的形式呈现出来,是从育人层面探究人地之间的关系。这正是地理学与环境素养密切关联的根本原因所在。

（三）地理学的终极关怀——可持续发展

可持续发展是一个融合多个学科,研究范围极其广泛的综合学科内容。它涉及经济、自然、社会、历史、文化等诸多学科体系。环境素养与地理学及可持续发展的联系分别对应不同研究角度介入相关研究领域当中,可以说,可持续发展实际上是环境素养与地理学共同研究的部分。它建立起环境学与地理学之间的密切关联。

1. 可持续发展与地理学

可持续发展包含的内容非常广泛,从宏观层面来讲,它包含了 3 个方面的内容:一是生态可持续发展,二是经济可持续发展,三是社会可持续发展。其核心内容在于妥善处理人与自然、人与人类社会之间的关系,是将人类置于自然环境和人类社会之中,妥善处理各方面关系的一种发展理念。

地理学在可持续发展研究中具有得天独厚的学科优势,研究内容中与可持续发展相互关联的内容十分丰富。例如,人类经济社会活动与资源环境的关系、环境生态问题治理等,都是可持续发展的核心研究主题。

但与可持续发展研究的侧重点不同,地理学主要探讨的是在特定尺度空间下不同的人地关系问题,具有明显的区域性特色。将可持续发展限定在特定的区域尺度范围内,能够更好地发挥地理学的学科优势。这是因为,一方面,区域发展为全局发展奠定基础,如果无法实现区域的持续性发展,就难以推动整体的持续性发展,也就无法实现全球的持续发展;另一方面,可持续发展研究必须借助地理学科的区域视角才能迸发出勃勃的生机活力。区域可持续发展涉及的因素众多,主要包含了 4 个方面的内容:人口、资源、环境和经济,要在一定的空间范围内,协调好这 4 个方面与发展的关系。

2. 可持续发展与环境素养

可持续发展与环境素养共同存在于相同的历史发展背景下。其产生的原因是为了有效应对人类当前的环境问题和解决人与环境之间的矛盾。前者在于从培养人的角度应对出现的各种环境问题,后者则是从观念的层面,要实现人与自然的和谐相处。可持续发展这一概念本身就具有素养要求,涉及环境素养与可持续发展的关联内容,如社会存在基础、产生原因等。

两者在理论层面具有互补性特征,具体表现为环境素养的提出实际上是可持续发展理论的概念支持,可持续发展为环境素养中蕴含着的环境意识提供了价值观基础。可持续发展的提出又在一定程度上实现了对环境素养的有效整合和全面超越,对环境素养的培育实现了有效促进。可持续发展具有明显的实践性特征,还具有强大的包容性,能够被深度融合在环境素养的行为、态度和意识当中。

两者在实践层面具有高度一致性特征,具体表现在两者只有建立在可持续生存的基本规范和道德原则的基础上,才能够实现人与自然的可持续和相互协调发展。例如,在探讨人与自然和谐发展的过程中以及自然环境的保护的相关内容时,都需要环境素养与可持续发展携手共进。

从当前来看,人类已经形成了可持续发展的理念共识,如何将其贯彻落实到实际的应用领域需要各个学科与地理学相互结合,从环境素养培育方面发力,将各个学科的优势充分呈现出来,从而更好地为可持续发展战略的实施奠定基础。

二、中学地理课程与环境素养

前文主要是对"地理学与环境素养的内在联系"进行论述,地理这门学科又是中学地理课程中最重要的内容,因此,中学地理课程与环境素养之间必然也有着密切的联系。这种联系潜含着"中学地理学科应该关注学生环境素养的培育"的要求。本文从中学地理课程改革与环境素养、中学地理课程核心素养中的环境素养培养、中学地理学科德育与环境素养 3 个方面分析中学地理课程与环境素养的关系。

(一)中学地理课程改革与环境素养

地理学发展过程中形成的新理论或出现的新观点都会在很大程度上影响中学地理课程改革的发展。从 20 世纪 80 年代发展至今,可持续发展理论以及人口资源环境等地缘学说的出现,不同程度地推进了中学地理课程改革的进程。

1. 国际地理课程改革与环境素养培育

从 20 世纪 80 年代开始,出现了全球性的人口和环境、资源问题,人们开始重点关注如何通过学校教育的方式来解决这个问题。地理学科关注的重心在于人地关系和人地矛盾问题的解决。随着对教育的重视程度的提高,全球范围内掀起了教育改革的浪潮。地理课程改革旨在进一步推动地理学科的进展,加强人们对地理知识的认识,从而更好地了解和解决环境问题。在世界范围内,各国政府都推出了地理课程改革的新政,地理课程改革均朝着推动环境素养培育的方向发展,为中学生提高环境素养起到了重要的推动作用。

首先,将地理培养目标与环境素质培养充分结合。《地理教育国际宪章》指出,教育能够帮助人们认识个人的行为对社会的影响,自觉地作出科学的决定和构建一套相对完善的环境道德规范,为人类的行动提供基本指南。这一国际性纲领文件引领着时代的发展,可持续发展、保护生态环境、人的和谐发展等观念和意识,逐步走入人们的视野,并且作为各国地理课程改革的目标受到重视。

其次,地理课程的内容关注人类面对的一些重大问题。例如,人地协调、生态环境、资源发展等。各国地理课程内容逐步认可将"人地关系"作为课程的核心内容。美国《国家地理标准》中详细列出空间认识、人文系统等六大环境问题,涉及 18 项基本标准。其中与人口环境和区域发展相关联的问题就包含了两类,涉及 7 项具体标准。英国制定的"国家地理课程",明确了地理课程的具体学习目标,其中就包含了五项基本技能,其中自然地理和人文地理等方面的内容很多与人口、资源和环境发展相关联。德国在多个州推出的地理课程中涵盖了环境—资源—可持续发展等研究主题。

除了在课程目标和课程内容上有所调整以外,还有很多国家开始推出探究式的学习方式,将现代信息技术应用在相关课程教学过程中,帮助中学更好地开展环境素养培育工作。

2. 我国地理课程改革与环境素养培育

对我国地理课程改革的发展脉络进行详细梳理可以发现,基础地理教育改革实际上是将人地协调当作核心思想予以贯彻落实。早在1980年,我国专门制定的《全日制中学地理教学大纲》中明确地将环境观、人口观和资源观等作为环境教育的核心培养目标,将协调人地关系作为中学地理教学的重要原则之一。从此以后,中学教育开始将人地关系作为教育的主线内容,并制定了相关的组织、落实和实施原则。进入1990年,可持续发展思想出现在中学地理课程当中。随后不久,国家教改委颁布了地理教学大纲,提出了中学地理课程教学的发展目标,其中就包括了可持续发展的新理念,并将相关内容添加在中学地理课程当中。自此以后,中国逐渐形成了以人地关系作为教育主线、可持续发展理念作为教学指导的中学地理课程教学安排制度。

中国新一轮的基础课程改革,将可持续发展和人地关系作为地理学科的指导思想与教育主线。在新的地理课程中出现了大量的人口资源等方面的内容,也涉及一些与环境和发展相关的内容。进入21世纪以后,环境素养的重要性凸显出来,中学也开始将环境素养的培养当作重点内容。郑耀星在《地理课程改革与建设的探讨》一文中指出,地理学科是站在空间角度上对人地关系进行研究的一门学科,其中涉及很多新的内容,环境素养就是其中的重要构成部分。由此可以看出,只有确定环境素养的内涵,明确培育的要求,才能够帮助学生形成良好的环境道德意识。

2017年教育部颁布了《普通高中地理课程标准(2017年版)》,2022年又发布了《义务教育地理课程标准(2022年版)》。这两项课程标准对环境素养有了明确的培育要求。如在课程标准中明确了将环境问题意识的培育作为中学教学的神圣使命,并指出环境素养的培养能够帮助现代人更好地提高道德水准。由此可以看出,对环境素养的相关表述既是顺应世界地理课程改革的潮流,也符合我国国家发展的实际需要。

综合上文的分析可以看出,中国在地理课程改革方面已经有了重大的进展,从早期的人地协调观念的更新提出、引入和发展,到可持续发展理念的迈进,最终到环境素养培育的正式提出,都共同指向立足环境素养的内在价值和外在功能,以此培育中学生环境素养的重要意义。

(二)中学地理课程核心素养中的环境素养培育

2017年,教育部公布了《普通高中地理课程标准(2017年版)》,2020年进行修订。2022年,教育部发布义务教育课程方案和16个学科的课程标准。初中、高中地理标准化课程的制定,标志着中学地理教育真正进入了核心素养时代。可以说,地理核心素养是地理学科育人价值的综合体现。地理核心素养贯穿于整个中学阶段,形成一个相互关联的、严密的体系。与高中地理相比,初中地理核心素养更直观、更贴近学生生活,强调地理课程的引领性。

作为中学教育阶段学科课程中培育环境素养的主导学科,有必要从地理学科的四大核心素养入手,进行它们与环境素养的相关性分析,以此拓展和深化对环境素养的认识。

1. 人地协调观与环境素养

人地协调观是一种观念,是人对地理环境所应该秉持的一种价值观。如今,越来越多的环境问题迫使人们反思自身与自然的关系,从而尊重自然规律,协调与自然的关系。作为地理核心素养的人地协调观,就是要求学生能够正确地认识和理解人类自身与自然环境之间的关系,尊重自然,保护环境,树立绿色发展的理念,以此培养人文情怀,提高社会责任感。

从环境的角度来看,绝大多数的环境问题是由于人类对自然的不合理利用所致,如枯竭的矿产资源、恶化的生态系统等。人类社会的进步需要利用自然资源,但无节制地开采与利用,不考虑环境的承载能力是环境问题频发的主要原因。中学地理学科中的"人地协调观"就是要学生深入了解人类与环境之间的关系。在教学中,引导学生从人地关系的视角分析环境问题发生的原因与解决方法,以此找到培养环境素养的最佳切入点。这方面的典型教学案例是黄土高原土壤侵蚀与人类活动关系分析,如图0-2所示。从图中可以发现,人类的不合理活动,对生物圈、水圈、岩石圈都带来了不利的影响。

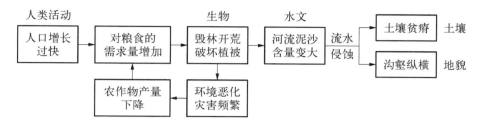

图 0 - 2　黄土高原地区的水土流失与人地关系恶性循环

2. 综合思维与环境素养

综合思维是一种人的思维方式及运用综合思维的观点认识环境的能力。一般来说,一个区域的发展与变化是不同地理要素在一定的时间和空间条件下的相互作用与组合形成的(见图 0 - 3)。因此,中学地理学科中的核心素养综合思维,可以帮助学生从系统整体的角度出发,动态全面地分析和理解环境及其与人类活动的关系,进而培养学生务实、开拓、创新的科学精神。

地球中的许多自然环境要素——空气、水、土壤、植物、动物等,并不是孤立存在的,而是相互关联的。一种要素的

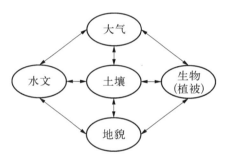

**图 0 - 3　地理环境各要素之间的
相互关系**

改变往往会引起环境其他方面的变化,从而影响整个自然环境的变化。如果失去了自身赖以生存的自然环境,人就无法存活。地理课程中对自然环境的学习,不仅可以使学生对自然环境有必要的认识,认识到在特定情况下保护自然环境的重要性,而且可以从不同的视角分析与认识产生的各种问题,有利于其治理与解决。因此,可以说,综合思维的学科核心素养对学生环境素养的培育十分重要。

3. 区域认知与环境素养

区域认知是一种空间视角,即从具体的空间视角,认识不同自然地理要素的组合和表现。我们所处的地理环境是复杂的。这种复杂性表现在任何区域都可以划分为不同的大小和类型。比如,我们所处的城市上海,对于虹口区来说,它是一个大的区域;对于沪宁杭地区来说,上海则是其中的一个子

区域。因此,区域认知有助于从某一个具体的区域出发认识人类活动与自然环境之间的关系,帮助学生还原地理空间概念,了解不同地域各具特色,相互关联,同时增进民族认同感,加强对世界的认识,逐步形成人类命运共同体意识。

地理学研究的空间主要包括 3 个方面的信息:空间位置、属性和时间。一切的环境问题都可以从这 3 个方面去认识分析:环境问题一定发生在一定的区域空间位置;环境问题发生的时长决定着人们对它的认识程度以及它的危害程度。这些从区域的视角看待环境问题是地理学科培育环境素养的重要组成内容。

由此看来,环境素养与地理教育具有共同的特点,地理学空间概念的构建为环境素养的发展创造了空间平台。检测地理区域空间环境问题的严重性和危害性并对其进行分析是最直观、最现实、最可靠的。

4.地理实践力与环境素养

地理实践力关注的是学生在具体的实践活动中表现出来的活动能力与学习品质。常见的地理实践活动包括地理调查、模拟实验、野外考察等。在这些地理实践活动中,学生可以将所学习的知识与技能运用于具体的情境之中;同时,在真实的环境中可以更好地观察地理环境,更深刻地认识人地关系,得到知行合一、体验学习的乐趣,进而增强对环境的责任意识。

环境素养往往是在一个个具体的环境行为中表现出来的。环境行为是以环境知识为基础,在正确的环境态度的调动下,对环境问题作出的反应与行为。因此,环境行为往往更能直接反映一个人环境素养的高低。环境素养所具有的实践性特点与地理实践力强调在真实世界的实践活动中培养的意志品质与行动能力是一致的。因此,完全可以在提升学生环境素养的同时,将其与地理实践力的培养联系起来,以此加强地理核心素养的培养要求。

(三)中学地理学科德育与环境素养

德育是培养人的思想品德的社会实践活动。德育的作用是使人们的社会实践活动有目的性和规范性,关注的是人类行为的"价值性",而非"工具性"。

长期以来,人类过多地关注了"工具性",只重视物质文明的发展,忽视了

"价值性",忽视了自然环境、生态环境,导致人地关系紧张。环境问题加剧的大背景也规定着现代德育的重要内容:积极促进人与自然和谐共生,贯彻绿色发展理念,守牢生态底线。可见,现代德育内容与地理学的主要内容密切相关,地理学科德育在生态文明建设过程中具有重要地位。中学地理德育要自觉承担起培养现代公民思想品德、培养环境素养的重任。

中学地理学科中蕴含着丰富的环境素养培育内容,现对地理学科德育中的环境素养培育的内容进行梳理罗列。

1. 辩证唯物主义的人与自然观

人与自然是对立统一的辩证关系。具体来说,人类社会的经济活动离不开自然环境,自然环境不仅为人类和人类社会的形成提供了必要的物质条件,而且自然环境的变化也受到人类活动的影响。在这个过程中,人并不是被动地适应自然,人类的活动也影响和改变着环境,体现了人的主观能动性。

从本质来看,在一个正常发展的社会中,人类与自然环境保持着动态的平衡;当失去相对平衡,就会产生环境问题,影响人类的生存。

因此,在地理学科德育中,环境素养就是要让学生了解人与自然的辩证关系,一是人对自然的改变,二是自然对人的影响,两者是对立统一的组合。人认识自然,改变了自然,也改变了人,改变了人与自然的关系,促进了人类社会的螺旋式发展。

2. 可持续发展理念

联合国环境与发展大会通过的《世界 21 世纪议程》明确提出要可持续发展,实现人类社会与自然环境的和谐。对于地理学科德育来说,主要内容有以下几个方面。

(1)强化生态环境意识。即处理好人与自然的关系,在维护人与自然总体和谐的基础上解决环境问题。要求关注自然环境的变化,正确判断和评价人地关系的现状和趋势,能够自觉调整自己的行为以适应人地协调发展。把保护环境,恢复自然生态作为重中之重。提倡尊重环境法规,反对急功近利的行为。环境问题意识关系人们的安全、生存和秩序,并日益成为社会的主流。

(2)全面认识环境的价值。人类的生产生活必然是在一定的环境中,依靠具体某个环境中的环境资源。可以说,它是人类生存和发展的基本要求。

环境资源的价值不仅关系一个人在物质、精神、文化、情感、审美和经济等方面的满足程度,还包括对保护环境资源所付出的必要的经济成本。

（3）树立经济发展的新理念。任何国家都需要经济发展,这关系人们的身体健康、幸福指数和生活质量。可是,经济增长与经济发展并不相同。具体来说,经济增长是收入的增加,是数字上的变化,经济发展还必须考虑环境问题的改善。也就是说,经济的发展必须考虑环境资源的可持续发展,不能以牺牲环境为代价。经济效益的创造不得破坏环境资源的可持续利用,减少未来收入,不得降低子孙后代的生活质量。

（4）树立新的消费需求观念。人类生活不仅有物质和精神需求,还有环境需求,例如清洁的水、空气、食物等。树立新的消费需求观念意味着提倡有利于环境和人类健康的生产和消费行为。

（5）创造新的生产理念。提倡节约资源、清洁生产的生产观,减少、回收、中和或消除生产过程中的废弃物,生产对人体无害的产品和绿色食品,加强清洁技术装备研究、合理产业规划和部门协作。

3. 认识爱国主义的思想内涵

爱国主义是一种态度和情感,是个人或者团体对自己所在国家的热爱和忠诚。家国情怀、民族情操是它的具体表现。历史证明,爱国主义的具体内容随着社会的发展而变化。现阶段的爱国主义更多地表现为弘扬民族精神,积极参加国家建设的事业。因此,从爱国主义的角度看环境素养的培养,一方面要进一步增强爱国情怀,因为如果有爱国主义情怀,保护和改善环境的行为会引起人们由衷的敬佩,而破坏环境的行为会从内心最深处刺痛人们的情感,进而对环境被破坏感到痛心;另一方面,教师在进行环境素养培育的过程中,要选择能够体现我国环境治理成效的案例,让学生能够潜移默化地增进家国情怀,增强国家民族的自豪感。

4. 加强国际理解和全球意识

全球化是一种承认全球社会共同利益的理论。它承认共同的人类文化和对人类的理解,从全球视角看历史。由于科技的发展,世界各国的交往越来越便利,全球性问题的严重程度迫使人们共同努力解决出现的问题并寻找共同利益。国际意识是了解各国在社会、思想、文化、政治、民族特征等方面的差异,提出面对不同民族、国家、政党、社会组织之间的关系,要促进对话,在公平谈判和长期合作中竞争。

国际意识和全球视野是解决国际环境问题所必需的,且发挥着重要作用。因为人们要解决全球性环境问题,就需要改变对世界环境的认识和行为方式,改变地区之间的关系和个人之间的关系,从而实现人地关系的统一。人与人的合作是人地合作的基础。其要点是求同存异,维护人类命运共同体的合作关系。在自然资源的循环利用、污染排放、工业布局等方面,各自为政,不相往来,不利于人地关系的和谐发展。因此,国际意识和全球视角要求从人类的角度看待问题,以体现对人类和世界承担责任;需要尊重不同国家的政治和价值观,寻求共同利益,解决世界问题,协调全球难题,同时呼吁建立新的全球伙伴关系。

第三节 本书的研究思路与框架

基于上述的分析,本书将"地理学科视角下的中学生环境素养培育"作为主题,旨在探讨如何在提高地理学科培育环境素养实效性的同时,也能提升地理学科的价值与功能;探究如何有机整合地理课程目标要求和环境素养培育目标,真正实现学科育人;实践如何立足地理学科寻找环境素养培育的着力点与突破口。希望通过这一系列问题的理论梳理与实践研究,促进中学地理教育的发展。

一、研究意义

(一)有利于"人地和谐观"在地理课程中的深化与丰富

从本质上看,地理课程探讨的是地理环境与人类活动的耦合。这种相互影响、相互制约的关系蕴含着丰富的人地关系的内容。此外,开展环境素养培育的主要形式是学科渗透。地理学科是环境素养培育的优势学科,通过"人地关系协调发展"在地理学科内的整合与渗透,可以将其融入地理教学的内容。因此,本书为"人地和谐观"在地理课程中的丰富与深化,有益于"人地关系和谐发展"理念在地理学科课程中的转化和落实,有助于学生整体环境素养的全面提升。

（二）有助于丰富与完善地理课程与教学理论

《普通高中地理课程标准（2017 年版）》和《义务教育地理课程标准（2022年版）》中的相关课程内容是围绕人地关系协调发展来开展的。这些内容都蕴含着丰富的环境素养内容。因此，开展对中学地理课程中关于环境素养内容的挖掘与实践，加强地理课堂建设，扩大地理教学和研究，开辟更多地理学科的发展空间是一项重要任务。作为中学阶段课程中环境素养培养的优势学科，当前地理学科中培育环境素养主要局限于知识和技能层面，对环境态度与环境行为层面的教育探讨不深。环境态度和环境行为应成为地理教育的核心内容和最终归宿。在地理学科培育环境素养的过程中，在提升学生环境认知、培养环境技能的同时，对正确的环境行为、积极的环境态度也需要进行培养与关注。

可以说，环境素养的培育研究是对地理课堂教学的一种延伸，对地理课程的完善有着重要的作用和意义。同时，除了地理学科之外，其他学科，如生物、化学等在培育环境素养方面也有自己的贡献。因此，本研究也能够对其他学科开展环境素养培育起到重要的借鉴和参考作用。

（三）为中学地理教师培育环境素养提供实施的方法与途径

虽然培育环境素养的理论研究著作已有不少，但是关于培育环境素养的实践研究还是缺乏一定的深度与现实意义，并且很少与中学地理学科结合起来。本书研究的主要方向之一就是开展地理学科中培育环境素养的实践，辅以对环境素养的目标与内容进行梳理和分析，旨在为中学地理教师培养环境素养提供具体实践案例与指导，增强地理学科在环境素养培养方面的有效性。地理学科培育环境素养的目标与内容的架构，以及实践路径说明，能使更多地理教师清晰地认识到：培育环境素养应从哪几个方面开展研究与实践；地理学科与环境素养培育的目标和内容有哪些；地理教师可以通过哪些途径来有效培养环境素养，从而减少教育教学中的随意性，提升培育环境素养的目标性和方向感。

二、研究目标

通过进一步梳理和挖掘地理学科开展环境素养培育的价值，立足中学地理学科培育环境素养的目标与内容的体系构建，从课堂教学与实践活动两个方面开展研究,以此提升中学生环境素养,进一步归纳形成地理学科开展环境素养培育的策略,为地理教师开展环境素养培育提供有效的实施方法与途径。

（一）形成地理学科培育环境素养的目标体系

从"目标"的角度对环境素养的构成进行认识和分析,并以此为依据,对学生、教师的调查问卷进行设计,从而科学地诊断中学生环境素养存在的问题、教师培育环境素养的现状等,为后续研究提供理论依据与现实参考。

（二）梳理中学地理教材中有关环境素养培育的内容,构建培育的内容架构

通过对初中和高中课程标准以及教材中关于环境素养培育内容的梳理,概括出地理学科中环境素养培育的内容,构建地理学科中培育环境素养的内容框架。

（三）展开培育环境素养的实践,提升教师培育环境素养的能力,培育学生的环境素养

结合先前的研究,根据已梳理形成的目标和内容体系,开展环境素养培育的实践活动,并对实践过程中出现的问题、有效的做法进行总结,归纳提炼地理学科培育环境素养的策略,为地理学科有效培育环境素养提供实质性的保障。

三、研究内容

（一）对中学地理学科的环境素养培育现状调查

中学生环境素养可以分为环境知识、环境态度、环境行为等 5 个方面。在对相关文献的梳理基础之上,设计环境素养的问卷调查,了解学生和教师环境素养的基本现状,分析在现实教育教学中存在的问题。

（二）构建地理学科培育环境素养的目标与内容体系

目标与内容是地理学科培育环境素养的出发点与依托。通过对国内外相关研究文献与地理课程标准和中学《地理》教材中关于环境素养培育目标与内容的梳理与分析,为地理学科开展环境素养培育的行动实践指明方向。

（三）开展地理学科环境素养培育的实践

依据已梳理的环境素养培育的目标与内容,从地理课堂教学与地理综合实践活动两个方面开展实践研究。在提升学生环境素养、教师培育环境素养能力的同时,针对实践中出现的各种问题提出相应的教学策略。

四、研究方法

（一）文献研究法

搜集与研究主题相关的文献,例如《贝尔格莱德宪章》《中学地理课程中的环境素养培育》等,进行充分分析和梳理,把握关于环境素养的研究现状。通过对中学地理课程标准中的目标和内容的分析,构建地理学科培育环境素养的目标与内容体系。文献研究法在本课题中广泛地运用于环境素养培育的目标构建上。

（二）调查研究法

本研究计划的调查对象主要是虹口区与其他区部分初高中。通过发放中学生环境素养现状调查问卷和中学环境教育开展情况调查问卷,对问卷的数据进行统计分析,了解中学生环境素养的现状、地理学科培育环境素养的现状,梳理形成存在的问题,为目标与内容的建构、开展环境素养的实践研究提供参考依据。

（三）行动研究法

立足目标与内容,从地理课堂教学与地理综合实践活动两个方面进行环境素养培育的实践。地理课堂教学主要从自然地理、人文地理与区域地理三个方面进行教学实践;地理类课外活动主要通过各种丰富的活动开展,全面提升学生的环境素养。通过对实践研究过程中出现的各种问题进行分析、反思,提炼环境素养的培育策略。

（四）个案研究法

对地理课堂教学中适合环境素养培育的内容进行教学设计,并由应用案例得出相关结论与教学策略。通过对学生的观察或者作业的跟踪调查,进行全面深入的分析,反思教师环境素养培育行为的有效性与适切性。

五、本书结构框架

依据上述思路,本书除绪论之外,共分为 6 章(见图 0 - 4)。

在绪论部分,主要对环境素养培育产生的背景进行分析,包括对世界和中国主要存在的环境问题进行梳理、对我国生态文明建设的价值取向进行介绍,以及对地理核心素养与环境素养培育的相关性进行了比较系统的分析。

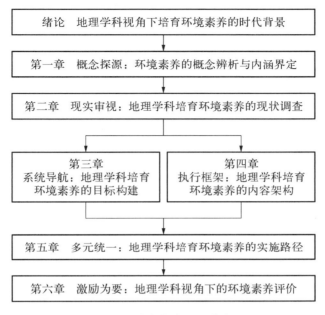

图 0-4　本书各章之间的关系

第一章对环境素养的相关概念与内涵进行界定。主要采用文献法,通过对"环境素养"这一概念进行辨析与梳理,归纳概括环境素养的内容与特征,并对其产生的理论基础与思想渊源进行探源,以期加深对环境素养的认识。

第二章对培育环境素养的现状进行分析。从这一章起,有意识地开始将地理学科融入现状的调查之中。通过对上海部分中学生环境素养水平、学校环境素养培育现状进行调查研究,为后续的研究找寻现实基础。

第三章是对地理学科中培育环境素养的目标进行构建。本章首先通过对国外关于环境素养培育目标、中学地理课程标准中关于环境素养培育的目标的梳理,确定地理学科中构建环境培育目标的原则,提出"1+3"的地理课程培育环境素养的目标框架,并进行详细说明。

第四章是对地理学科培育环境素养的内容进行梳理与总结。通过中学地理课程的内容体系与结构、课程标准、教材文本中关于环境素养培育内容的梳理,确定地理学科中建构环境培育目标的原则,提出"环境与人口""环境与环境保护"以及"环境与环境道德"等方面的地理课程培育环境素养的"3+5"内容体系,并进行详细说明。

第五章对地理学科培育环境素养的实施路径进行详细的介绍和说明。着重围绕课堂教学、综合实践活动两个方面,结合丰富的具体实践案例,最后梳理出地理学科培育环境素养的实践策略。

第六章对地理学科培育环境的评价方式进行分析。具体围绕着什么是环境素养的评价,地理学科中培育环境素养的基本原则、主要方式等问题展开论述,同时也对地理学科中环境素养的评价方案与具体实施过程进行说明。

第一章

概念探源：环境素养的
概念辨析与内涵界定

环境作为重要的公共资源，其最重要的特性就是公共资源性。正是环境的这一公共特性，导致千百年来人类在发展过程中缺乏对环境的正确认识。为了人类自身的发展，加大了对自然环境的影响和改造力度，且重用轻养、一味索取，最终引发区域性和全球性的环境污染与生态破坏问题。深究环境问题产生的根源，不难发现，除了观念落后、科技水平较低、法律制度不健全等因素外，环境素养的缺乏也是关键因素之一。

本章主要围绕环境素养这一核心概念，进行辨析与梳理，并归纳概括环境素养的内容与特征，对其产生的理论基础与思想渊源进行探源，以期加深对环境素养的认识。

第一节　相关概念辨析及梳理

一、相关概念辨析

从当前来看,国内学者围绕着环境素质展开的研究主要集中在 3 个方面:一是环境意识领域,二是环境态度领域,三是环境行为领域。相关研究大多数是独立研究,缺乏相互之间的系统性整合。为了对相关概念关系有更加清晰的认识和理解,需要分别对相关核心概念进行分析并予以整合性梳理。

(一)环境意识

环境意识是舶来词汇,源于"environmental awareness"。虽然中国并未正式提出环境意识相关的概念,但是中国古人在远古时期便已经有了环境意识、环境管理和环境思想。环境意识概念的真正提出是由西方国家率先完成的,而且这一概念的提出与解决环境问题和确立环保目标是相互适应和相互协调的。在 20 世纪六七十年代,瑞典率先成立了环境保护厅,明确了环境保护厅的主要工作职责和设立目标,成为人类历史中环境意识形成的标志。

在工业革命发展的同时,各种环境问题也日益凸显。进入 20 世纪 80 年代,环境意识开始传入中国。在 1987 年我国召开的全国环保会议上,明确了环保意识的基本概念及相关理念。随后,环保意识开始作为与环境意识、环境行为等需要同等关注的重要概念而广为人知。

环境意识可以简单地将其理解为人地关系思想随着时代发展而形成的集合。它能够反映出人们对环境问题的科学看法与合理认知,既是环境意识态度的总称,也是人类谋求社会与自然和谐发展的一种新型意识形态。

在当代,我国关于环境意识方面的定义尚未达成共识,不同研究学者从不同研究角度展开的研究和作出的定义也存在显著差别。林兵、赵玲在《理解环境意识的真实内涵:一种哲学维度的思考》中注重从哲学领域理解环境保护意识的内涵,将其理解为一种内涵丰富、依靠抽象思辨的复杂内涵的综合体,不能简单地将其理解为一种抽象概念或形而上学的东西。洪大用在《关于环境社会治理的若干思考》中注重从社会学的角度对环境意识作出解读,即人类参与环境保护的自觉性。

（二）环境态度

态度反映的是一个人的主体意识趋向。不同的态度会决定不同行为主体对同一事件的不同看法和做法。一般而言,采取什么样的态度就会对应产生什么样的行为。态度作为社会心理学概念中的重要构成部分,最为权威的定义是由霍华德·弗里德曼提出的,即特定对象在所有的情境中都能够保持相对稳定的一种心理倾向。它具有明显的主观评价性和行为倾向性的特征。

通过这一表述可以看出,环境态度指的是个体在面对特定的环境对象或处于不同环境时对所接触事物或客体所持有的认知情感与行为倾向,主要反映的是人在面对自然环境及相关的客体时表现出的一种稳定的心理感受。它会决定人们最终采取的环境行为。由此可以看出,环境问题的妥善解决的关键和核心就在于促进形成积极的环境态度。环境态度则包含过去的历史经验、知识积累以及相应的环境认知,这些决定了人们在对待环境时持有的态度与方式。

（三）环境行为

行为是受态度、观念和思想支配而呈现出的一种独特的外在活动,一般是一系列的动作经过特定形式形成的动作组合,可以将其简单地理解为人类在实践活动中所采取的一切动作。人与环境的接触和相互作用都建立在人的行为的基础上。人类做出某种行为、产生某类动作才会与环境之间建立起某种连接,才能与环境之间发生相互作用。不同人的行为可能造成的环境结果有所不同,积极的环境行为能够有效改造环境,消极的环境行为有可能会引发大量的环境问题。

在20世纪80年代,海因斯（Hines）等提出负责任的环境行为的概念,用来解释一种以个人责任和价值观为基础的自觉行为。这种行为的主要目的是更好地解决环境问题,消除对环境的不利影响。进入20世纪90年代以后,斯特恩（Stern）又在这一概念的基础上明确了具有环境意义的行为的概念定义,提出了影响和意图两个基本行为维度,对具有环境意义的行为作出详细的界定。塞巴斯蒂安（Sebastian）以计划行为论为基本理论导向,从两个行为动机层面对亲环境行为作出深刻解读,将其理解为一种既能够保证子孙后代和自身利益,同时又能兼顾人类与其他生物和自然环境的行为。

综合上述分析，环境行为可以理解为人类社会行为主体通过相互作用带来的各种影响的行为综合体。它包含两个方面的内容，即行为主体造成环境的影响和行为主体之间的相互作用所带来的间接或直接环境影响。

（四）环境教育

1968 年，30 多位来自日、美、意等国的科学家、人文学家和教育家汇聚在意大利罗马，围绕困扰世界发展的问题展开激烈讨论，并在会议上正式宣告罗马俱乐部的成立。历史将这一次在意大利的聚会称作为罗马俱乐部会议。随后不久，名为《增长的极限》的报告正式对外发表，该报告首次提出了"零增长"的理论。该理论将环境与经济发展严格对立起来，让人们意识到经济发展对环境造成的重大破坏，并掀起了首次环境保护运动高潮，让人们能够清醒地认识到工业革命发展带来的环境问题，对于推动环境教育的发展起到了启蒙作用。不久以后，联合国教科文组织又在巴黎正式召开了"生物圈会议"。这次会议达成的一些共识成功地掀起了新的环境保护运动高潮。历史学家对巴黎会议给予了高度评价，将其当作唤醒世界范围内环境教育意识的重要会议。这一次会议首次明确了教育计划，即在各个层次的教育课程中加入环境学习方面的教材，进行全球范围内的技术培训，增强民众环境意识。其中还指出通过开展区域性调查等方式，将生态学相关的内容与当前的教育教材进行衔接，发挥高校人才培养的作用，为社会培养高级环境教育人才，同时还大力推动中小学环境学习活动的展开，鼓励各个国家设立国家环境教育研究和培训中心。20 世纪 70 年代的《美国环境教育法》提出了环境教育最基本概念，随后相关词汇和原理逐渐出现在人们的视野中。在人类历史上，斯德哥尔摩召开的人类环境会议是环境教育发展历程中具有里程碑意义的一次重大会议。此次会议不仅提出了众所周知的口号——"人类只有一个地球"，而且还确立了世界环境日——每年的 6 月 5 日。从 20 世纪 80 年代开始，国际环境教育迎来了发展新阶段。1980 年，世界自然保护同盟（IUCN）、世界野生生物基金会（WWF）和联合国环境规划署联合发表了《里约环境与发展宣言》，首次提出了可持续发展的概念。1987 年，联合国环境规划署与联合国教科文组织在莫斯科正式召开"UNESCO - UNEP 关于国际环境教育和培训会议"，史称"莫斯科会议"。来自 100 多个国家的环境保护组织和超过 300 位环境专家参与了此次会议。会议开幕式中详细论述了环境教育对于人类发展的重要意义：长远来看，除非社会公众能够广泛和深刻地意识到环境对于人类需求满足的重要意义，否则在短期内人类所面临的环境威胁难以显著改观；人的行为来源于动机而动机又源自人们的认识层次，这就是要开展环境教育、加强人们环境意识的重要原因。通过这一段论述可以看出，在第比利斯会议中明确的环境教育原则进一步得到了世界各方代表的一致认可。1991年，在IUCN、UNEP和WWF等组织的努力下，《保护地球——可持续生存战略》在世界各国发布。该书对以前WCED关于可持续发展的概念进行了重新界定，让可持续发展的概念变得更加具体和更加可行。其中，可持续发展指的是在生态系统承受范围内的为支持生活和持续维持生活、提高生活质量的一种发展形式。该书对环境教育进行了拓展，并明确环境教育的主要发展方向是"可持续生活的教育"。在这一发展阶段，可持续发展的相关概念和理论先后诞生，人们对环境素养的认识得到了进一步的丰富。环境素养的提升不仅需要环境教育，同时也必须思考与环境问题密切相关的人口、资源、经济、社会等诸多要素，在面对具体的问题时更能体现公民环境素养的水平。此外，在这一阶段中，环境素养培育进一步在中小学教育中生根发芽——设置课程时应考虑到环境教育的宗旨——在职前和在职教师的学习与培训中培养教师有关环境方面的认识。

尽管环境教育步入快速发展期，但在理论研究界对环境教育的理解还存在众多差异。在中国，徐辉、祝怀新关于环境教育的界定颇具代表性，指的是以跨学科活动为特征，以增强公众的环境意识为目的，促进教育对象准确把握人居环境关系，提高环境问题解决技能，形成科学环境价值观与态度的教育科学。其核心目的在于培养学生的环境素养，形成良好的环境行为模式。

二、环境素养内涵的界定

1992年奥尔（Orr）在《生态素养：教育与后现代的过渡》中，首次提出了环境素养的基本概念，并将其放在人类社区可持续发展的核心位置。在他看来，所谓的环境素养应当包含系统思考能力、阅读理解能力等，侧重于强调环境素养所具备的、内在的可持续系统性和整体性特征，奥尔提出的这一概念在世界范围内得到了众多拥护。伍尔斯顿在2006年开展的一项研究中将环境素养划分为六个组成部分，即生态本身、民众认同感、生态范式、阅读自然、场所感、可持续教育理念与方法。[1] 布鲁耶(Bruyere)在 2008 年对环境素养进行的定义分析，将其划分为三个基础部分：一是知识部分，二是态度部分，三是行为部分。[2] 戴维森(Davidson)则将环境素养划分为三个基本层次：第一层是环境问题的理解层次，第二层是对环境持有的态度和价值层次，第三层是围绕环境开展的有效行为。在三个层次中，第一个层次即理解层次是环境素养的核心层次和主要内容。[3]

20 世纪 80 年代，中国出现了环境素养这一概念，但在这一阶段，环境素养与环境意识基本等同，也主要集中在对环境的认知和态度上，以独立性研究为主，很少有研究学者对相关概念进行整合性、系统性和深层次研究。相比于国内环境素养的研究，国外的研究时间更长，取得的研究成果更丰富，还形成了大量的实践经验。这些对于构建完善的环境素养理论体系具有十分重要的推动作用和借鉴意义。

基于上述分析，本书将环境素养定义如下，即个体拥有的环境或是环境议题相关的态度、知识、技巧和解决相关问题的行动方案，以及自主选择在生活和环境之间维持动态平衡的能力。具体来说，环境素养是人们通过学习所掌握的环境知识、环境态度、环境伦理、环境行为和环境技能的总和。

环境知识是环境素养的基础，主要包括地球生态环境问题、资源和能源利用、人口与资源、环境保护与法规、可持续发展理论等方面的知识。由于环境科学的高度综合性，环境知识的涉及面非常广泛。

环境态度是对环境问题的感知，包括对于环境问题和现状以及与环境相关事物，个人拥有的感受和看法及其在环境保护方面的愿望。

环境伦理体现了人类对于环境的价值取向。环境伦理主要包括对于环境保护应当树立的正确的价值观和可持续发展的思想。环境伦理的提高是与环境知识的掌握和正确的环境态度表现密切相关的。环境素养培育的任务就是使受教育者树立良好的环境伦理，进而采取环保行动保护人类赖以生

① WOOLTORTON S. Ecological literacy "basic" for a sustainable future: in proceedings of the social educator's association of Australia (SEEAA) national biennial conference [J]. Brisbane.2006(1).
② BRUYERE B L. The effect of environmental education on the ecological literacy of first-year college students [J]. Journal of Natural Resources & Life Sciences Education, 2008, 37(1).
③ DAVIDSON M F. Ecological literacy evaluation of the university of iceland faculty, staff, and students; implications for a university sustainability policy [D].Reykjavfk: University of Iceland, 2010.

存的环境。

环境行为是维护环境可持续发展的实际行动。环境行为体现了把环境知识、环境态度、环境意识落实在个人的行为中以实现"知行统一"，表现为自我的日常环保行为，并能积极影响他人、说服劝阻他人不正确的行为方式，以及面对重大的环境危机采取的正确行动。环境行为在环境素养中居于较高层次，其核心目的是培养具备良好环境素质、表现出积极行为的社会公民。

环境技能指的是个人在遇到环境问题时分析问题、处理问题和解决问题的能力。主要包括对环境辨别的能力、调查与研究环境问题的能力、日常环保技术以及专业环保技术。环境技能处于环境素养体系的最高层次。

环境素养的五大要素相互之间的作用关系，如图 1-1 所示。

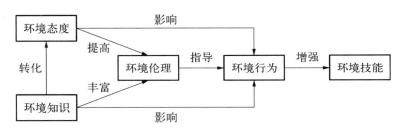

图 1-1　环境素养各要素之间的关系

其中，环境知识可以转化为积极的环境态度，同时也能丰富环境伦理，进而树立正确的生态观和人地观。环境行为受到环境态度、知识和伦理等众多因素的影响。这是因为人的行为模式受人的知识和态度的影响，同时积极的观念也指导着人的行为，表现出正向的环境行为。正向环境行为的实施能增强提升发现、处理、解决各种不同环境问题的能力，从而达到提高环境技能水平的目的。

三、环境素养提升的行为表现

环境素养的提升，最终要体现的环境行为改变这一内容上，它包含了四个基本层面。

（一）环境知识的改变

这是浅表层的改变，改变难度不大，通过日常的学习便能够取得相关知识，从而获得相应的改变。人类可以阅读相关信息掌握相关知识，或通过信息交流的方式实现对环境认知水平层次结构的改变。这种改变能够让人类积极主动地认知环境知识与行为之间的重要关联。

（二）环境态度的改变

环境态度是环境认知发展到一定程度而引发的态度改变。当人类个体掌握的环境知识经过长期的积累以后，会带动环境态度的转变。除此以外，环境态度很容易会受到个体的情感因素产生的影响，而且态度一旦完成转变过程，重新恢复的难度较大，理智也无法将其有效驾驭。从这一层面来看，环境态度改变的难度要远远超出环境知识改变的难度，而且一旦形成具有持久性和稳定性的特征，会迅速地转变为人们的日常自觉行为。

（三）个体环境行为的改变

人类行为的产生既会受到动机的影响，也会受到态度的制约。环境行为亦是如此。尽管环境行为与环境态度并非一一对应的关系，但环境态度对环境行为产生的影响是不能忽视的。除此以外，环境行为还会受到习惯约束。习惯一旦形成，便会产生较为稳定的环境行为，引发相应的结果。

（四）群体环境行为的改变

个体环境行为改变以后通过相互之间的作用，引发群体行为改变，从而产生群体环境行为变化。在4个层次中，群体环境行为的改变居于较高层次，是个体环境行为经过长期文化发展在社会关系的制约、相互作用和相互影响的结果。

第二节　环境素养的理论基础及思想渊源

一、理论基础

（一）环境伦理学

20世纪的西方发达国家在经济水平方面有着明显的提升，但随着工业文明的不断进步，人口环境和资源等方面的矛盾日益凸显。于是有专家学者发现无法通过单纯地发展技术或完善制度来解决环境问题，还需要从伦理道德层面作出努力。在此基础上，环境伦理学逐渐发展成为一门显学，相关的理论也逐渐深化发展与完善。

环境伦理学涉及多种基础理论。在众多理念体系中，人类中心主义和非人类中心主义是两种相对立的理论，对人类历史的发展产生的影响尤为深远。在人类发展的早期，人类中心主义占据主导，时刻影响着人类在了解环境、认知环境和对待环境时产生的态度。该理论指出，在人与自然相互作用的关系中，自然是供人类奴役和驱使的工具。人类通过利用自然攫取利益，不断满足人类的生存与发展需求。但随着人类对自然毫无节制地索取，世界范围内出现大量的环境问题，世界各国在面对严峻的环境形势时手足无措，人类开始遭遇前所未有的环境危机。非人类中心主义理论应运而生，并逐渐发展成为非人类中心学说，主导社会思想发展的方向。该理论指出，人类应当构建以自然生态环境作为衡量标准尺度的新型发展理念和价值情绪。在这一流派中，研究学者类型众多，提出的理论也十分丰富，比较常见的有动物权利论、生态整体主义、敬畏生命主义等。虽然属于同一流派，但学者研究的侧重点各不相同，许多论点也存在众多分歧之处，不过在强调公众生态道德对于人类自然发展的重要性方面，学者的思想保持高度统一。随着持有这一观点的学者的大量涌现，众多世界环保运动逐渐兴起。

在世界环保运动的影响下，20世纪80年代末，西方环境伦理学的思想传入中国并迅速得到了学界的一致关注。虽然部分思想在当时引发了不少争论，但在维护生物多样性与保护环境等相关的伦理和道德目标上，国内的学者基本达成共识。对环境伦理学的研究也由传统的社会领域的道德条件逐渐发展至自然界的环境改善和人的共存上。

综合上述分析可知，环境伦理学实际上是探讨人与自然关系的一门学说，从道德领域来探讨人与自然和谐发展的相关问题，并提出相应的改善方法。不能简单地将环境伦理学理解为传统伦理学向环境领域的过渡或延伸发展，而应当将其理解为人类通过对环境问题的深刻反思后对现有的环境产生的一种正确全面和新颖的认知。它为社会公众提升环境素养提供了基本理论支持。

（二）可持续发展理论

从20世纪80年代开始，国际环境教育迎来了发展新阶段，标志性事件就是可持续发展概念的提出。这标志着环境保护的理念已经上升到可持续发展的阶段，以期能够实现环境保护与经济发展的协调同步发展。新中国自成立以来,为了寻求经济的发展和社会的进步,大量地利用和消耗能源资源,严重地影响到社会经济的发展,也将人置于与自然对立的一面。为了解决这一问题,人类迫切需要寻找一条人与自然协调发展的道路。可持续发展理念的提出,需要人类正确认知和处理人与自然之间的关系,明确地球这一系统一旦遭到破坏,将会对包括人类在内的所有物种造成的灾难性后果。可持续发展观是中国在开展环境保护过程中对取得的经验进行深刻总结的结果,也是对其中的智慧元素进行凝结提炼的结果,是环境素养提升的新目标与新方向。

（三）马克思主义生态观

尽管"生态""环境"等词在马克思和恩格斯的专著中并未被明确提及,但他们的论点却蕴含着丰富的生态思想。最重要的是,他们在许多作品中详细讨论了人与自然的关系。人类是自然的产物,也是在与自然相互作用过程中发展的。在马克思和恩格斯的相关观点中,人类是产生于自然且存在于自然之中的。他们强调了人与自然之间密不可分的关联。马克思也在文章中提到劳动是人与自然相互作用的过程,是人类通过发挥主观能动性、调节自身的行为而实现的一种物质转化过程,重点探讨了人对自然的主观能动性以及在改造自然中应该遵从自然规律。

人类可以依据自身的需要通过各种实践方式来维持自身的生存与发展。但人类的发展应当建立在对自然规律的尊重和对自然的有序开发的基础上,从而实现由"自在自然"过渡为"人化自然",并在此过程中有意识地为环境作出相应的贡献。通过观察人与自然的发展历史可以看出,人在自然规律面前极其渺小。恩格斯在很早以前就告诫人们,当人类怡然自得地陶醉于战胜自然之时,任何一次沾沾自喜的代价都是自然界对人类强烈的报复。这一观点告诫人类在劳动实践过程中要对自然规律有所把握,自觉地遵循人与自然发展的关系,在对待自然时要充分尊重自然的客观规律。这对我国开展环境素养教育起到了十分重要的指导作用。

（四）环境社会学理论

从 20 世纪 90 年代开始,环境社会学在社会上流行,到目前已经逐渐成为一个系统的涉及多种学科的科学体系,在近几年的发展中,更是涌现出许多创新型理论。邓拉普（Dunlap）和卡顿（Catton）在《环境社会学：关于环境行为的社会学阐释》中提出了"新生态范式理论",该理论将生态环境当作平等研究主体和研究中心,通过描述社会与环境的作用关系构建一套新的理论设计框架。他们指出环境对人类实际上具有三种基本功能,分别是为人类提供生存空间、为人类提供各种生产资源、实现各种废弃物的储存与转化功能。他们强调社会环境问题的出现实际上是环境三大功能失调的结果。

福斯特(Foster)在马克思环境理论的基础上又提出了代谢断层理论,描述了人类与自然之间的代谢关系。社会生态的"代谢"实际上是对某些劳动过程理解的一次升华与推进,生活环境问题的出现实际上就是社会与生态代谢断层的结果,因此只有继续发挥生态系统的功能、减少人类对生态系统的破坏,才能够推动人类进步。

综上分析可以看出,环境社会学理论包含了多种观点,涵盖了社会变迁、社会行为、社会心理学等多个领域,并从多个层面和多个角度对人与自然、人与环境之间的关系作出总结,同时也对当前的人类与自然关系不协调的问题给出应对方案。社会公平、国家和个人关系的处理方式不同都会影响环境,因此从多个角度利用多门类知识,对自然环境与人类社会之间的关系展开探讨,能够为提升环境素养提供新的途径,也是人类社会发展的重要尝试。

二、思想渊源

环境问题并非在当代才出现,早在数千年以前环境问题便已经存在。中国有文献记载的时期已经有众多学者围绕着人与自然关系展开探索。但这一时期的研究和探索更多的是为了满足人类生存和发展的需要,以提高生态环境利用效率等。其中虽然蕴含着一些朦胧的生态意识,但不够生动、具体,也不够全面系统。从先秦时期,中国开始涌现出大量思想家围绕着人与自然的关系作了深入的解读,并提出了一些对后世影响较大的观点。了解这些观点,能够帮助我们更好地把握中国先贤对环境素养的早期认知。

(一)"天人合一"

随着人口数量的增多,中国所面临的生态环境相比于上古时期已经发生了显著的变化。进入两宋时期,众人对生态环境的认知有着明显的发展,形成了相对系统的环境意识。例如,到了宋代以后,儒家明确提出"天人合一"的思想,实际上就蕴含了朴素的生态环境观念。这些观念延续至今,对于开展环境素养的培育、推行环境保护实践,都具有十分重要的意义,体现了这类思想的进步意义。

儒家文化中提到的"天人合一""中庸""和谐"等观点都包含着朴素的对人与自然环境的科学认知与简单思考,是环境意识形成的哲学基础。"仁"在儒家文化的思想体系中一以贯之,生态环境理念之中就有明显的"仁"的意蕴。在儒家看来,仁者对世间万物给予同样的关爱,人类应当有一颗仁爱之心,就算是伐木杀生也要讲究节制,要有仁爱观念。同时,儒家还将对待生活的态度作为评判个人品德的重要标准。在儒家思想体系中的"天人合一"不是一个简单的哲学命题,而是古人在思考人与自然等问题时作出的科学的、宝贵的思想总结,一种人与自然相处的行为道德标准。"天人合一"中的"天",指的是自然之天,同时又具有自然环境的意思,注重的是人与环境之间的关系要和谐,且环境在先,自然为本。

（二）"中庸"

北宋理学家程颢和程颐将"中庸"的"中"理解为中正不偏,"庸"理解为不变、不易,并将"中庸"理解为人类对日常生活的认知的方法论与行为准则,同样也是对美德进行判定的基本标准。人类建立起的这种中庸观,除了能够用于解决人与人之间的问题,还适用于人与自然之间的关系,利用该思想妥善地解决人与环境的矛盾问题。"中庸"不是一种在处理事情时的无原则妥协,而是在两端之间持"中庸",不偏不倚,从客观实际出发对自然规律作出正确认知和有效把握,从而达到适度、适应和不走极端的目的。

（三）"和"文化

"和"文化是中国的众多文化体系中的精髓,也是过去几千年来中国人在处理人与社会、人与自然之间的关系时所秉持的基本观点与基本伦理规范。"和"代表的是和谐,是人与自然的和谐和人与人类社会的和谐,也是中国文化中的传统美德。道家在"和"文化的基础上还专门提出了人与自然和谐相处的观点,从多个层面对这一观点作出解释和分析。

自古以来,人类的活动导致生存环境处在不断变化中,大自然总会以它独特的方式给人类以警醒。古代思想家提出的人与自然和谐共处的朦胧的环境意识,可以说是对环境变化的理性思考,是一种智者的先觉意识,更是一种看到生态被破坏的"悲天悯人"的忧患意识。近代以来,人类生存危机已影响全球。分析和反思中国历史上环境意识和环境保护的成功经验,对于更好地构建和谐社会、实现中华民族伟大复兴、提高公众环境素养具有积极的理论意义和实践价值。

第三节　环境素养的内容及特征

一、环境素养的内容

通过前文相关概念梳理与分析,以及对环境素养概念的界定,可以看出环境素养具有广泛性和全面性的特点。它比其他的相关概念关注的内容更加丰富,探讨得更加深入,分析得更加理性。

在关于环境教育的第比利斯会议上,人们不再单纯地将增强环境意识作为会议的核心议题,而是作为详细论述的环境教育框架和培养目标,从环境意识、环境知识、环境技能、环境态度和环境实践参与五方面逐一论述了环境教育发展的相关议题,并在会议中拓宽了环境素养的内涵和研究方法,形成了一个相对完善的全球环境素养发展框架。这一发展框架也逐渐成为环境素养的分析框架。环境素养的具体构成详见图1-2。环境知识为环境素养的形成奠定了基础,指的是后天学习的与环境相关的认知。环境态度则是建立在环境知识基础上的、经过不断积累和形成的一种情感、价值观和态度。环境伦理是从整体发展的层面来探讨环境情感与价值取向,并能够联结环境知识与环境行为,是知识和行为之间连接的桥梁。环境技能则是指解决、分析环境问题的能力。

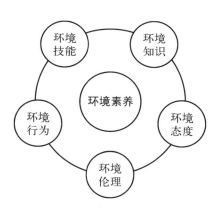

图1-2　环境素养的构成内容

为了便于理解,可以简单地将环境素养视作某种道德规范,即在社会实践中形成的能够对人类的生存、发展等相关行为方式产生约束的准则与规范,是人类调解矛盾、认知自我的意识形态基础。通过梳理人类发展历程可以看出,人类文明的发展在很大程度上是建立在道德的维系与传承的基础之上。相比于其他道德形式，环境道德观是一种对环境问题深度认知的伦理观念，是通过不断积累环境知识、改变环境态度，从而形成的一种环境思维价值观。它能够更好地指导人们造福人类的同时兼顾子孙后代的命运，也能从全局的角度和长远的利益出发保证人类的行为不会破坏生态平衡，或是最大限度地减少对生态环境的破坏，妥善地处理人与自然之间的关系。从这一层面来看，环境素养实际上是个人品德的重要构成部分和人类对客观环境认知的深层体现，是人类环境行为由被动转为主动、由服从转为律己的重要道德遵循。

二、环境素养的特征

环境素养代表的是科学和先进的价值理念。它反映出人与自然应当维持一种和谐发展关系，是与自然关系相互作用所形成的态度、情感和观念的总和。它为人与自然的和谐共存提供了基本价值导向，也是摒弃落后发展模式，实现社会生活方式伟大创新的重要途径。环境素养存在许多典型特征。

（一）综合性

环境素养具有综合性的特征，主要体现在环境素养会涉及自然、经济、管理、社会等多门学科方面的知识，是多个学科相互交叉和融合的结果。环境素养还包含了人类对环境领域的认知意识、行为态度等多个维度的内容，是一个由多要素构成的综合体。

（二）多样性

环境具有多样性的特征，人类亦是如此，因此人类构建的环境素养同样也具有典型的多样性特征。这种多样性既体现在主体的多样性结构的多元性，还体现在功能和组成的多样性方面。环境问题涉及多个阶层和多个领域，而每个建设领域都与环境主体之间存在密切关联。

（三）群众性

人类的每一个体都应当参与到环境保护的过程当中，因此环境素养具有一定的群体性特征。人们与自然环境发生作用时，既可以带来积极影响，也可以造成消极影响，其结果可以表现在保护自然环境上，也可以表现在破坏自然环境上。从环境素养的核心发展目标层面来看，是为了实现环境破坏行为的减少和环境保护行为的增加，一减一增之间就隐含了环境素养提升的内在价值。由此可以看出,环境素养需要面向社会各个阶层和各个年龄段的人群,要对各类人群开展环境素养教育工作,以培育公众的环境素养。

（四）实践性

环境素养培育的核心目的在于付诸实践,改善环境问题,解决人与环境之间的矛盾。这既需要人民群众掌握相应的环境知识、具备一定的环境技能,还需要人民群众愿意将相关知识和技能贯彻落实在环境素养的培育中。它是理论与实践相结合的统一过程,也是对环境素养培育结果检验的标准。在培育中学生环境素养时,也应当注重实践性的特征,为学生提供亲身体验的机会,让他们能够将自己所学的知识应用在真实环境问题的解决中,并逐渐在解决环境问题的过程中形成关注和爱护环境的情感。

（五）连续性

环境处于持续不断的变化发展之中,因此对环境素养的培育应当充分尊重环境的动态发展规律,将各个年龄段和各种类型的环境变化充分结合起来,关注环境素养培育的连续性过程,持续培育学生的环境素养,帮助学生形成环保观念。教育者应当将环境素养的发展贯穿在整个教育过程当中,从小抓起,让个体在觉醒自我意识的同时产生环境意识萌芽,为学生环境意识的提升奠定良好基础。除此以外,环境素养的培育还应当与各学科教学相互融合,充分发挥环境素养的实用性和操作性价值,为环境素养的形成积累丰富的教育实践经验。

三、具备较高环境素养的学生画像

中学生的特点是可塑性强,接受新鲜事物速度快。这种中学生独有的特点决定了中学时期是培养学生正确的价值观、树立环境意识的重要阶段。而且从长远来看,现在的中学生是未来国家的建设者,如果中学时期学生就能接受较全面的环境教育,养成生态意识,养成保护环境的行为习惯和技能,那么在他们长大之后,走上不同的工作岗位,就会从环境、社会、生产等方面提出比较正确的行动方案,从而有利于整个社会环境问题的改善。从这个角度来说,中学生的环境素养水平可以作为衡量国民环境教育的成功与否的重要标准。

具有良好环境素养的中学生往往会在多个层面上表现出鲜明的特征。

一是对自然持有敬畏之心。具有良好环境素养的个体会更加尊重自然和爱护自然，对自然发生的任何变化都保持高度敏感，能够与自然环境和谐共存；在利用自然环境资源时，也能够做到自觉地保护和有节制地开发使用。

二是乐于主动学习、探索环境知识。具备良好环境素养的个体对环境知识的学习具有浓厚的兴趣，通过长期学习环境知识，能够对周围环境组成和结构产生更加深刻的认知和专业的见解，对自身的认识也更加客观，还能够在看待个体发展时，将其置于自然环境系统之中，充分理解人与自然和谐发展的重要意义。

三是懂得人与自然的相互关系。具备良好环境素养的个体知识层次相对较高，学习的知识也更加体系化。除了掌握自然科学知识以外，其还会了解一些心理学、社会学和历史学方面的知识，因此能够更加深刻地理解人与自然的作用关系，将自己的环境素养应用到生产和生活过程当中，自觉地去做一些如垃圾分类之类的保护环境的工作。

四是深刻地认知环境问题的根源。具备良好环境素养的个体一般都能够意识到，环境问题产生的根源在于人类的不良生活和生产方式，也都能够意识到这类生产生活方式对自然环境造成的重大危害，在面对环境问题和处理环境矛盾时，能够做出更加科学合理的判断，从而探究问题的根源，提出更加专业和科学的应对方案。

第二章

现实审视：地理学科培育环境素养的现状调查

学生作为环境素养的主要培育对象，对环境素养培育的认识、本身具备的环境素养、对学校环境素养培育的态度是影响环境素养培育效果的关键要素。由此，对学生环境素养的基础进行了解，对环境素养培育的态度进行问卷调查，以期促进地理学科培育环境素养的有效开展。

本章主要是针对上海部分区中学生环境素养总体水平、学校环境素养培育现状进行的调查研究，以期为后续的研究找寻现实基础。除了从现状中梳理地理学科培育环境素养的成效之外，更多的是要寻找问题，进而寻找适切的教学策略与解决之道。

第一节　问卷调查的方法与设计思路

一、问卷设计

为了更准确、更全面地对地理学科培育环境素养的现实情况进行审视，本书分别设计了环境素养水平测试问卷（学生）、学校环境素养培育开展情况的调查问卷（学校管理层、教研员、教师）共两套。我们邀请专家对这两套调查问卷的科学性与适用性进行了评审，并多次进行了修改与完善。

（一）学生环境素养水平测试问卷

本套问卷着重对学生环境素养的五大要素进行调查。

【环境知识】　具有环境保护的相关知识；掌握生态学、环境学、地理学等与环境有关的学科知识；掌握一定的环境政策法律的知识等。

【环境态度】　对环境问题有一定的敏感性；对重大环境问题以及身边的环境具有责任感；具备用自己的环境态度影响其他人的示范意识等。

【环境行为】　能够在日常生活中表现出保护环境的积极举措；在自己做到保护环境的同时，对他人的行为能够施加影响；具有爱护环境、保护环境的自觉与习惯。

【环境技能】　能够解决日常生活中出现的各种环境问题；具备探究环境问题的能力；能够发现并解释环境问题产生的原因、危害和影响。

【环境伦理】　能够以尊重自然规律的态度对待环境；认识到环境自身具有一定的价值；能够认识环境与人类生产生活之间的关系；关心环境与人类的相互影响等。

（二）学校环境素养培育开展情况的调查问卷

本套问卷主要对学校环境素养培育现状，教学管理人员、教师对环境素养培育的态度、责任感、困难、存在问题等方面进行调查分析。

二、问卷样本范围

学生调查问卷，选择上海的 20 所中学进行问卷的发放。共发放问卷 1 056 份，回收有效问卷 1 020 份。

教师和教学管理人员调查问卷的样本取自上海市 6 个区的 19 所中学的

管理人员和教师。发放问卷 90 份,共回收有效问卷 90 份。

三、数据的分析方法

用 Excel 进行数据的处理与图表制作,部分数据使用 SPSS 进行相关性分析。

第二节　学生环境素养水平测试问卷调查研究

一、调查问卷的基本情况

只有对中学生的环境素养现状了解清楚,中学环境素养培育的实施才能有的放矢,才能为地理学科中的环境素养培育目标、环境素养培育内容及环境素养培育的实践提供现实依据。

本研究对学生进行问卷调查基于以下几点假设:

第一,对环境素养的五个方面进行测试,可以初步判断学生环境素养水平的高低;

第二,中学生环境素养的五个方面之间存在着显著的正向相关的关系;

第三,中学生是否参加环境素养培育的相关活动与其环境素养的高低呈正相关。

本次调查的学校共 20 所,分别是:虹口区 4 所初中、2 所高中;静安区 3 所初中、2 所高中,其中 1 所是完中;闵行区 2 所初中、1 所高中;徐汇区 1 所初中、1 所高中;崇明区 2 所初中、1 所高中;青浦区 1 所高中(见表 2-1)。虹口区发放问卷是由笔者直接到学校发放问卷,其他区则是由该校地理教师代为发放给学生,并于三天后收回问卷。初中选择的主要年级是六、七年级,部分学校涉及九年级。高中主要是高一、高二年级。

表 2-1　调查问卷情况

学 校	所在区	总数	男生	女生	发放问卷	回收问卷	有效率
初中 1	虹口	178	82	96	178	175	98.31%
初中 2	虹口	68	41	27	68	66	97.06%

续　表

学　校	所在区	总数	男生	女生	发放问卷	回收问卷	有效率
初中 3	虹口	74	36	38	74	74	100.00%
初中 4	虹口	86	32	54	86	80	93.02%
高中 1	虹口	30	18	12	30	30	100.00%
高中 2	虹口	39	21	18	39	38	97.44%
初中 1	静安	30	15	15	30	29	96.67%
初中 2	静安	30	22	8	30	28	93.33%
初中 3	静安	60	34	26	60	58	96.67%
高中 1	静安	41	22	19	41	38	92.68%
高中 2	静安	30	13	17	30	29	96.67%
初中 1	闵行	64	37	27	64	64	100.00%
初中 2	闵行	60	30	30	60	58	96.67%
高中 1	闵行	30	16	14	30	30	100.00%
初中 1	徐汇	31	25	6	31	31	100.00%
高中 1	徐汇	30	12	18	30	30	100.00%
初中 1	崇明	89	48	41	89	85	95.51%
初中 2	崇明	22	10	12	22	20	90.91%
高中 1	崇明	34	16	18	34	28	82.35%
高中 1	青浦	30	16	14	30	29	96.67%
—	—	1 056	—	—	—	1 020	96.59%

　　调查样本的选取主要是基于以下考虑：第一，尽量扩大调查样本的范围，不局限于本区，可以使得调查结果更有代表性与说服力；第二，地理学科在初中只有六、七年级进行教学，九年级由于有考察跨学科案例分析的中考，因此可以适当扩大到九年级；高一、高二有地理课程，可以对学生环境素养培育的现状进行更全面的分析。

二、调查问卷的设计思路

结合对学生环境素养进行调查的目的,本问卷的由七大部分构成,分别为"个人基本信息""环境知识""环境态度""环境行为""环境技能""环境伦理"及"对学校开展环境素养培育的态度与认识",合计 32 题(见表 2-2)。问卷的形式以单选为主,辅以多选题与主观题。

表 2-2　中学生环境素养问卷内容

问卷设计的内容			对应题号
第一部分	个人基本信息		1.1　1.2　1.3
第二部分	环境知识	地理环境的相关知识	2.1　2.3
		人类发展的相关知识	2.4　2.6
		人地关系的相关知识	2.2　2.5
第三部分	环境态度	对环境的敏感度	3.3　3.4
		对环境的责任感	3.1　3.2
第四部分	环境行为	在学校的行为	4.1　4.3
		在家庭的行为	4.2　4.6
		在社会的行为	4.4　4.5
第五部分	环境技能	发现、分析问题能力	5.1　5.2　5.4
		解决环境问题能力	5.3　5.5
第六部分	环境伦理	环境与人类的经济行为	6.2　6.4
		环境与人类生存	6.1　6.3
第七部分	对学校开展环境素养培育的态度与认识	课堂教学	7.1
		课外实践	7.2　7.3　7.4

三、中学生环境素养的现状分析

（一）环境素养的总体情况

1. 从分数值分析

每个问题按照选项的不同，均赋予具体分值。表现最明显为 4 分，最低程度的表现为 0 分。学生环境素养水平测试部分问卷基本满分为 100 分。根据 1 020份有效问卷的作答情况来看，最高得分为 91 分，最低为 43 分，平均分 76.04 分。

此外，对数据进一步分析，可以发现：第一，在性别方面，环境素养的平均分存在差异，女生（78.61 分）在环境素养方面明显地好于男生（71.36 分）。这说明可能女生对环境的敏感比男生有优势。如何更好地发挥女生的积极性，以此影响男生，可能是培养学生环境素养的一种方法。第二，高中学生（80.22分）的平均分明显高于初中学生（72.10 分）。这样的结果比较容易理解，高中生的环境知识、技能、态度要明显高于初中学生，因此，高中生的环境素养也明显高于初中学生。这也能间接反证环境知识是环境素养的基础。

2. 环境素养 5 个方面的平均分统计分析

（1）从数据结果来看，环境素养的 5 个方面存在比较明显的差异，如图 2－1所示。相比较而言，中学生的环境知识得分最高（3.41 分），环境技能和环境伦理得分较低，分别为 2.53 分与 2.98 分。数据说明，学生经过学校的教育已经具备了一定的知识，但是对环境的认识深度和思考不足。

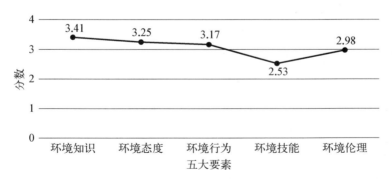

图 2－1　全体学生环境素养的平均得分（每题）

（2）存在的问题。总体而言，环境素养的 5 个方面都还有待提高，学生对环境问题的感知、认识和解决的能力有待提升，环境伦理得分不容乐观。这说明：学生认识环境伦理的水平不高，甚至对什么是环境伦理都不是很清楚。环境伦理更偏向于对人与自然的关系的认识。但这种认识绝不可能是一蹴而就的，需要从小培养和关注，并且随着年龄的提升而不断深化认识。从某种意义来说，环境伦理直接关系一个人的环境素养高低。

环境素养5个方面的性别差异。如图2-2所示，女生与男生在环境知识和环境态度方面差异不大，在环境技能、环境伦理和环境行为方面差异较显著。除了"环境技能"男生好于女生外，其他方面女生均好于男生。

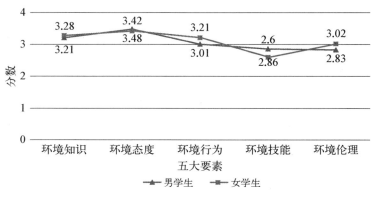

图 2-2 男生与女生在环境素养方面的得分情况

（二）环境素养五大方面具体情况

1. 中学生掌握环境知识的调查情况

本次调查共计6题，因为是环境知识的题目，所以有正确与错误的分值。答对一题得4分，答错或者不清楚，皆不给分。

从统计结果来看，初中学生平均得分为3.35分，正确率72.3％；高中学生平均得分为3.76分，正确率为86.2％。具体数据为：六年级学生的平均得分为3.2分，正确率为53.3％；七年级平均得分为4.0分，正确率为66.7％；九年级平均得分为4.2分，正确率为70％。高一学生平均得分3.82分，正确率为88.23％；高二平均得分为3.65分，正确率为83.32％。从初中和高中学生的平均得分初步判断，当前初中学生关于环境知识的水平状况不容乐观，六年级学生还处于不及格的水平。高中学生的环境知识相对于初中生较好，但是考虑到高中学生的整体认知水平，86.2％的正确率还是有较大的提高空间。

从上述统计分析结果可以看出，中学生的环境知识掌握情况有如下特点。

（1）中学生掌握的环境知识较为丰富。如，"2.1　地理环境中的各个要素是相互联系，相互作用的（正确答案为同意）""2.2　地球上的空间和资源都是有限的，供养的人口也是有限的（正确答案为同意）""2.6　人类的发展会导致很多环境问题的出现，因此，人类发展时要注意环境的保护（正确答案为同意）"，3道题的正确率相对较高，初中、高中生均达到78％以上。可见，经过学校和社会的宣传教育，绝大多数学生掌握了基本的环境知识。

（2）中学生掌握环境知识的结构存在缺位现象。如对于"2.4　在环境问题上，世界上任何一个国家承担的责任必须相同"（正确答案为不同意），六年级学生的正确率只有24.2％（22人答对），七年级正确率为26.7％（24人答对），九年级正确率为30％（6人答对），高中学生的正确率也只有61.56％。这说明中学生对有些环境知识掌握较好，有些环境知识掌握得很不到位。

（3）在深度与广度方面，学生掌握的环境知识存在差异。从数据来看，初中生和高中掌握的环境知识在广度和深度方面存在差异（见表2-3）。此外，在同一学段内，也基本上呈现高年级比低年级得分情况略好的表现。原因可能是，随着从初中到高中学段的变化，学生学习的课程科目也在逐年增加，其中所蕴含的关于环境的知识也在增加，因此学生获得的相关知识逐渐变得丰富起来。

表2-3　环境知识初中生与高中生答题正确率比较

题号	初中	高中	初中	高中	初中	高中
2.1	75.00％	96.56％	1.29％	0.94％	23.71％	2.50％
2.2	84.71％	95.00％	0.57％	0.00％	14.71％	5.00％
2.3	6.71％	1.25％	13.29％	1.56％	80.00％	97.19％
2.4	31.86％	31.56％	8.14％	6.88％	60.00％	61.56％
2.5	33.43％	44.38％	1.57％	0.31％	65.00％	55.31％
2.6	77.43％	95.00％	17.43％	0.31％	5.14％	4.69％

2. 中学生对待环境问题的态度调查情况

对待环境问题的态度是对环境问题的认知与情感倾向的表达。本次调查问卷中关于对环境问题态度的题目，主要参考近期出现的社会问题进行设计。本部分共有 4 道题目,每一题的选项答案是不同的,并且对符合主流观点的态度赋予 4 分,其他选项以此类推。如,第一题"A 很赞成"4 分、"B 无所谓"3 分,以此类推(见图 2-3)。这样赋分的原因在于,态度本身不像知识有明确的正确与错误之分,而且使用不同的分数值更能表现出学生在对待环境问题时表现出来的态度差异。

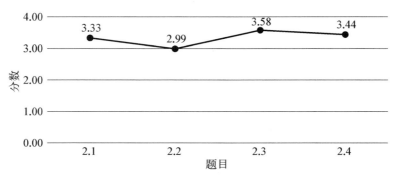

图 2-3 中学生对环境问题的态度题目平均每题得分状况

从统计的结果分析来看:中学生对环境问题的态度总的来说是积极的、正面的,但是具有浅层性。

(1)能够对身边发生的一些环境问题作出正确的判断。如:"3.1 如果你所在小区为了美化环境,向你收取一定费用。对此你的态度是什么?"对于这个问题选择 A(很赞成)的有 798 人,占总人数的 78.2%。再如"3.3 看到有人随意扔垃圾破坏环境。对此你的态度是什么?",觉得"应该制止"(972 人)的占 89.4%。但是,也有 7.45% 的学生(76 人)选择"无所谓""视而不见"。这一点也需要我们的注意。

(2)对环境问题的态度呈积极正向的倾向。如"3.4 在超市买东西的时候,你对使用塑料袋的态度是什么?"85.9% 的学生选择"尽量少用,最好不用"。这些数据都表明了大多数中学生能够约束自己不良行为,表现出正确的环境态度。

(3)表现出浅层次的环境态度。浅层次性是指中学生虽然具备了积极正确的环境态度,可是常常会有意志不坚定的情况出现。如对于"3.2 虽然我知道有些事可能会污染环境,但是偶尔做一下也无妨"的现象,有 19.41% 的学生(198 人)选择"B 无所谓"。

3. 中学生对待环境问题表现出的环境行为调查情况

环境行为是环境素养的外在表现,通过一个人的环境行为可以初步判断其环境素养水平的高低。由于家庭、学校等场所是学生日常生活的主要区域,因此,学生的环境素养主要就表现在这些场所之中。这部分题目就是立足于学生日常生活场景,了解学生可能表现的环境行为。这些题目采用的是具体的分值计算。

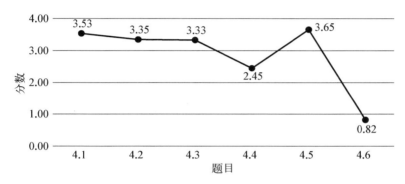

图 2-4   中学生的环境行为得分状况

（1）多数中学生选择对环境负责的行为。如"4.1   看见打开着的水龙头,你会怎么做?",有 88.3％的学生（901 人）选择"A 主动去关";再如"4.3   你认为应该如何处理学校校园内的枯草落叶?",有 83.2％（849 人）的学生选择"A 集中处理作为化肥"。高中生比初中生表现出更负责的环境行为。

表 2-4   各年级回答情况分布状况

题目	A		B		C	
	初中	高中	初中	高中	初中	高中
4.1	584 人（占 83.43％）	317 人（占 99.06％）	32 人（占 4.57％）	0 人（占 0.00％）	84 人（占 12.00％）	3 人（占 0.94％）
4.3	542 人（占 77.43％）	307 人（占 95.94％）	34 人（占 4.86％）	1 人（占 0.31％）	124 人（占 17.71％）	12 人（占 3.75％）

（2）中学生的环境行为具有浅层次性。环境行为分浅层环境行为与深层环境行为。浅层环境行为主要局限于个人的环境行为;深层环境行为是指能

够在自己表现出积极正确的环境行为时,对其他人的行为进行督促、规劝与禁止。很显然,后者的影响力更大。本次调查发现,多数中学生能够做到规范自己行为,即浅层环境行为,但对他人的不负责行为却不能作出及时的反应,呈现出行为的浅层次性。如"4.4 对于'爱护公共绿地、不践踏草坪''不采摘花草'你会怎么做?",选择"A 能自己做到"的学生(624 人)占 61.2%,但仅有 32.55%的学生(332 人)选择"B 自己能做到,并要求别人也要做到"。此外,由于问卷中的情景只是预设的,如果在现实生活中,实施深层环境行为的学生比例可能还要低。

(3)中学生表现出的"知"与"行"存在偏差。环境行为与环境知识的偏差表现为懂得环境知识,却在行为中不能表现出来。如"4.5 少用餐巾纸是拯救森林的一部分,你会在日常生活中怎样表现?",有 57.5%的学生选择"A 少用餐巾纸"和 33.82%的学生选择"B 改用手帕"。可是在个别学生的访谈中,发现绝大多数学生依然使用餐巾纸,几乎没有学生使用手帕。

此外,"4.6 你常在洗手、洗脸、刷牙的过程中不会关水龙头",竟然只有20.39%(208 人)能做到"关水龙头洗手、洗脸",绝大部分的学生都会不注意水资源的保护。这些都直接反映出了学生的环境行为与环境知识之间存在着明显的偏差。

4. 中学生具备的环境技能的调查情况

环境技能主要包括学生发现、分析、解决环境问题的能力。本部分共 5 个问题(见图 2-5)。其中,前 4 个问题主要考查学生环境技能的自我认知,即

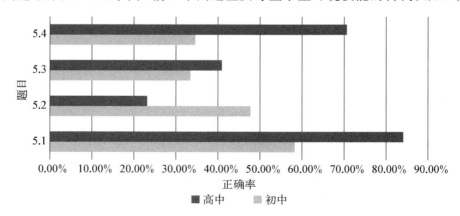

图 2-5 中学生表现出环境技能的正确率情况

自己对自己的环境技能进行调查。第5题，主要了解学生解决环境问题的实际效果，了解学生为环境保护具体做了哪些事情。

从数据的整体分析来看，高中学生的环境技能明显高于初中学生。仅有题目"5.2　能迅速在各种传媒中（报刊、广播电视、互联网等）查阅有关环境的资料"，初中学生分数高于高中生。分析原因，可能与高中生的自我认知有关。即高中生具备一定的学科背景知识，认为自己能够靠学科知识分析具体的环境问题，因此没有深入分析的动力。从这道题的数据来看，初中与高中学生的正确率均不足50%，学生对环境问题的深度认知还需提升。

（1）学生初步具备对环境问题产生的原因、影响的分析能力。如"5.1　能比较全面地分析出上海雾霾天气的成因"，有667人认为自己"符合"，有196人觉得自己"比较符合"，两个选项总共占总人数的85.59%。考虑到这道题的主观因素较大，可能实际情况会往下降一些。又如"5.2　能迅速在各种传媒中（报刊、广播电视、互联网等）查阅有关环境的资料"，分别有408人和316人选择"A符合"和"B比较符合"，共占70.98%，这说明绝大多数学生能够对环境问题的起因与影响进行分析，具备一定的环境技能。

（2）运用学科知识解决环境问题的能力还显不足。对环境问题的认识和分析的最终指向是环境问题得以解决。"5.3　如果出现环境问题，清楚找什么部门解决"，仅有365人选择"A符合"，234人选择"B比较符合"。这两个选项人数共占58.73%，说明很多学生不知道某一环境问题所对应负责的具体部门。对于"5.5　你自己想办法解决过几项环境保护方面的问题？"绝大部分的学生（643人）仅解决过"1—2项"环境问题，占63%（见图2-6）。这说明大多数学生对周围发生的环境问题做出过一些力所能及的行为，但是解决问题的能力还是比较薄弱。

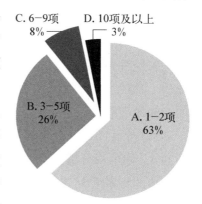

图2-6　问卷中5.5题的回答分布情况

5. 中学生认同的环境伦理的调查情况

环境伦理主要是指人能够认识环境自身的价值及其与人类的关系。因此具体可以分为"环境与人类生产"和"环境与人类生存"。

对中学生环境伦理测试共分为两个方面："环境与人类的经济行为"和"环境与人类生存"。本部分共有 4 个题目。其中,6.1 题与 6.3 题考查"环境与人类生存",6.2 题与 6.4 题考查"环境与人类的经济行为"。从学段来看,高中学生同样比初中学生表现得更好。

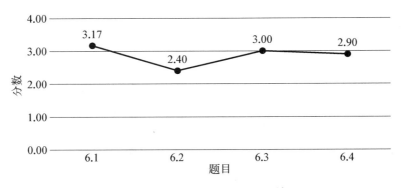

图 2-7　中学生环境伦理的得分情况

（1）学生对环境伦理的内涵不清楚。从学生的问答来看,学生不知道环境伦理到底指代什么,同时对环境伦理与环境态度之间的区别并不清楚。比如"6.1　为了更清洁的环境,往往需要外在的治理行为",79.2% 的学生(808人)选择"A 很赞成",说明学生尚且不能从人类与环境、人类与经济关系,以及经济关系与环境宏观的视角去看待环境问题。再如,"6.2　在市场经济中,刺激高消费,满足高消费不考虑其他因素的做法是合理的企业行为",31.5%的学生(321 人)选择"A 很赞成",表明这部分学生只顾及了经济方面的收益,忽视了合理企业行为还应考虑到环境的保护,表现为环境问题与经济问题之间的模糊理解。

（2）学生不能充分理解生态环境对人的价值。从图 2-7 中可以发现,6.1题和 6.3 题的得分情况要好于 6.2 题和 6.4 题。这表明,在关于人类活动与环境变化的关系之中,很多同学看到了经济活动对人的价值和影响,忽略了人对环境保护的责任与义务,不能充分理解生态环境对人的价值。

（3）学生习惯于从利益出发,缺少环境的分析维度。主要表现为:习惯于把人类从自然环境独立开来分析与思考,缺少把人作为自然生态一部分的整体与系统。如"6.3　节约资源、环境保护只是目前人类为自身生存不得不采取的行为"。75.10%的学生(766 人)选择"C 不同意",说明仍有 1/4 的学生对此问题的认知比较模糊。

对于 6.4 这一问题中，72.45％的学生（739 人）选择"C 不同意"，说明学生在环境与人的问题上，只看到环境对人类的经济价值，没有看到环境对人的全面发展、社会进步所起到的其他重要作用。

6. 中学生对学校开展环境素养培育的看法调查情况

环境素养培育离不开学校开展的各种环境教育活动，因此，学生是否认同学校开展的活动，是否有意愿参加等影响着学生环境素养水平。此部分共设计 4 道题，均没有唯一答案，目的仅仅是了解学校开展环境素养培育的情况与学生对环境素养培育的基本看法。对具体的调查数据分析如下。

（1）地理学科是学生获取环境知识、习得环境技能和培育环境素养的主要学科。如，5.1 题主要是了解学生心目中"进行环境素养培育的优势学科"。从学生的回答可以发现，这些学科都有一个共同的特点：与生态、环境的关联性较大。其中最占优势的是地理学科，有 679 名初中学生、319 名高中学生选择地理，占比将近 100％（见图 2 - 8）。由此可见，地理学科关注人地关系的学科特点，使得学生非常认可其对培育环境素养的重要价值。这也进一步要求地理教师发挥地理学科的学科优势，在平时的教学活动中充分挖掘地理学科中有关环境素养培育的内容，设置一些与环境素养培育有关的内容，将地理学科作为环境素养培育的主要阵地。

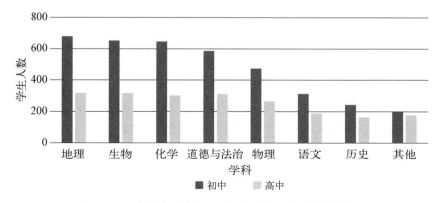

图 2 - 8　中学生认为有利于环境素养培育的优势学科

（2）大部分学生对各种环境素养培育活动的态度是积极的。从问卷的数据看，绝大多数学生比较认可学校组织的关于环境素养培育的活动，同时对参与相关活动的态度也比较积极主动。在"7.2　如果在学校校园文化中适当增加环境素养培育的相关内容，你的态度是什么？"，选择"A 努力好好学"的学生（819 人）占 80.3％；"7.3　如果学校能举办例如环保秀、植树日等主题活动，你的态度是什么？"选择"A 积极参加"与"B 去参加"的学生（823 人）占 80.7％。

（3）学校开展的环境素养培育活动不够丰富多样。如前文所述，学校是学生培育环境素养的主要场所，学校组织的环境素养培育活动直接影响着学生的环境素养。可以说，学校的教育活动对学生环境素养的培育起着至关重要的作用。通过问卷，发现学校环境素养培育活动的内容和形式较为单一。7.4 题，填答的有效问卷有 1 020 份，具体的分析结果如表 2－5 所示。

表 2－5　学校环境素养培育活动开展情况调查统计

活 动 内 容	初中人数及所占比例		高中人数及所占比例	
环境素养培育宣传活动	443	63.29％	125	39.06％
实地调查活动	328	46.86％	87	27.19％
地理课堂教学	376	53.71％	176	55.00％
班会、讲座等活动	132	18.86％	165	51.56％
观看电影	112	16.00％	23	7.19％
其他：校园节日	483	69.00％	128	40.00％

通过对数据结果与学生答题实际的分析，得出以下结论。

第一，初中学校开展环境素养培育活动的丰富程度比高中高。从学生答题来看，初中学生往往会写出 3—4 个活动而高中生往往只能写出 1 个。这可能与高中学业压力较大，缺少参加环境素养培育的热情有关。而且在样本的选择中，初中以六、七年级为主，学业压力较轻，对参与活动有比较大的热情。

第二，无论初中还是高中，地理课堂教学是开展环境素养培育活动的主战场，两个学段的学生的填写都是所有活动中占比较高的，初中占 53.71％，高中占 55.00％，从而体现了地理学科在环境素养培育中的优势以及地理学科在环境素养培育中的重要性和价值。

第三，学生填答的环境素养培育绝大多数停留在简单、零散的活动。比如，校园大扫除、班级植物角、地球环保日宣传等，缺乏将主题及线索贯穿的整个环境素养培育的主线。可见，当前开展相关环境素养培育的活动有形式化之嫌。学生环境素养的提高与学校开展的各种活动质量有关。如果学校开展的环境素养培育不能引发学生深度参与的意愿，活动形式与内容相对单一，那么提高学生环境素养也就无从谈起了。

（三）中学生环境素养的调查报告小结

调查报告主要对"环境的相关知识""对环境问题的态度""表现出的环境行为""具备的环境技能""认同的环境伦理"5 个方面进行调查。所以，调查报告的小结结论主要从 5 个方面，以及"对学校开展环境素养培育活动的态度"进行分析小结。

1. 关于"环境知识"的小结

环境知识是环境素养的基础，只有具备了丰富、完整的环境相关知识，才能产生积极、正向的环境态度，在学校、家庭及社会中表现出负责任的环境行为。因此，没有环境知识，环境素养就失去了形成和发展的支撑。

这些年来，在学校和社会等方面的共同努力下，特别是上海市教委、各区教育局、教研室开展的对地理学科素养的讨论以及地理课堂教学培育环境素养的教学评比等相关培育活动，让越来越多的学生掌握了生态学、环境学、地理学等一些与环境有关的学科知识。这点从问卷调查的分析报告中可以直观地发现。但是，由于缺乏系统完整的环境素养培育，中学生对环境知识的认知水平较低，部分环境知识的掌握存在欠缺。

究其原因，主要是学校缺乏将环境知识在有关学科教学中进行渗透的意识，比如地理。地理学作为一门有利于环境知识渗透和环境素养培养的学科，有责任、有必要充分发挥地理学环境知识渗透或传授的广度和深度。

总的来说，学生虽然掌握了一些环境知识，但同时也存在环境知识的结构不完整，水平整体不高，尚存知识漏洞等问题。

2. 关于"环境态度"的小结

相比于环境知识，环境态度往往具有持久性和稳定性。对于一名学生来说，对环境问题的态度不可能在短期内发生很大的变化。这要求地理教师在培育环境素养的过程中需要循序渐进、一以贯之。调查结果显示,高中生对环境问题的态度普遍积极、负责。但同时它还是"浅的""表面化的"。这种"浅层次"主要表现在,学生面对诱惑或其他干扰时缺乏决心。要想将学生的环境态度从"浅"转变为"深",需要在扎实环境知识的基础之上,设置多种生活情境、丰富的学科活动,让学生在其中体验与反思,以此促进学生环境态度的深化。

总的来说,从问卷结果来看:学生具有较为正确、积极的环境态度,但面对某些环境问题时容易表现出浅层次的特征。

3. 关于"环境行为"的小结

通过问卷调查发现,大部分中学生的环保行为还停留在表层,甚至表现为不负责任的环保行为。这实际上与前面的调查结果相似,即学生环保知识稍显不足,缺乏系统性,同时环境态度"表面化"。

调查的结果也对我们今后的教学提出了新的要求:要时刻关注环境知识和环境态度的培养,让学生拥有系统扎实的环境知识和积极的环境态度,同时,要给学生将知识和态度转化为具体环境行为的情境,让学生在具体的生活情境中运用所学知识,通过负责任的环境行为表现出积极正向的环境态度,以此培育和提升学生的环境素养。

总的来说,从问卷结果来看:绝大多数学生会选择对环境负责的行为,但在真实的生活情境中环境行为却没有真正表现出来,存在知行不一的情况。

4. 关于"环境技能"的小结

对学生的环境素养来说,环境技能是处于环境素养体系的高阶表现。环境技能在学生日常的学习生活中表现为掌握分析、解决环境问题的有关方法和技巧。包括认知与辨识环境问题的能力、调查与研究环境问题的能力、处理和解决环境问题的能力等方面。具有较高环境技能的人会积极主动地对环境问题进行分析和解决,体现环境素养培育应当表现出来的知行统一。

从学生的问卷调查结果来看,中学生环境技能较为欠缺,特别是涉及问题的处理能力则更加薄弱了。这可能与学校环境素养培育注重提高公众环境意识而忽视环境技能的提高不无关系。问卷的结果也反过来要求中学开展环境素养培育的时候,要注重对现实问题的处理,从"知"向"行"进行转变。

总的来说，从问卷结果来看：学生能够运用掌握的环境知识分析环境问题的原因与造成的后果，但在解决环境问题的能力方面还有待提升。

5. 关于"环境伦理"的小结

从本质上来说，环境伦理就是能够正确认识环境与人类生产生活之间的关系；具体来看，环境伦理更多的是从环境与人类经济行为、环境与人类生存的关系等宏观层面看待环境。具有较高环境伦理素养的人，绝不会仅仅从人类的单一视角看待环境问题，更多的是把人类放在整个自然生态环境中进行整体的思考，考虑到环境保护与人类发展的双赢。

从学生的调查结果来看，学生的环境伦理素养尚且不容乐观，他们考虑问题还是从自身利益出发。这可能与学生的年龄有关，中学阶段学生的思维方式更多的还是以自我为主。这需要我们进一步加强环境伦理的教育，引导学生更加全面完整地看待环境与人的关系。

总的来说，从问卷结果来看：学生不能充分理解生态环境对人的价值；对环境伦理的整体认识比较模糊；考虑环境问题时过多地从人类个体的利益出发，缺少全局观。

6. 关于学校开展环境素养培育的小结

学生的态度是影响环境素养培育的重要因素。从问卷数据看，大部分学生对各种活动是持支持的态度，但是，很多学校对如何开展更加丰富多样的环境素养培育活动，如何吸引学生参与相关活动，如何将培育环境素养与学科教学有机融合等方面还存在问题。原因可能是教师对学科中环境素养培育的目标定位不清楚，设置目标随意；内容条理不清晰，主题无法凸显；教学方式单一，缺少环境素养培育特点。因此，以这次的问卷调查为契机，针对上述问题探索与实践相应的环境素养培育目标与内容，为开展地理学科中环境素养培育提供现实与理论依据，从而凸显地理学科中开展环境素养培育的优势。

总的来说，从问卷结果来看：在学校已经开设的课程中，最具有环境素养培育的优势学科是地理学科——是中学生获取环境知识与环境态度的主要学科；多数学生表现出对环境素养培育及活动的参与态度是积极的、正向的；学校组织开展培育活动还不够多样，形式大于内容，学生缺乏深度参与的意愿。

第三节 学校环境素养培育开展
情况的问卷调查研究

一、调查问卷的基本情况

开展对学校环境素养培育情况的调查是基于这样一个假设,即学校的校长、教师、教研员作为学生环境素养培育的主要实施者是学生学习的榜样,他们的环境素养水平与学生环境素养之间呈正相关的关系。因此,本调查的目的在于:第一,全方位地对学校环境素养培育的现状进行分析;第二,对校长、教师、教研员等教育者的环境素养进行全方位分析,旨在了解他们的责任感、态度和存在的问题。

调研样本:选择了上海市 19 所中学的 66 份有效问卷进行分析。其中,学校管理人员 16 人、教研员 10 人、中学教师 40 人;初中教师 24 人、高中教师 16 人。教研员与教师的任教学科为地理学科。

二、上海部分学校开展环境素养培育的情况分析

根据问卷调查的数据与结果,以点带面,以部分学校代表上海学校环境素养培育取得的成绩进行分析与说明。

(一) 学校对环境素养培育工作比较重视

1. 上级部门领导积极支持环境素养培育的开展

无论学校管理人员、教研员,还是中学教师都认为,上级领导对环境素养培育的态度很支持或较支持。其中,学校领导认为上级部门支持或比较支持的占 93.75%,教研员占 100%,初中教师占 75%,高中教师占 87.5%。其中高中教师认为领导支持环境素养工作开展的比例要高于初中教师。这可能是因为高中地理教材中有大量关于生态环境保护、区域发展的相关教学内容,基于对教学内容的重视,高中教师感觉到上级部门的支持力度较大。

2. 较认可学校教师整体的环境素养水平

绝大多数答题者对学校其他教师环境素养水平较认可,持这一观点的学校占 75% 以上,说明学校教师环境素养的水平得到了大家的认可。

图2-9反映的是调查对象对开展环境素养培育的意愿。选择"亟须加强"的比例远远高于其他选项。具体来看，教研员的呼吁要高于管理者与教师，可能与教研员的工作性质有关。而且相对来说，高中教师的意愿不高。这可能与高中学业压力较大，教师担心会影响教学进度，不敢主动对学生环境素养进行培养有关。从总体数据看，中学环境素养培育被教师肯定的比例较大，管理人员和教研员占100％。没有人认为"不需要加强"。

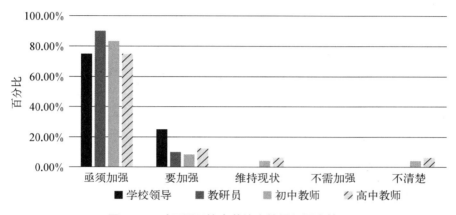

图2-9 对开展环境素养培育的愿望调查情况

（二）环境素养培育的教学方法和形式日益丰富，各具特色

1. 中学环境素养培育丰富多彩

通过问卷，我们发现中学环境素养培育主要是从课堂学科教学与课外实践活动两个方面展开。学科教学主要有教师的讲授、实验演示、案例分析、角色扮演等；课外活动则主要从身边的环境出发，开展环境问题考察、宣传、体验等活动。有的学校开展环境保护知识竞赛、环保达人秀、环保小组等活动，进行综合性环境研究式学习，以此提升学生的环境素养。

2. 中学的环境素养培育形式各具特色

中学环境素养培育的主阵地是"研拓课程"，其次是环保社团、课堂教学、课外活动，其他类包括校园节日、主题讲座等。从数据看，教研员选择"研拓课程"的占比仅有12.5％，是全部人员中数据最少的，可能是因为教研员大都有一定的学科背景，对研究型、拓展型课程的关注没有学校管理者与教师强烈。这一点也能够从"课堂渗透"的数据中发现，教研员是选择人数最多的，占30％。

从学段来看,由于高中和初中师资水平存在差异,培育环境素养的程度不一样。高中的环保讲座和专家报告要多于初中。

这里有一点需要关注:从学生的视角来看,学校的活动比较单一;但从教师与学校管理者的角度看,却觉得活动丰富多样。从具体的现场座谈来看,学校的确设计了多种多样的环境素养培育活动,可是真正让学生有所收获的却很少,走形式、走流程的较多。这一点也是学校开展环境素养培育需要注意和改进的地方。

(三)学校环境素养培育发展值得肯定,教育效果逐步呈现

1. 调查结果基本肯定了学校环境素养培育的整体水平

学校管理人员和教师对学校环境素养培育现状的满意程度主要集中在"较满意",在50%—70%之间。高中教师有12.5%选择"不满意",占比最高。在"一般"的选项中,学校管理人员与高中教师均有6.25%选择,并列最高。这说明学校管理者和高中教师对环境素养培育要求较高,高中教师对学校开展环境素养培育的满意程度低。

在对部分学校管理者、教研员与教师的访谈中发现,学校教育是学生环境素养提升的主渠道,其中课堂教学的作用最明显。

2. 受访者认为学生的环境意识较为重要

学校管理人员和教师对学生的环境意识的评价,认为"一般"的占第一位:学校管理人员占56.25%、教研员占50%、初中教师占66.67%、高中教师占43.75%。

3. 各级各类评比促进了学校的环境素养培育

例如,2021年11月至2022年2月,上海市教委、上海市发展改革委组织开展了第一批"上海市绿色学校"创建活动。经学校自评,市、区教育行政部门网上评审,市级实地评估,网上公示等程序,最终确定815所学校获得"上海市绿色学校"称号(第一批)。所有受访者所在学校均获得了"上海市绿色学校"的称号。

(四)授课教师积极的环境行为可以作为学生的榜样

授课教师的榜样作用十分重要,言为士则,行为世范。具体表现为:

1. 绿色产品选购

如图2-10所示,学校管理者与教师购买绿色产品的人比例明显较高。

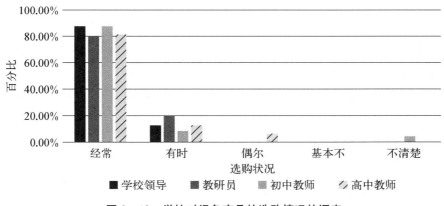

图 2-10　学校对绿色产品的选购情况的调查

2. 纸张的充分使用

纸张是可以循环使用的,因此是否能够充分使用纸张也是管理人员和教师环境行为的具体表现。被调查者选择经常充分使用纸张的比例最高。其中,学校领导占 81.25％,教研员 70％,初中和高中教师分别占 79.17％ 和 75％。值得注意的是,学校领导的纸张循环使用率明显高于其他调查者。这可能是因为作为校领导需要以身作则,而且校领导使用纸张的频率要比教师更高,也就更有循环使用的必要性。

3. 一次性纸杯使用

学校管理人员的一次纸杯的重复使用频率较高,占 81.25％;教研员和中学教师占比为 60％左右。学校管理人员的一次性纸杯使用率高可能是因为外校来的人员比较多,主要在接待时使用。

4. 随手关灯习惯调查

被调查者经常随手关灯的比例最高占 80％左右,可见随手关灯已经成为多数人的行为习惯。

三、上海环境素养培育存在的问题

(一) 环境素养培育培养目标不够明确

1. 对学校环境素养培育大纲及要求的认识存在差异

如今,许多学校都有意识、有目的地将环境素养培育列入了学校的整体课程规划之中,并在部分学科中渗透开展环境教育。但是,一些环境素养的培育要求并未真正落地,更多的是仅仅停留在管理层,宣传的力度需要进一步加强。

调查如图 2-11 所示,学校管理者与教研员认为学校对环境素养培育有明确的要求的分别占 87.5% 和 90%,而初中和高中教师不到 50%。这说明管理者和执行者之间的认识存在误差,环境素养培育的要求并未被作为执行者的教师所知晓。这直接影响了环境素养培育的效果。

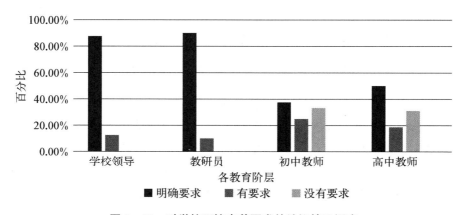

图 2-11　对学校环境素养要求的认识情况调查

无论环境素养培育的设计有多么完备,要求多么明确,教师是否知晓和认识水平直接影响了环境素养培育的效果,教师的角色和作用至关重要。

2. 对绿色学校活动的了解不足

如前文所说,接受问卷调查的学校都已获得了"上海市绿色学校"的荣誉称号。可是,在与部分学校管理者、教师的交流中发现,他们把"绿色学校"与"绿化校园"相混淆,认为种上绿植就是绿色校园。这表明,学校管理人员与教师对"绿色学校"的内涵认识不足,也间接反映了申报"绿色学校"的宣传工作和动员还不足。

这一点在数据有所体现:有 49.1% 的中学教师对自己学校是否申请过"绿色学校"不清楚。这说明,学校将"绿色学校"的申报仅仅作为部分管理层的主要工作,没有将"绿色学校"申报作为开展环境素养培育的契机,进而导致教师对相关工作的认识不够。

（二）培育环境素养的教学体系还不够完善

1. 对培育环境素养的任务认识略显不足

本题主要是多选题,考查学校管理者与教师对环境素养培育的认识。如图 2-12 所示,管理人员和教师普遍认为,对学生环境意识和行为的培养就是培养学生环境素养的主要任务。

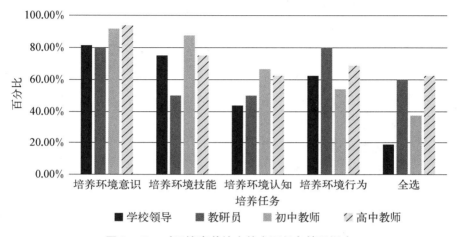

图 2-12　对环境素养培育的主要任务情况调查

认为环境素养培育主要为培养环境意识的人数所占比例最高。其中,高中教师占比最高为 93.75％,其次为初中教师、学校领导、教研员,分别为91.67％、81.25％、80％。

认为环境素养主要培养环境认知的人数所占比例相比其他 4 个方面较低。其中,初中教师占比最高,为 66.67％,其次分别为高中教师、教研员、学校领导,分别为 62.5％、50％、43.75％。

选择"全选"的人员占比最低,其中,学校领导仅有 18.75％,初中教师、教研员和高中教师,分别为 37.5％、60％、62.5％。

从数据可以反映出,教师和管理者对环境素养的培育认识不全面,偏向于对环境意识的培养,忽视环境认知和环境行为,存在以偏概全的认识误区。这也进一步说明认识环境素养、培育环境素养的重要性。

2. 对学校环境保护课程和教师的情况不清楚

仅有 66.67％和 50％的初中、高中教师了解学校开展环境素养的课程设置和师资状况。说明学校对环境素养培育的宣传不足。

3. 对环境技能教育缺乏了解

对于"学校是否经常进行环境保护技能的教育"的问题,仅有50%左右的受访者表示"经常"进行教育,有近40%的受访者选择"偶尔""基本不",可见环境技能的教育十分薄弱。

对于环境技能教育的效果,选择"不清楚""不好""一般"的占绝大多数。其中,选择"不清楚"的学校管理者占37.5%,教研员占30%,初中教师占20.83%,高中教师占25%。选择"不好"的学校管理者、教研员、初中教师和高中教师分别占18.75%、20.00%、16.67%及12.50%。这反映出学校教授的环境技能效果不好,平时缺少对环境技能的评价方式的关注,导致相关人员不知道环境技能的培养情况。

(三)缺乏系统培育环境素养培训

1. 学校管理者几乎不参加环保社团,积极性有待提升

仅有56.25%和50%的学校管理人员和教研员参加学校学院组织的环保社团。初中教师和高中教师参加环境保护社团的也非常少,选择"经常"参加的人分别占12.5%。由此可见,被调查者参加环保社团活动积极性不强。原因可能是:第一,学校的环保社团数量不够。第二,社团开展活动的时间与教师的安排有冲突,相关活动没有时间上的保证。第三,教师自身的主动性与自觉性不足。

2. 参与调查的人员需要提高宣传环境保护的主动性

据调查,学校管理层利用教职工的培训实践宣传环保知识的比例达到50%。初中教师经常宣传的比例最低,只有29.17%。高中教师和教研员所占比例也不高,仅有43.75%和30%。这说明,学校教师的宣传积极性还不高,主动宣传的意识不强。

3. 对各种环境保护组织的了解不足

现在国内外环境保护组织很多,如中国野生动物保护协会(CWCA)、绿色江河环境保护促进会、世界自然基金会(WWF)等。但被调查者不知道环境保护组织的比例非常高。只有2名学校管理者、3名学科教研员、2名初中教师和5名高中教师写出了1个环境保护组织,所占比例极低。可见学校管理者与教师对当下国内国际的环境保护最新动向知之甚少。

4. 管理人员和教师环境知识途径较单一

被调查者一致认为其对环境的认知主要是通过媒体、通过读书获得。这说明，管理人员和教师的环境认知途径比较单一，他们对于环境认知提升的规划较少，缺少可为的途径。这需要在今后教研进修、社团活动等方面尝试开展关于环境素养类主题的活动。

5. 学校环境素养培育师资以自学成才为主

学校教学管理人员和教师一般以自学的方式获得环境保护的知识与技能。高中教师、教研员、初中教师、学校管理者选择"自学"的比例分别为40％、37.5％、31.25％和20.83％，显示出环境素养培育培训十分缺乏。

调查数据说明通过相关培训的开展，既可以达到宣传的效果，同时也能更加有效地提高教师培育环境素养的能力。

（四）环境素养培育缺乏系统配套教材

教师认为，环境素养培育资料主要依靠出版的书籍和音像制品。仅有12.5％的学校管理者、30％的教研员和12.5％的中学教师使用自编的校本教材。以上数据反映出学校开展环境素养培养的教学资料不足。上海学校环境素养培育缺乏系统的配套教材，教师开展教学时选择相关资料有局限性。

（五）中学开展环境素养培育的资金不足

学校管理层认为环境素养教育开展的资金较为充足，占43.75％。初中教师和高中教师认为资金充足的仅占8.33％和6.25％。另外，有50％的初中教师和37.5％的高中教师不清楚用于开展环境素养培育资金的数量和具体用途，中学教师对资金的使用权和知情权不足。

与之相对应的，对于"您认为影响环境素养培育效果的最大问题是什么"的问题，大家认为"缺乏资金"的因素影响最大。其次为教师待遇。这同样反映了资金是制约教育效果的主要因素。

同样，从"缺乏教学材料""师资培训条件差"等选择的数据来看，环境教师培训条件，尤其是方式和内容需要加强，相应的教学材料应该尽快开发。

（六）缺乏环境素养培育效果的评价指标

从实际效果来看，学校教育往往更容易对环境知识进行评价。环境意识则可以通过问卷调查进行反映，但是环境行为、环境伦理却很少也很难评价。从数据来看，受访者大多不清楚环境素养的培育效果（见图2-13）。

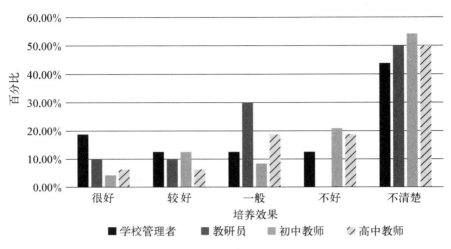

图 2-13　对环境素养培育的效果诊断情况的调查

　　总的来说，这些年上海市学校培育环境素养已见成效，但是在环境素养培育目标的系统化、教育教学形式的丰富性与有效性、学科渗透的实践性等方面还存在提升空间。因此有必要开展对学校环境素养培育的研究，既可以进行目标系统化、方式多样化的顶层设计，也可以立足具体的学科开展培育环境素养的探索，以此形成具有可复制性的经验和策略，便于为其他学科的进一步实践指明方向。

第三章

系统导航：地理学科培育环境素养的目标构建

　　任何教育、教学活动的出发点与归属都应该是教育（教学）目标。教育（教学）目标决定着学习活动的内容与方式的选择。在地理课程中，培育环境素养的目标就是要以地理基础知识为载体，让学生了解、分析、探究不同区域的环境问题，从而对环境问题有一个认识过程。在认识的过程中，学生通过掌握、运用一定的学习方法获取环境知识，形成环境态度，从而在日常生活中表现出负责任的环境行为。

　　本章首先通过对国外关于环境素养培育目标、中学地理课程标准中关于环境素养培育的目标的梳理，确定地理学科中建构环境培育目标的原则，并提出"1＋3"的地理课程中环境素养培育的目标体系。

第一节　梳理国内外关于环境
素养培育的目标

一、国际会议文件中的环境素养目标

国际上的很多会议与文件都确立了环境素养培育的基本框架,同时也为环境素养培育确定了目标。其中对环境素养培育目标作出详尽论述且有影响的主要有三次会议,分别是斯德哥尔摩环境会议(1972 年)、贝尔格莱德会议(1975 年)和第比利斯国际环境会议(1977 年)。

1972 年的斯德哥尔摩会议发表的《人类环境宣言》明确提出了"为了对今天和未来的人们负责,我们要积极应对环境问题"的倡议,但并没有明确说明环境素养培育的具体目标要求。这一点在后两次会议中得到了改善,提出了比较详细的要求。对这两次会议中表述的环境素养培育目标的要求进行聚类分析,可以看出两次会议的目标表述与环境素养的五个方面具有高度的一致性,即这两次国际会议的目标,涉及知识、态度、行为、技能和伦理五大环境素养的要求。其对应指向具体如表 3-1 所示。

表 3-1　两次国际会议的内容与环境素养的对应

国际会议	培育环境素养的行为动词	主　要　内　容	环境素养的主要指向
贝尔格莱德会议	关心	要深化对环境问题关心,并有所感受	环境态度
	知识	对环境存在的问题能够基本理解	环境知识
	态度	明确个人对环境问题的态度,并有保护与改善环境问题的意志	环境伦理
	技能	有解决环境问题所具备的技能	环境技能
	评价	能从生态、政治、经济等方面进行评价	环境行为
	参与	为解决环境问题采取适当的行动	环境行为
	意识	形成环境问题意识	环境伦理

续　表

国际会议	培育环境素养的行为动词	主　要　内　容	环境素养的主要指向
第比利斯国际环境会议	意识	形成对待整个环境问题的意识和敏感	环境态度
	知识	获得对待环境问题的各种经验和基本理解	环境知识
	态度	获得一系列有关环境的价值观与态度,培养主动参与环境改善和保护所需的动机	环境伦理
	技能	获得认识和解决环境问题所需要的技能	环境技能
	参与	参与解决环境问题的机会	环境行为

二、美国、英国等国家环境素养培育的目标

世界各国结合本国的环境问题特点,纷纷制定了环境素养培育的目标。以下对美国、英国、德国、澳大利亚、日本五个国家关于环境素养培育的目标做进一步分析和总结。

（一）美国

美国在1970年10月正式审批通过了世界上的第一部《环境教育法》,希望用法律手段维护和发展环境教育,实现环境素养培育的目的。1990年,美国联邦环保局（EPA）颁布了《为确立环境素养培育计划的方针》。2021年1月,美国华盛顿州教育监督办公室（OSSE）发布对《环境素养计划》的第二次更新,明确提出了"环境素养被定义为一种知识、态度和技能的发展,是对自然系统和城市系统之间的关系作出明智决定所必需的"。同时,文件对具备环境素养的人的特征进行描述：① 讨论和描述生态和环境系统以及人类对这些系统的影响;② 参与户外学习,包括发现、探究和解决问题;③ 提出问题并搜集与自身周围环境有关的信息;④ 了解如何采取行动,尊重、恢复、保护和维持人类和环境系统的健康和福祉。

（二）英国

1990年,英国发布的《环境素养培育指导》明确提出"鼓励学生培养探索周围环境的积极态度,鼓励他们积极探索环境问题并采取保护措施"的要求。围绕这个中心,英国将培养环境素养的目标设定为：第一,提供更多机会帮助

学生获得分析、保护和改善环境的知识、方法与价值观；第二，鼓励学生从各学科多角度分析和解释环境问题，如地理学科、生物学科、经济视角、政治视角等；第三，鼓励学生对环境问题的认识和好奇心，鼓励他们参与各种环保措施来解决环境问题。

（三）德国

在德国具有代表性的环境素养培育目标来自巴伐利亚州。该州制定明确的法律法规为培育环境素养保驾护航。巴伐利亚的法律明确规定"对自然和环境负责是最高的教育目标之一，也是学校必须开展的重要内容"。环境素养的培育应该做到：第一，教育青年热爱自然、尊重地球；第二，帮助青年了解人与自然环境的各种相互影响；第三，帮助青年理解个人和集体的环境责任；第四，唤醒并鼓励青年针对环境问题进行分析与解决，并参与整个过程。

此外，巴伐利亚州还特别强调：环境素养培育是一种价值培育。尊重自然、环境责任、良好的环境行为、负责任的环境行为是环境实践中的重要理念。

（四）澳大利亚

澳大利亚分别在 1993 年、1999 年，以及 2000—2002 年间颁布了《P‐12：环境教育课程指南》《21 世纪国家学校目标宣言》和《环境教育国家行动计划》，明确要求要从新的视角、价值观等方面加深对环境素养的认识，最终创造出可持续发展模式所必需的教学方法和过程。可见，澳大利亚环境教育的目的是提高人们的环境意识，深化可持续发展教育。

（五）日本

由日本文部省出版的《环境素养培育指导资料》规定了环境素养的培育目标：关注环境和环境问题，基于对人与环境关系的良好理解具备可以解决环境问题的技能、想法和分析能力，提高环境保护行为的质量和环境态度。同时，从保护环境的角度出发，重新认识自己的生活方式，重新认识自己作为人应该怎样生活。

综合美、英、德、澳、日五个国家在各个时期关于环境素养培育纲要文件中的表述，从中可以发现：第一，各个国家对环境素养培育的目标与国际上颁布的文件与要求具有一致性；第二，各个国家对环境素养培育的目标均涉及知识、态度、技能、行为等方面内容，与本书对环境素养的五大分类的维度一致；第三，各个国家对环境素养培育目标的表述更多地关注到"对环境负责任的行为";第四,虽然各国都认同环境行为是环境素养的重要表现,但是对什么是环境行为却有不同的认识和理解。

三、国内文件中的环境素养培育目标梳理

2003年我国教育部颁布了《中小学环境素养培育实施指南(试行)》①。该文件是教育部迄今为止印发的唯一一份涉及环境素养培育的文件。在该实施指南中,明确指出了培育环境素养的必要性。即从内容来看,环境素养培育是学校课程的不可分割的组成部分;从功能来看,环境素养可以帮助学生关注生活中的环境,提高学生解决真实问题的能力,培养学生积极的社会责任感。

此外,该实施指南对培育环境素养的目标进行了规定和要求:引导学生关注家庭、社区、国家和世界所面临的环境问题,理解人、社会和自然之间的关系;帮助学生获得人与环境和谐相处的知识和技能,促进思维;形成有利于环境的行为和想法;鼓励学生参与可持续发展——决策和行动,成为具有领导力和责任感的现代公民。

《中小学环境素养培育实施指南》还在总目标的基础上,提出了"情感、态度与价值观""过程与方法""知识与能力"3个维度,14条具体的目标。从总目标和分目标的表述来看,均可以与环境素养的5个方面相匹配(见表3-2)。

表3-2 《中小学环境素养培育实施指南》中的内容与环境素养的对应

三个维度	具 体 内 容	环境素养的主要指向
情感、态度与价值观	关爱自然,尊重生命	环境态度
	关爱和善待他人,能积极、平等、公正地与他人合作,尊重不同的观点与意见,尊重文化的多样性	环境态度
	意识到公民在环境方面的权利和义务,有建设可持续未来的愿望	环境伦理
	关注环境,积极参与有关环境的决策和行动,做有责任感的公民	环境行为

---

① http://www.moe.gov.cn/srcsite/A06/s7053/200310/t20031013_181773.html?from=timeline&isappinstalled=0

续　表

三个维度	具　体　内　容	环境素养的主要指向
过程与方法	观察并分析周围环境的状况及其变化	环境知识
	识别家庭、学校和社区的环境问题，并设计、实施和评价解决方案	环境技能
	通过多种方式和途径，主动而有效地搜集与环境有关的信息	环境技能
	围绕环境问题表达自己的观点，并与他人有效沟通	环境技能
	批判性地思考区域或全球主要环境问题的成因，并对比各种解决途径	环境技能
知识与能力	知道人对环境的依赖，反思个人生活对环境的影响	环境知识
	理解环境问题及其对个人、家庭、学校和社区的影响	环境知识
	知道自然环境和生态系统的结构、功能和演化过程	环境知识
	分析和理解经济技术、社会生活、政策法律与环境之间的相互作用	环境技能
	知道公民参与保护环境的主要途径和方式，并对比其效果	环境知识

从表3-2中可以发现，我国环境素养的培育同样也能从环境知识、环境态度、环境行为、环境技能和环境伦理五个维度对环境素养培育的目标进行分析。这与国际上的文件、主要国家对环境素养的认识相一致。

通过对上述相关文件资料的进一步梳理，可以初步将环境素养培育的目标分为"关于环境的相关知识""对环境问题的态度"以及"表现出的环境行为"三个方面。

第二节　中学地理课程中关于培育环境素养的目标

本书探讨的主题是"地理学科中培育环境素养"，独立进行环境素养培育和在地理学科中培育环境素养是有明显区别的。

第一,在地理课程中培育环境素养具有天然的跨学科性质。一方面,从学科本身来看,往往真实的环境必然关联多门学科,如地理、生物、化学等,不可能也不应该仅仅停留在某一门具体的学科中。另一方面,从环境素养来看,其本身就涉及知识、态度、技能、情感等多方面的内容,只有一门学科也无法真正实现环境素养的培育。

第二,地理学科中培育环境素养就意味着,不仅要实现环境素养的培养目标,还要体现地理学科的学科特性,完成地理课程本身的教育教学任务,两者不能失之偏颇。这也就要求地理学科培育环境素养要充分考虑到地理学科本身的学科特点和环境素养的培育目标,通过对地理学科与环境素养要求的梳理、挖掘和整合,明确地理课程中培育环境素养的具体目标,进而使两者的优势都能得以体现。

中学地理课程中对环境素养的培育目标做了描述与定位,但从具体表述来看,还比较宏观,只起到纲领性、方向性的引领作用。要保障环境素养培育目标的有效达成,必须梳理和建构一整套完整的地理学科培育环境素养的目标框架,以便广大地理教师能够更好地理解地理课程中对学生环境素养培育的目标要求。

一、《地理教育国际宪章》中的环境素养目标

《地理教育国际宪章》是世界性的地理教育纲领性文件,直接影响着各国地理教育的发展。《地理教育国际宪章》有两个版本,分别是 1992 年版和 2016 年版。

1992 年的《地理教育国际宪章》在"挑战与反应"中,就直接指出现当今世界面对的主要环境问题和困难,如空气污染、气候变化、荒漠化等,并在"地理问题和概念"这一部分中揭示了这些问题中的地理内容——人们以多种方式利用环境,人一方面受到自然环境的影响,另一方面又改变环境,创造不同的环境。在"地理对教育的贡献"中,文件指出:地理既是促进个人学习的重要媒介,又能为全球教育和环境教育与发展作出贡献,并分别从"知识和理解目标""技能目标""态度和价值观目标"三个方面作了具体说明。

2016 年新颁布的《地理教育国际宪章》继承了 1992 年版的宗旨和基本理念,继续关注世界环境素养培育的几个重要问题,同时,也根据新的国际形势

和环境发展的变化,增加了新的要求。如,该版宪章指出:"地理教育对于培养当今和未来积极负责的世界公民是必要的……地理知识和技能,特别是以地理空间技术为中介,为理解现代社会提供了独一无二的机会。这些知识和技能为今日和明天构筑了宝贵的 21 世纪核心素养。"

从环境素养的视角分析 1992 版和 2016 版《地理教育国际宪章》,可以得出以下几点启示。

第一,两版宪章均进一步挖掘地理教育中环境素养的价值和功能,提升了地理学科的品质。因为地理学的最大贡献就是从人与环境之间如何作用的角度帮助学生建立全球意识,全球意识本身就蕴含着对全球环境问题的关注。地理学要肩负起培育学生环境素养的责任,通过对地理教育中所包含的环境素养的挖掘与分析,作出地理学科在环境素养培育方面的贡献。

第二,两版宪章均进一步将地理信息技术作为认识环境问题的重要工具和手段,突出探究性和实践性。地理学科的特点之一就是实践性,而且"实践性"本身就与环境素养中的"环境技能""环境行为"密切相关。"实践性"还要求在培育环境素养的过程中,可以结合信息技术手段,加强探究性学习,以此进一步提升学生的环境素养。

第三,两版宪章均注重对地理学科中环境素养目标和内容的挖掘,关注环境态度和环境伦理的培育。从学科特点来看,地理学科培育环境素养的价值主要体现在:环境问题一定是发生在特定"空间范围"的;环境问题的发生一定体现了"人地关系"的视角;改善环境、保护环境一定是以"人类生存的自然环境"作为发生条件的……这些都应该进一步从地理学科的目标和内容层面进行挖掘和建构。

此外,20 世纪 90 年代以来国际地理联合会地理教育委员会(IGU—CGE)先后颁布了四个重要的文件,分别是《地理教育国际宪章》(1992)、《地理教育促进文化多样性国际宣言》(2000)、《卢塞恩可持续发展地理教育宣言》(2007)和《地理教育国际宪章》(2016)。从对宪章、宣言的解读来看,地理教育中培育环境素养已经从单纯的知识、技能向态度、伦理深化,以及可持续发展演变。这些国际上的重要文件为地理培育环境素养提供了明确的方向,深化和拓展了地理教育对环境素养培育的功能与要求。

二、国外地理课程中的环境素养培育目标

1994 年 10 月，美国颁布了第一版《生活化地理：国家地理课程标准》。2012 年，全美地理教育实施计划组织颁布了第二版国家地理课程标准。2012 版的课程标准在第一部分中对"地理上见多识广的人"进行了描述，其中就涉及"环境的保护"。同时，延续 1994 年版的课程标准，将教学内容确定为 6 部分：从空间观察世界（the world in spatial terms）、地方与区域（places and regions）、自然环境（physical systems）、人文环境（human systems）、环境与社会（environmental society）以及地理的用途（the uses of geography）。这 6 部分内容与培育环境素养密切相关。尤其是"环境与社会"包括 3 个标准，分别是"学生应该知道人类是如何影响自然环境的""学生应该知道人类社会受到自然环境的影响有哪些""学生应该知道资源的分布、使用和重要性，包括人类如何受到自然资源变化的影响"。

在英国的中学中，地理教育的地位更高、作用更大、现代化程度更高。2014 年英国对地理课程进行了改革，重点关注学生在野外实践能力的培养。从环境素养的培育视角来看，让学生在野外实践中运用所学的知识解决生活中出现的各种环境问题，具有正确的环境技能与环境意识，同样有利于培养学生的环境素养。

法国地理课程内容没有明确侧重提高环境素养，但也相当关注当今人们面临的世界性问题。如人口问题、资源问题、海洋问题等。这要求高中生理解全球问题的概念，并解释这些问题的成因和提供一些可能的解决方案。

日本地理教材采用"一纲多本"模式。在内容的选择上重视环境问题的分析与解决，同时有意识地渗透国际合作的理念。表 3-3 为日本教材中涉及的环境问题。

表 3-3 日本教材关于环境问题的论述

教 材	《新地理 A》	《现代地理 B》
内 容	资源的利用和消费 全球的人口问题 全球环境问题 工业发展和环境破坏 酸雨核污染	环境问题的历史演变 大气污染 海洋污染 地球温暖化 臭氧层的破坏

三、我国地理课程中的环境素养培育目标

我国有统一的学科课程标准,在教育部颁布的《普通高中地理课程标准(2017年版)》和《义务教育地理课程标准(2022年版)》中,涉及丰富的环境素养培育的目标。

（一）义务教育地理课程标准中培育环境素养的目标

《义务教育地理课程标准(2022年版)》在"课程性质"中提出,"地理学是研究地理环境以及人类活动与地理环境关系的科学,具有综合性、区域性的特点……对于解决当代人口、资源、环境和发展问题,维护生态安全,建设美丽中国具有重要作用"。从"课程性质"的分析来看,地理学科与环境问题的分析有着密切关系。在新课标的"课程目标"中,提出的四大学科核心素养与环境素养的培育关系密切(见表3-4)。

表3-4 地理核心素养与环境素养

核心素养	与环境素养的关系
人地协调观	人地协调观是人类应该秉持的正确的与自然和谐相处的价值观念。学生需要进一步形成尊重和保护自然的意识,树立绿色发展理念,增强对环境的责任感,培养正确的环境伦理观
综合思维	综合思维是综合地、系统完整地认识地理环境的方式和能力。分析和管理环境问题需要从不同地理要素之间的关系和时空变化的角度进行透彻的认识和思考,帮助学生以系统的、动态的、辩证的思维方式对待环境问题,从而形成真正务实的态度、开拓创新的科学精神
区域认知	区域认知是人们运用空间观点分析人地关系的一种思维方式。任何环境问题的发生、环境治理的过程都一定发生在具体的区域。学生将环境问题置于具体的区域,从自然要素与人文地理视角分析,并将该区域与其他区域之间进行联系,有助于学生更好地认识环境,增进热爱家乡的情感,形成关注环境的意识
地理实践力	地理实践力是人们在实验、调查等活动中表现出的执行能力和意志品质。这些方法既是地理学常用的研究方法,也是解决和治理环境问题的重要手段。任何环境问题的解决都需要具备一定的环境技能,展开具体的环境行为,进而感悟和体验人地关系,做到知行合一,乐做善学

在"课程目标"中明确提出了义务教育阶段地理课程中培育环境素养的具体目标:"学生能够初步认识地理环境是人类生存的基础,人类活动深刻影

响着地理环境,协调人地关系是人类社会可持续发展的必然选择";"能够运用所学的知识、方法和工具,面对世界、中国、家乡出现的人口、资源、环境和发展问题,作出初步的分析和评价,并具有遵守相关法律法规的意识";"能够立足家乡、胸怀祖国、放眼世界,初步树立人与自然和谐共生的观念";"能够增进热爱家乡、热爱祖国的情感,形成人类命运共同体意识"。其中,"协调人地关系""对环境问题作出分析和评价""人与自然和谐共生的观念"均涉及环境素养的核心内容。

(二)普通高中地理课程标准中的环境素养的培育目标

《普通高中地理课程标准(2017年版)》在"课程性质与基本理念"中同样强调了"地理学兼有自然科学和社会科学的性质,在现代科学体系中占有重要地位,对于解决当代人口、资源、环境和发展问题,建设美丽中国,维护全球生态安全具有重要作用"。其中,涉及环境问题的表述有"解决环境和发展问题""建设美丽中国""维护生态安全"等。

在"学科核心素养与课程目标"部分,相较于义务教育阶段的课程标准对"核心素养"的要求,高中课标在表现程度上要求更高,对环境素养培育目标的表述更加具体、明确。如,在"人地协调观"中明确提出,面对不断出现的人口、资源、环境和发展问题,人们越来越深刻地认识到,人类社会要更好地发展,必须尊重自然规律,协调好人类活动与地理环境的关系。这一点对于初中学生来说,要求树立尊重和保护自然环境的观念和意识,高中阶段则要求能够具体"分析、认识和解决人地关系问题,成为和谐世界的建设者"。又如在"地理实践力"中,高中阶段要求"提升人们的行动意识和行动能力,更好地在真实情景中观察和感悟地理环境及其与人类活动的关系,增强社会责任感",这就比初中阶段"观察和认识地理环境,体验和感悟人地关系,并在活动中做到知行合一"要求更高,也更加具体。

在"课程目标"中,高中阶段也涉及环境素养的具体培育目标:"学生能够正确看待地理环境与人类活动的相互影响,深入认识两者相互影响的不同方式、强度和后果,理解人们对人地关系认识的阶段性表现及其原因,认同人地协调对可持续发展具有重要意义,形成尊重自然、和谐发展的态度。……较全面地观察、分析和认识不同地方的地理环境特点,辩证地看待地理问题。"其中,关于"人地协调观""可持续发展观念"等内容均涉及环境素养培育的核心内容。

（三）对中学地理课程标准梳理结果的分析

结合上述对中学课程标准中关于环境素养培育目标的梳理分析，根据环境素养分为知识、态度、行为、技能、伦理五大方面的具体内涵，可以对地理学科培育环境素养的目标进行归类与匹配（见表3－5）。

表3－5 初、高中课程标准中的目标与环境素养的匹配

	义务教育阶段	普通高中阶段
环境知识	➤ 初步了解地理环境的基础性作用，人类活动深刻影响着地理环境，协调人地关系是人类社会可持续发展的必然选择	➤ 正确认识人地之间的相互作用和影响，理解人们对人地关系认识的阶段性表现及其原因
环境态度	➤ 形成尊重和保护自然、绿色发展等观念，滋养人文情怀，增强社会责任感	➤ 认同人地协调对可持续发展具有重要意义，形成尊重自然、和谐发展的态度 ➤ 在真实情境中观察和感悟地理环境及其与人类活动的关系，增强社会责任感
环境行为	➤ 在真实环境中运用适当的地理实践活动方式，观察和认识地理环境，做到知行合一 ➤ 能够增进热爱家乡、热爱祖国的情感，形成人类命运共同体意识	➤ 通过考察、实验、调查等方式获取地理信息，探索和尝试解决实际问题
环境技能	➤ 能够运用所学的知识、方法和工具，面对世界、中国、家乡出现的人口、资源、环境和发展问题，作初步的分析和评价	➤ 分析、认识和解决人地关系问题，成为和谐世界的建设者 ➤ 解释地理事物和现象发生、发展的过程，从而较全面地观察、分析和认识不同地方的地理环境特点
环境伦理	➤ 能够立足家乡、胸怀祖国、放眼世界，初步树立人与自然和谐共生的观念 ➤ 能够初步具备崇尚真知、独立思考、大胆尝试等科学品质	➤ 从区域的角度，分析和认识地理环境，以及它与人类活动的关系 ➤ 从整体的角度，全面、系统、动态地分析和认识地理环境，以及它与人类活动的关系

通过对表3－5的进一步分析，我们可以发现，《义务教育地理课程标准（2022年版）》和《普通高中地理课程标准（2017年版）》的表述均涉及环境素养的五大方面的内容，可以说环境素养的培育与地理课程标准的具体目标基本一致，为在地理学科中培育环境素养指明了方向。具体来说：

1."人地关系"——地理学科培育环境素养的主线

"人地关系"贯穿于整个中学地理教学过程之中,而且"人地关系"中也蕴含着丰富的环境素养的内容。如果说,"环境知识""环境态度""环境行为"等五大维度是环境素养的基本内涵,那么"人地关系"则是地理学科中培育环境素养的基本主线。因此,可以把"人地关系"作为地理学科培育环境素养的切入点,将其作为线索联结起环境素养的五大方面内容,以此构建地理学科培育环境素养的目标。

"人地关系"可以说是地理学研究的核心与基础。吴传钧院士曾说过,任何关于地理学的研究,包括地理教育,都万变不离人类和地理环境这一宗旨。因此,在地理学科中培育环境素养,人地关系应该自始至终贯穿整个培育的过程。

具体来说:让学生认识到人类的生产生活与环境之间的关系,进而形成人地协调发展观,是地理学科的重要使命,"了解地球表面各种自然环境和人类要素的有机组成"是地理课程的主要教学目标。从这个视角来看,地理课程的立足点应该是地球表面上的人与地的关系。这就与其他学科关注的人地关系有很大的差别。比如,生物学讲的"人地关系"主要研究的是生物与其生存环境的适应性问题,偏重一种单一性,即"形态结构与自然环境的相适应与统一",而地理学讲的"人地关系"更强调的是一种相互性,即"环境在影响人的同时,人也在影响着环境"。因此,对于地理学科环境素养的培养,"发展和谐的人地关系"必须成为培养目标的落脚点与基石。需要进一步指出的是,"发展和谐的人地关系"不仅包括人类与地理环境之间的相互协调,还包括区域之间的空间协调。这是从区域的视角来看待人地关系得出的结论。

2.环境知识——认识和了解环境问题

中学地理学科中了解和认识环境问题,尤其是认识全球与家乡的环境问题是环境知识的重要内容。

了解现今世界性环境问题对于培养具有一定环境素养的学生是十分重要的。这些问题包括:自然环境中的全球气候异常、水体污染加剧、自然资源严重短缺与浪费、耕地遭受破坏等问题;人文环境中的人口增长速度过快、食品安全、疾病的传播蔓延等问题,再加上区域经济差异悬殊、资源利用不合理、区域生态恶化等均是迫切需要解决的环境问题。探寻种种问题背后的原因,可以发现一方面是由于人类不合理的生产生活造成了环境的恶化,同时环境恶化反过来对人类的健康造成了不可预估的影响。

3. 环境态度——形成正确的环境保护价值观

中学地理学科中"增强社会责任感""对环境问题的敏感性""树立保护环境的意识"是"环境态度"的主要内容。

"责任感""敏感性"绝不是一个个抽象的名词,环境问题的迫切性必然会让学生体会到这些词的本身所具备的含义。环境态度的培养需要与真实的情境案例,与具体的环境知识结合起来,才能帮助学生理解"责任感"。这意味着人类要为环境问题承担应有的责任,应该将解决环境问题作为自己义不容辞的责任。"敏感性"则要求学生能够及时觉察环境问题,对环境问题作出预判,并且能够认识到解决环境问题的方式所带来的各种影响。学生通过地理学科的学习,能够认识社区、家乡以及全球的环境特点,知道不同区域环境问题可能产生的危害,成为有环保意识、有能力作出正确价值判断的合格公民。

4. 环境行为——在真实环境中表现具体的环境保护行动

中学地理学科中"参与保护环境的行动""在真实环境中运用适当的地理实践活动方式"是"环境行为"的主要内容。

环境行为是一个人环境素养的具体表现。学生仅仅从书本上、地理课堂中知道了一些关于环境的知识,形成一些正向积极的环境态度是远远不够的。只有将所学到的知识、所形成的态度,变成具体的行动,将知识与生活实际结合在一起,做到学以致用,并且在生活中能够自己做到环境保护的同时,还能对他人不良行为进行规劝与示范,才是真正具有较高的环境素养。因此,在地理教育教学活动中,应该给学生创设更多的机会与情境,让学生参与环境保护的实际行动中,有意识地引导学生辩证地分析环境行为带来的影响。只有这样,学生的环境素养才能真正得到提高。

5. 环境技能——分析、认识和解决人地关系问题

中学地理学科中"分析、认识人地关系问题""提出解决环境问题的举措"是"环境技能"的主要内容。

地球表面由于不同的自然和人文条件,因此不同的区域往往具有不同的环境特征,产生不同的环境问题。具备一定环境技能的学生,能够迅速觉

察到某地区可能存在的环境问题,进而提出解决相应环境问题的措施。因此,地理学科培育环境素养的一个重要任务是引导学生选择特定区域环境问题的案例进行"原因—现状—影响—举措"的分析,并且鼓励学生参与到社区、家乡环境问题的现状调查、探究和分析之中,并且制定相应的环境问题解决的措施和方案,培养学生科学认识环境问题的意识和方法,提升其环境素养。

6. 环境伦理——形成人与环境相协调的发展思想

地理学科中"分析和认识地理环境与人类活动的相互关系""形成人与环境相协调的发展思想"是"环境伦理"的主要内容。

面对世界各地出现的环境问题,除了对其进行治理之外,更重要的是要改变人类对自然环境的传统观念,树立人与自然和谐相处的科学自然观。只有观念发生变化,人的行为才会发生改变,否则就会永远陷入"出现问题—治理—又出现问题—再治理"的恶性循环。地理课程培育学生的环境素养,就是要让学生形成"人与其他生物都处于同一个环境之中,因此要和谐共处"的观点。要深刻认识到世界上出现的各种问题,大多与人类的不合理利用环境有着密切的关系,保护环境是全球人类的共同任务。

第三节　中学地理课程构建环境
素养目标的原则

一、层次性原则

地理学科培育环境素养的目标应该体现层次性。第一,环境素养本身就具有层次性,因此,构建起来的目标必然也就有层次性。第二,作为建构的目标体系,其总目标和分目标的纵向层次关系、分目标之间构成横向的层次关系本身就需要一定的层次性。第三,由于不同学段的学生年龄、认知、心理发展等方面的不同,构建的目标体系也应该体现差异和层次。

二、整合性原则

根据层次性原则,地理学科培育环境素养的目标体系从横向和纵向可以分为不同级别的层次，但是核心内涵应该具有一致性，即中学地理学科本身所具有的课程要求、内容体系和教学要求。具体来说，就是以中学地理课程的课程目标为指向，突出环境素养的具体方面，实现中学地理课程目标与环境素养培育目标的有效整合，完成地理学科教学的基本要求，同时达成环境素养培育目标。

三、可操作性原则

检验中学地理学科培育环境素养的目标体系是否合理，关键要看教师能否在真实的教学情境中使用目标进行教学设计。因此，目标体系的建构要充分考虑教师的实际操作。这一方面需要进一步将目标进行细化，尽可能将细化的目标以单元目标、课时目标的方式表述，另一方面对整体目标的表述要避免含糊不清的用语，以免增加教师使用的难度。

因此，本书在编制目标框架体系的过程中，尽可能采用具体、可操作和可检验的行为动词作为目标的表述方式。

四、开放性原则

开放性原则是基于这样思考：环境问题往往会随着时代的发展而发生变化。这又会反过来影响到环境素养的培育。因此，可以这样认为，地理学科培育环境目标体系本身也会因外部条件的变化而发生变化，新的内容会不断与原有的目标体系相整合。在构建环境素养目标体系的过程中应考虑到该目标体系绝不是固定不变的，以便今后对环境目标体系进行调整。

第四节　地理课程培育环境素养
目标的"1＋3"框架

遵循上述目标体系的原则，以中学地理课程目标为基础，参考中学地理学科培育环境素养的目标梳理结果，并结合中学生的认知水平、年龄特点和发展需要，建构出中学地理环境素养培育的"1＋3"目标体系。该目标体系不仅能够较好地将地理课程的目标要求与环境素养培育的目标相融合，同时也将环境素养中最基本、最有价值的内容与中学地理课程相整合,进而发挥地理学科在环境素养培育中的作用与价值。

中学地理学科培育环境素养的目标可以用"1+3"框架表示。"1+3"框架中的"1"指的是"人地关系",是地理教育的基本立足点与核心;"1+3"模式中的"3"指的是"关于环境的相关知识""对环境问题的态度""表现出的环境行为"3个维度。其中,"关于环境的相关知识"对应的是环境素养中的"环境知识"。"对环境问题的态度"包括"对环境问题的敏感性和责任感"与"对人与自然环境关系的道德认识",分别与"环境态度"和"环境伦理"对应。"表现出的环境行为"包括"表现出的环境保护行为"和"认知与辨识环境问题的能力",分别与环境素养中的"环境行为"与"环境技能"对应。而"人地关系"始终贯穿于"环境知识""环境态度""环境行为"三者之中(见图3-1)。

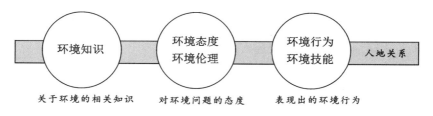

图3-1 地理学科培育环境素养的"1+3"目标示意

因此,我们可以把地理学科培育环境素养的总目标概括为:通过在中学地理中渗透开展以人地关系为主线的教学,使学生获得一定的环境知识,产生爱护环境的责任感和对环境问题的关注,并在学校、家庭和社会等周边环境中积极表现出爱护环境的行为。

在总目标的具体表述中,"开展以人地关系为主线的教学"主要是从"人地关系"的立意视角看待整个中学阶段的地理教学内容。这属于"1+3"框架中的"1"。"获得一定的环境知识"属于"环境知识"维度,"产生爱护环境的责任感和对环境问题的关注"属于"环境态度""环境伦理"维度,"在学校、家庭和社会等周边环境积极表现出爱护环境的行为"属于"环境行为""环境技能"维度。这三者属于"1+3"框架中的"3"。

根据总目标,从3个维度对中学地理学科培育环境素养的目标体系进行分解,形成"总目标—分目标"的结构体系。如表3-6所示。

表 3－6　地理学科培育环境素养的"1＋3"目标框架内容

	一级分目标	二级分目标	具 体 内 容
总目标	关于环境的相关知识	自然环境的相关知识	1. 说出相关资源的分布状况和特点 2. 举例说明自然本身的价值和多样性 3. 描述自然环境不同要素之间的密切关系
		人类发展中的环境和资源问题	1. 总结人口问题的成因和风险，以及控制人口的措施和重要性 2. 归纳不同空间区域的环境问题及其成因、危害和预防措施
		认识人类与地理环境相互依存的关系	1. 列举和总结地理环境对人类活动的影响 2. 列举和总结人类活动对地理环境的影响 3. 分析人地关系如何协调发展
	对环境问题的态度	强烈地关心和爱护环境的责任感	1. 能够分辨环境行为的正误 2. 具有主动参与环境保护的意愿
		懂得欣赏自然万物的美	1. 感受自然美带来的愉悦 2. 欣赏、珍爱自然万物
		树立一种平等的，可持续发展的观念	1. 尊重任何生命形式及其环境(包括生物、植物) 2. 形成可持续发展的观念 3. 关爱未来发展，能够以代际平等看待问题
	表现出的环境行为	养成关心和爱护环境的行为	1. 积极参与环境保护的宣传活动 2. 在日常生活中保持良好的环保习惯 3. 参与各种解决环境问题的研究活动，并对环境问题能够主动提出解决方案
		针对他人的不恰当行为进行指正	

一、了解人地关系的相关知识是环境素养培育的基础

了解"关于环境的相关知识"是有责任感的环境态度与正确的环境行为得以实现的载体与依托。结合地理学科的核心内容——人地关系的协调发展，我们可以将"关于环境的相关知识"分成 3 个二级分目标：一是自然环境的相关知识，二是人类发展中面临的环境和资源问题的相关知识，三是人类与地理环境相互依存的关系的知识。

（一）自然环境的相关知识

自然环境的相关知识既是传统地理科学研究的基本内容，同时也是研究

人地关系的基础。从组成来看,自然环境是由各个圈层构成的自然综合体,包括岩石圈、生物圈、大气圈和水圈等。自然环境是人们生产生活的主要场所。人类总是在一定的自然环境中从事活动并且受自然环境的影响。在这个过程中,人类也会逐渐加深对自然环境的了解。因此,"自然环境的相关知识"主要包括以下几方面的知识:"相关资源的分布状况与特点的""自然本身具有的价值与多样性""自然环境各个要素之间的联系性",并且附加上具体的行为动词,如列举、举例、描述,使具体内容更加直观、更富操作性。

以上海的初中、高中《地理》教材为例,关于"自然环境的相关知识"的知识有:六年级第二学期中的"世界气候类型",可以让学生通过读图描述世界气候类型的分布,再简单概述其相关特点;高中选择性必修1中的"水的运动",可以让学生理解各类陆地水体之间的相互关系,分析全球水热平衡的影响。关于"人类发展中面临的环境和资源问题"的知识有:六年级第一学期的"印度",主要是对印度的人口问题进行分析,学生可以从自然环境、宗教信仰、相关国策来分析印度人口问题的原因;高中选择性必修3中的"自然环境与人类社会",可以从环境问题的产生和危害入手,深化学生认识自然环境与人类社会的关系。关于"认识人类与地理环境相互依存的关系"的知识有:七年级第一学期的"我国的气温与降水",涉及气温、降水、地形等因素;高中必修1中的"地球大气",可以让学生了解大气的垂直分层及其与人类活动关系。

(二) 人类发展中面临的环境和资源问题

环境和资源问题是人与自然矛盾的集中反映。人类为了生存,需要获取一定的生存空间和自然资源,那么就会破坏一部分地区的环境与资源。但是,如果大范围地破坏自然环境,那么人类与环境就会不断地相互影响和相互作用,从而产生严重的环境问题。

通过对"人类发展中面临的环境和资源问题"的教学设计,可以让学生认识到人地关系的双向性,即人地关系既包括地对人的影响,同时也包括人对地的影响,而且各种的环境和资源的问题就是人对地施加作用后,自然环境对人的影响。"人类发展中面临的环境和资源问题的相关知识"主要包括"人口问题的成因和风险,以及控制人口的措施和重要性"和"不同空间区域的环境问题及其成因、危害和预防措施"。

以上海的初中、高中《地理》教材为例,关于"不同空间区域的环境问题及其成因、危害和预防措施"的知识有：六年级的"自然资源的利用和保护"，可以结合具体案例，分析自然资源的分布、人类造成的资源问题，以及修复、保护的成功经验；高中选择性必修 2 中的"区域联系与区域协调发展"，可以了解流域协作开发水资源、解决水环境问题的方式和举措，说明流域内协作开发水资源和保护水环境的意义。关于"人口问题的成因和风险，以及控制人口的措施和重要性"，除了"印度"一课之外，七年级第一学期的"我国的人口与民族"就涉及我国人口"东多西少"的自然、人文原因和"计划生育"基本国策。高中必修 2 中的"人口"，可以让学生研究人口分布、人口迁移的影响因素，理解环境承载力的含义与影响因素。

（三）认识人类与地理环境相互依存的关系

地理环境对人类生存发展十分重要。第一，人类是自然地理系统演化的产物。第三纪晚期环境的剧烈变化使得地球表面的森林面积减少，草原扩大，人类被迫开始直立行走和用前肢获取食物，从而大脑开始发育，从使用工具到制造工具，古猿进化成人。第二，人体与自然地理系统间存在物质联系。比如，人的血液含有 60 多种元素，这与地壳中的元素含量有一定的关联性。第三，自然地理系统的空间分布导致人类活动的地域差异。如，人往往习惯于聚集在气候适宜、地形平坦、河网发达的地区，而极地高寒地带、荒漠地带人烟稀少。

具体来看，"人类与地理环境相互依存的关系"的相关知识，不仅包括人与地的相互影响，还包含"如何实现人地和谐"的知识。探讨"人类如何实现与地理环境的协调发展"是人地关系最集中的体现。因此，"认识人类与地理环境相互依存的关系"是地理课程中环境素养培育的目标与主体，主要包括"地理环境对人类活动的影响""人类活动对地理环境的影响"以及"人地关系如何协调发展"的知识。

其中，关于"地理环境对人类活动的影响"的相关知识在六年级"多变的气候"、高中必修 1 "地貌"等内容中有明显的体现。关于"人类活动对地理环境的影响"的相关知识主要有：七年级的"工业及其地域差异"，高中必修 2 中"交通运输与区域发展"。关于"人地关系如何协调发展"的相关知识主要有七年级的"新疆维吾尔自治区"，其中关于绿洲与城市的分布、坎儿井、新疆水果等方面的内容，都涉及人地关系和谐发展相关知识；高中教材必修 2 专门设置主题,着重介绍人地的协调发展,教师可以通过大量的文本、案例,探讨政府、公众等主体如何实现可持续发展,引导学生逐步树立人地协调观。

二、养成一定的环境责任感与伦理道德是环境素养培育的关键

对待环境问题的态度是联结环境知识与环境行为之间的桥梁,可以说,它是环境素养的集中体现。因此,在地理课程中培育环境素养要关注学生环境态度的培养。对待环境问题的态度目标可以分成三个层面:第一层面是强烈的关心和爱护环境的责任感,第二层面是懂得欣赏自然万物的美,第三层面是树立可持续发展观。

(一) 强烈的关心和爱护环境的责任感

"关心和爱护环境的责任感",是环境素养培育的重要目标之一。但是,环境责任感是很难自发形成的。要通过有针对性的环境素养培育,才能形成对环境的责任感。因此,培养环境素养的根本目标是让学生形成环境责任感,使他们能分辨环境行为的正误,对有悖于环境保护的行为能够立即纠正和批评。

例如,在六年级第四章"环境污染及其防治"中,让学生能够通过对人类活动对环境带来的影响来解释人类活动的合理性,判断其行为的正误,从而树立关心和爱护环境的责任感;同时,能够将相关内容迁移到生活中,判断生活中相关环境行为的合理与否。高中选择性必修3"环境安全与国家安全",让学生能够运用实例和资料,了解我国对环境污染问题采取的国家战略和举措,进而树立起关心爱护环境的责任感,形成家国情怀与世界眼光。

(二) 懂得欣赏自然万物的美

地理中的美有很多。宇宙的诡谲,万物的多样与和谐,一幅幅绚丽的图景,让人们被这种自然和谐的美丽所深深震撼。

可是,在现实的地理教学中,地理之美却很少被提及。只有懂得和欣赏自然之美才能激发学生对自然的爱,进而对美的事物产生珍视的情感。地理学中有很多涉及自然美的内容。

《地理》教材中涉及地理美的教学内容主要分为以下几种美:直观性的美,如通过出示不同的景观图片,表现出不同地域的地理特征;独特性的美,

如经过风力、河流等大自然的侵蚀，陆地岩石变化出神工鬼斧的独特美感；和谐的美，如大气中的水循环，由水汽凝结、落到地表后，汇入河流，通过蒸发又变成水汽，形成降雨，永不停息；整体的美，如地球表层的几大圈层通过相互作用，密切联系才逐渐形成人类赖以生存的自然环境。通过认识、欣赏这些美，学生自然而然会实现由"欣赏美"到"珍视美"，再到"保护美"的转化，继而树立起积极、负责的环境态度。

（三）树立一种平等的、可持续发展的观念

可持续发展内涵十分丰富。在环境态度中强调可持续发展是为了让学生认识到：人类只是大自然的一部分，并不是万物生灵的主宰，人应该与自然界的万事万物建立一种平等的关系。此外，自然资源不仅属于我们这个时代的人，也属于未来的每一个人。代际之间的平等，要求我们学会尊重后代人的发展与需求。因此，尊重任何生命形式及其环境、关怀未来的发展、构建一种代际平等的关系都是可持续发展的重要内容。

这方面的内容并没有直接表现在中学地理课程中，需要教师在备课中充分挖掘。例如，在初中地理课程中，在讲授我国四大农业区之后，教师可以让学生对"区域环境保护与资源开发利用的成功（失败）经验"进行总结，引导学生用一种平等的可持续发展的观念看待问题，初步树立正确的人地观。高中地理教学中，在对生态脆弱区进行分析后，教师既要让学生认识到区域及其发展的多样性，还要引导学生对区域发展存在的问题及原因进行分析，对不同类型区域的发展路径作出简要解释，以建立平等、公正的可持续发展观。

三、养成关心与爱护环境的行为是环境素养培育的目的

培养学生负责任的环境行为是环境素养培育的最终目标。因此，可以把地理课程培育环境素养的最后一个关键内容确定为培养学生负责任的环境行为。这里的环境行为是建立在环境知识与环境态度基础上的，表现出的环境行为目标可以分成两个层次，即"养成关心和爱护环境的行为"与"能对他人的不恰当行为进行指正"。对于这两者的区别前文已经进行论述，此处不再多言。具体来说，表现出的环境行为主要有：在日常生活中选择正确的行为来保护环境；积极参与到日常保护环境的实际行动之中；参与环境研究活动，积极提出解决环境问题的方案；主动参与环保宣传活动。

（一）积极参与环境保护宣传活动

这里的宣传活动是指通过环境素养培育，学生提升了自身的环境素养，能够通过各种途径和方式进行环境保护的宣传活动，用适当的言辞来引导人们采取正确的环境行为。例如，通过环境素养培育，学生获得了关于 CO_2 排放多会导致温室效应的相关知识，确立了应该节约用电、节能减排的环境目标之后，能够响应"关灯一小时"的号召，通过在家中说服家长进行关灯一小时的活动，来表明他们对全球环保行动的支持。又如，每年的植树节，能够对周围学生、家长进行关于植树造林重要意义的宣讲，让更多人关注森林保护。

（二）在日常生活中保持良好的环保习惯

日常生活中的环保行为主要包括节约用水用电、对资源进行回收等。地理学科培育环境素养就是要帮助学生形成正确的行为习惯。例如，通过开展"校园环境，人人有责"的主题活动，让学生关注生活中的一些不合理的行为，能够通过张贴倡议书、书写相关的号召等行为，影响他人在日常生活中实施正确的环保行为。

（三）参与环境问题的研究活动，并能够主动提出环境问题解决方案

地理实践力是地理学科的核心素养。实践性是地理的学科特点。主要的实践方式有地理实验、地理参观、地理考察等。通过参加环境类的探究调查，学生可以从地理的视角认识和欣赏社区、家乡的环境变化，也可以将学习到的地理知识用来分析、解释、解决环境发展中的诸多问题。

例如，地理学科研究的重要内容之一就是对与环境有关的问题进行实地探索和调查。通过参与此类活动，学生可以了解哪些行为会造成环境破坏，哪些行为有助于保护环境。中学课程标准中的"活动建议"就明确提出"立足校园开展地理实践活动"与"开展野外考查和社会实践"，都可以为环境类调查研究活动提供思路与依据。如：开展一次关于 $PM_{2.5}$ 的调查分析，或对校园用电量的情况进行分析，进而提出相关建议。

第四章

执行框架：地理学科培育环境素养的内容架构

环境素养的培育本身就带有跨学科性质，很多学科都能梳理出关于环境素养的目标与内容。本书撰写时不仅将研究视角置于环境素养本身，更多的是从环境素养与地理学科的交集部分进行细致而翔实的分析与梳理。

地理学科环境素养培育的内容是环境素养培育执行的依据。充分挖掘地理学科中环境素养的教育内容，构建出层次清晰、内容完整的环境素养培育体系，有助于广大地理教师准确把握环境素养教育的广度与深度。

本章首先通过对中学地理课程的内容体系与结构、课程标准、教材文本中关于环境素养培育内容的梳理，确定在地理学科中构建环境培育目标的原则，并提出"3+5"的地理课程培育环境素养的内容体系。

第一节　中学地理课程中涉及的环境素养内容梳理

一、中学地理课程的内容结构

结构往往与功能相匹配,不同的结构能够形成不同的功能。中学地理课程自身的内容结构,体现了其对环境素养培育的独特价值追求。

(一) 义务教育地理课程的内容结构

根据 2022 年新课标要求,义务教育地理课程按照空间尺度来组织课程内容,引导学生按照"空间—地球—地表—世界—中国"的顺序认识人类的地球家园。初中地理以认识空间环境与地球的关系、地理环境与人类活动的关系为主要线索,通过融入地理实践活动和地理工具的运用,从而构成义务教育地理课程内容的体系结构(见图 4-1)。

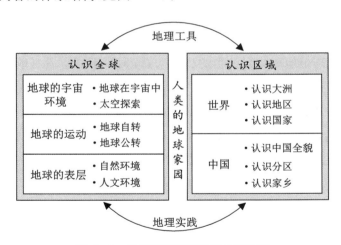

图 4-1　义务教育地理课程内容结构

(二) 普通高中地理课程的内容结构

普通高中地理课程分为必修、选择性必修和选修 3 类课程。必修课程包括两个模块,即地理 1、地理 2;选择性必修课程包括 3 个模块,即自然地理基础,区域发展,资源、环境与国家安全;选修课程包括 9 个模块,即天文学基础、海洋地理、自然灾害与防治、环境保护、旅游地理、城乡规划、政治地理、地理信息技术应用、地理野外实习,可见,地理学的学科体系,能满足学生发展的多元需求(见图 4-2)。

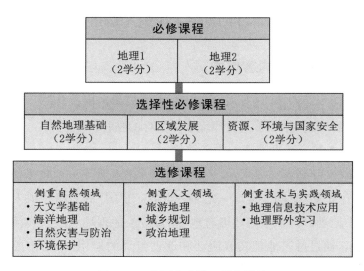

图 4-2　普通高中地理课程结构

（三）对中学地理课程内容体系与结构梳理结果的分析

从初中、高中地理课程内容的构成来看,虽然不同学段对地理教学内容进行了细化与分解,但是总体来看,中学地理课程中主要的三大内容板块是自然地理、人文地理与区域地理,突出了地理学科的味道。如今,地理信息技术走进了中学地理课程,成为中学地理教学的主要内容。但是归根结底,地理信息技术必须与具体的自然、人文、区域地理相结合,才能发挥其在地理学中的价值和效益。因此,自然地理学、人文地理学和区域地理学仍然是中学地理课程最基础、最重要的内容。

从环境素养培育的视角来看,地理学科开展环境素养的培育优势就在于,这三大内容板块自始至终都贯穿着人地关系主线。也就是说,在中学地理课程中培育环境素养,必须依托地理课程中的这三个部分,突出人地关系(见图 4-3)。因此,有必要充分

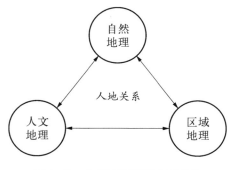

图 4-3　中学地理课程内容结构

挖掘这三大内容，拓展环境素养的培育内容，真正实现地理课程与环境素养的融合。

自然地理是地理课程的经典内容，偏重人地关系中与人类生产生活最紧密的"地"部分。自然地理内容在培育环境素养中的作用表现在：通过对地理环境的组成、变化及规律的分析，可以更深入、更全面地认识人类生存的环境家园。

人文地理侧重于联系生活、生产实际，十分有利于培养学生人地关系的意识。人文现象，如人口、交通的地理分布、变化和扩散是人文地理主要探讨的内容。它以人地关系理论为基础，关注的是参与并影响自然环境变化的"人"，可以让学生认识人在影响地理环境过程中遇到的各种问题，了解应对和解决的办法。

区域地理则是根据不同的区域空间的特点及地理要素的组成，运用地理基本原理分析具体的问题。区域地理以自然地理特点和人文地理特征为基础。由于自然地理因素与人文地理因素的不同，区域地理的特征必然也存在着差异。它强调的是人地关系中"人"与"地"的互动和联系，可以让学生明白因地制宜、实现区域的可持续发展的重要性。

基于上述分析，可以发现，人地关系是地理学科培育环境素养的基础和关键，是区别于单独的环境素养培育和其他学科中的环境素养培育的标志。因此，地理学科中的环境素养培育的内容构建应该突出这三大板块内容中的人地关系。

二、地理课程标准中关于环境素养的内容

《义务教育地理课程标准（2022 年版）》和《普通高中地理课程标准（2017年版）》在课程内容中涉及大量的关于环境素养培育方面的内容知识，如人口、资源等。在这些内容中，有些是显性地呈现环境素养培育的内容，有些是隐含着环境素养培育的内容。这些都为地理学科培育环境素养提供了知识的载体。

（一）义务教育地理课程标准中的环境素养内容

根据义务教育地理课程内容结构，课程标准从"认识全球""认识区域""地理工具与地理实践""跨学科主题学习"4 个方面对教学内容进行了进一步

的细化,其中包含着丰富的与环境素养有关的学习内容。

"认识全球"部分,地球作为一个整体,成为学生学习的主要内容。其中,包括地球在宇宙中的位置、地球的运动、地表的自然和人文环境,以此让学生增加对自然环境要素及其与人类生产生活的相互影响的了解,树立尊重自然、顺应自然的观念。

"认识区域"部分,将学习的主要内容定位于地球表面不同空间尺度的区域,如世界各大洲、地区、国家等不同地域的地理现象,中国的全貌及不同区域的地理特征,以帮助学生理解不同地区环境的差异、文化差异,以及人与自然的关系,并初步认识和理解人与自然之间是生命的共同体这一重要理念。

"地理工具与地理实践"主要是运用地球仪、地图的相关知识,以观察、调查、探究等多种方式贯穿全部地理课程内容,进一步突出地理课程综合性和实践性的特点,指导学生运用地理工具,通过地理观察、观测等方式,对有关环境问题进行探究分析。

"跨学科主题学习"则立足地理学科的要求,横向联系其他学科,综合地认识和分析真实环境中出现的问题,并提出解决环境问题的措施,从而加深对环境和生态的认识与理解。

(二)普通高中地理课程标准中的环境素养内容

根据普通高中地理课程内容结构,课程标准从必修课程、选择性必修课程、选修课程3个方面对教学内容进行了进一步细化。从课程内容的表述来看,高中课程标准对环境素养的要求比初中更加明确与显性。

在必修课程中,主要在初中地理学习的基础上,通过进一步帮助学生建立起地球科学的知识,理解一些地理现象和过程的原理,了解基本社会经济活动,如工业、农业、城市等方面的特点,帮助学生树立保护自然的观念,同时树立绿色发展、共同发展、人地协调发展的观念。

在选修课中,主要帮助学生在必修课程的基础上,进一步了解人类生存的自然环境特征,了解区域特征和发展路径,了解资源、环境与国家安全的关系,加强对人类生存环境的认识,树立因地制宜、人地和谐的区域协调发展观,提高资源和环境保护意识。

(三)对中学课程标准梳理结果的分析

从中学地理课程标准对学习内容的要求来看,地理学科培育环境素养主要应该关注 4 个方面的内容。

1. 自然环境

它是人类赖以生存的物质基础。如，初中地理中"认识全球"，就是要求学生能够初步认识和了解自然地理环境这一人类生存的基础。高中地理在必修课程中的"地理 1"和"选择性必修 1"则是以自然地理要素与人类活动的关系为线索展开教学。

2. 人类活动

即人类的生产、生活。如，初中地理中"认识区域"，关注到人文地理主要特点及地理特征对当地人们生产生活的影响。高中地理必修课程中的"地理 2"侧重于对基本社会经济活动的空间特点的介绍。

3. 自然资源与自然灾害

它是人类与自然联结的纽带。如，初中地理中"认识中国"要求能够运用地图和相关资料，描述中国主要的自然灾害和环境问题。高中地理要求学生在"选择性必修 3　资源、环境与国家安全"中了解资源、环境与国家安全的关系，增强资源节约意识。在"选修 3　自然灾害与防治"中，要求学生能够了解自然灾害的发生和分布，形成科学的灾害观和减灾意识。

4. 人地关系的区域组合

即自然与人文要素的集中表现。如，初中地理在"认识区域"中，通过对具体国家区域和中国省区的学习，从区域的视角分析政治、经济、社会、文化这些事物和现象发生的区域地理背景，了解这些区域的特征、差异和联系，初步形成人与自然生命共同体观念。高中地理在"选择性必修 2　区域发展"中，帮助学生结合区域的自然和人文特点，认识因地制宜对于区域发展的重要意义。

从上述的分析中，我们可以发现，这 4 个方面的内容体系结构在整个中学阶段都有所体现，同时也呈现了初中和高中的区别。初中地理课程内容以地理常识和基础知识为主，只要求达到"知道""了解"的认知要求，就算涉及"解释""说明"，也往往用程度副词"初步"来降低要求。高中地理的内容更接近于地理科学本身的分类。必修和选修涵盖了自然地理、人文地理和区域地理。

表4-1 初中地理课程标准中环境素养的内容梳理

主题内容		课标要求	内涵解读
(一)认识全球	主题二 地球的运动	结合实例,说出地球公转产生的主要自然现象及其对人们生产生活的影响	列举地球运动产生的主要现象以及地球运动对人类生产生活的影响,感受人们顺应自然规律进行社会活动所展现出的智慧,敬畏自然、尊重自然,树立尊重自然、顺应自然的意识
	主题三 地球的表层	(1) 结合实例,说出海洋对人们生活的影响 (2) 阅读世界气候类型分布图,描述世界主要气候类型的分布特征;结合实例,说明纬度位置、海陆分布,地形对气候的影响 (3) 结合实例,说明天气和气候对人们生产生活的影响 (4) 运用反映人种、语言、宗教、习俗等内容的图文资料,描述世界文化的丰富多彩,树立尊重世界文化多样性的意识	能够运用地图及其他地理工具,观察、描述地球表层陆地,海洋的基本面貌,说出地形、气候等自然要素对人们生活的影响;能够观察,描述地球上人口、城乡、文化等人文环境要素的基本状况,以及人类活动对自然环境的影响 结合事实材料适当拓展,讲述一些全球性的环境问题,如地球面临海平面上升、荒漠化,全球气候变化等
(二)认识区域	主题四 认识世界	(1) 运用地图和相关资料,描述某地区的地理位置,简要归纳自然地理特征,说明该特征对当地人们生产生活的影响 (2) 根据南极、北极地区自然地理环境的特殊性,说明开展极地科学考察和保护极地环境的重要性 (3) 运用地图和相关资料,描述某国家突出的自然地理特征 (4) 运用地图和相关资料,说出某国家人文地理主要特点及其与自然地理环境的联系 (5) 运用地图和相关资料,联系某国国情和自身发展经济的途径 (6) 运用地图和相关资料,简要分析该国国情,简要分析某国家在资源开发、环境保护方面的经验和教训 (7) 结合实例,简要说明一个国家对某地自然环境的改造活动对其他地方自然环境的影响	从地理位置、地理事物和现象的空间分布、人与自然的关系,以及区域差异和区域联系等角度,描述并简要分析某大洲、地区的主要地理特征 能够结合世界政治、经济、社会、文化事物和现象,运用认识区域的方法,形成从地理视角看待、探究现实世界的意识和能力,初步具备全球视野和社会责任的意识,初步形成人与自然生命共同体、人类命运共同体等意识

续表

主题内容	课 标 要 求	内 涵 解 读
（二）认识区域 主题五 认识中国	（1）运用地图和相关资料，描述中国水资源、土地资源、矿产资源和海洋资源等自然资源的主要特征；举例说明自然资源与人们生活生产的关系，认识自然资源的利用、保护对生活生产的重要意义 （2）运用地图和相关资料，描述中国主要的自然灾害和环境问题；针对某一自然灾害或环境问题提出合理的防治建议 （3）运用地图和相关资料，说出某区域的地理位置和自然地理特征，认识该区域对社会经济发展的影响 （4）进行野外考察并利用图文资料，描述家乡典型的自然与人文地理事物的特点，归纳家乡地理环境的特征 （5）举例说明家乡环境及生产发展给当地居民生活带来的影响，对家乡的发展规划提出合理建议，并尝试用绿色发展理念，建设家乡，增强热爱家乡的意识	从区域的视角说明人类活动与自然环境的关系，初步形成因地制宜的发展观念；能够观察、描述、解释家乡生产生活中的地理事物和现象，表现出主动学习及问题探究的意识和能力；能够在生活、学习中积极参与相关的公益活动，具有社会责任感 认识中国辽阔的疆域，人们生产生活的丰富多样，感受祖国山河的壮美，人们生产生活的丰富多样，培育生态文明意识和热爱祖国、热爱家乡的情感
（三）地理工具与地理实践	（1）结合实例，描述数字地图在城市管理、资源调查、灾害监测等方面的应用 （2）设计简单的调查方案，利用问卷、访谈等形式进行社会调查 （3）设计简单的考察方案，利用工具进行观察、观测等野外考察	（1）能够利用信息技术手段，培养对生活的观察意识 （2）能够合理地使用地理工具进行地理实验、调查，提高地理实践力
（四）跨学科主题学习	学习主题和内容主要选取生态文明建设、环境保护、资源利用、家乡环境与人们生产生活的变化、乡村振兴等方面真实存在的事物和现象，设计的问题具有研究价值和现实意义	关注身边的环境问题，能够利用所学的知识分析、解决相关问题，提升地理实践力的同时，树立人地和谐发展的环境观

表4-2　高中地理课程标准中环境素养的内容梳理

内容模块		课标要求	内涵解读
（一）必修课程	地理1	(1) 运用示意图，说明水循环的过程及其地理意义 (2) 运用图表等资料，说明海水性质和运动对人类活动的影响 (3) 通过野外观察或运用视频、图像，识别主要植被，说明其与自然环境的关系 (4) 通过探究有关自然地理问题，了解地理信息技术的应用	以了解自然地理特征及其与人类活动的关系为导向组织教学，帮助学生认识自然环境是人类生存和发展的基础，辩证运用自然环境对人类活动的各种影响，与自然和谐相处，保护自然的理念
	地理2	(1) 运用资料，描述人口分布、迁移的特点及其影响因素，并结合实例，解释区域资源环境承载力、人口合理容量 (2) 运用资料，归纳城市人类面临的主要环境问题，说明协调人地关系和可持续发展的主要途径及其缘由	以基本社会经济活动的空间特征为导向组织教学内容，能够描述人文地理学的空间现象和变化，初步形成评价人类活动与地理资源的关系问题的意识
（二）选择性必修课程	自然地理基础	(1) 结合实例，解释内力和外力对地表形态变化的影响，并说明人类活动与地表形态的关系 (2) 运用示意图，说明气压带、风带的分布，并分析气压带、风带对气候形成的作用，以及对自然地理景观的影响 (3) 运用世界洋流分布图，说明世界洋流的分布规律，并举例说明洋流对地理环境和人类活动的影响 (4) 运用图表，分析海—气相互作用对全球水热平衡的影响，解释厄尔尼诺、拉尼娜现象对全球气候和人类活动的影响	围绕自然环境系统及其要素的发展对人们所生活的自然环境的影响来组织教学，帮助学生了解所生活的自然环境的特点，认识自然环境对人类活动的影响的能力和认识水平，树立人与自然是生命共同体的观念
	区域发展	(1) 结合实例，从地理环境整体性和区域关联性的角度，比较不同区域发展的异同，说明因地制宜对于区域发展的重要意义 (2) 以某生态脆弱区为例，说明该类地区存在的环境与发展问题，以及综合治理措施 (3) 以某流域为例，说明流域内部协作开发资源、保护环境的意义	以了解区域地理条件、区域特征和发展方向为基础组织教学，帮助学生理解区域特征和发展路径、理解区域发展和转型的意义，进而理解区域发展需因地制宜、人地和谐协调发展的意识

续表

内容模块		课标要求	内涵解读
（二）选择性必修课程	资源、环境与国家安全	（1）结合实例，说明自然资源的数量、质量、空间分布与人类活动的关系 （2）运用图表，解释中国耕地资源的分布，以及耕地保护与粮食安全的关系 （3）运用碳循环原理和温室效应原理，分析碳排放对环境的影响，说明碳中和等减排行为对环境安全的重要性 （4）结合实例，说明污染物跨境转移对环境安全合作的关系 （5）举例说明环境保护政策、措施与国家安全的关系	从资源、环境与国家安全的关系出发组织教学内容，帮助学生理解资源、环境与国家安全的关系，强化保护资源环境的意识，树立确保国家、环境安全的观念。同时，通过考察家乡的资源环境问题，探讨节约资源和保护环境的重要性，树立"绿水青山就是金山银山""建设美丽中国"的理念
（三）选修课程	天文学基础	（1）观察并描述月相、月食、日食、潮汐等现象，并运用图表等资料解释其成因 （2）绘制大气的圈层结构图，说明太阳活动及其对地球的影响	增强学生对宇宙、天体的欣赏能力，逐步建立科学的宇宙观
	海洋地理	（1）举例说明主要的海洋灾害及其成因，以及相应的减灾举措 （2）说明海洋污染的形成及其对海洋环境的危害，简述保护海洋环境的主要对策	结合真实的海洋自然环境情境，帮助学生感知海洋的浩瀚，认识不同海洋区域的特征，认识到海洋对人类的重要意义以及人类对海洋的巨大影响
	自然灾害与防治	（1）说明自然灾害的类型及其对人类社会的影响 （2）举例说明人类活动对自然灾害的影响	帮助学生了解自然灾害的发生和分布规律，树立科学的灾害观和减灾意识，提高生存能力
	环境保护	（1）运用资料，说明全球环境的基本问题及主要的环境修复原理 （2）运用资料，说明我国水资源概况和水环境污染的严峻性 （3）学会水质采样方法及方案设计，学会用简易方法检测水质 （4）结合实例，说明全球气候变暖对生态环境的影响	（1）帮助学生了解环境状况，了解产生环境问题的原因，以及保护环境的方法和措施，理解生态文明建设是中华民族永续发展的根本 （2）同时，引导学生积极调查身边的环境问题，并提

续表

内容模块		课　标　要　求	内　涵　解　读
	环境保护	(5) 学会土壤采集方法和方案设计,了解土壤污染的检测方法及常见污染的修复方法和技术 (6) 结合实例,说明环境管理的基本内容和主要手段	出合适的解决方案,培养学生的环境行为和生态技能
	旅游地理	(1) 区别自然遗产和文化遗产基本概念,结合实例说明保护世界遗产的意义和方式 (2) 结合实例,评价旅游资源的开发条件	帮助学生培养探索本地域旅游资源的意识,学会欣赏地域环境差异之美,成为尊重自然、尊重文化的人
	城乡规划	(1) 结合实例,评价居住小区的区位与环境特点 (2) 运用资料,说明保护传统文化特色景观采取的对策	帮助学生形成发现区域旅游资源的意识,学会欣赏区域环境差异带来的美感,成为崇尚自然、尊重文化的人
(三) 选修课程	政治地理	结合实例,说明分析综合国力的方法及提高综合国力的途径	这部分环境素养的内容不多,更多的是国家领土、世界政治地理格局等内容。这需要教师去挖掘相关内容,从环境素养培育的视角帮助学生关注世界和平、全球发展、国际秩序等问题
	地理信息技术应用	(1) 学会在地理信息系统软件中进行简单的条件查询,分析地理要素的分布规律 (2) 学会使用地理信息系统软件制作人口、资源分布等相关专题地图	帮助学生掌握基本的数字化生存技能,学会使用电子地图,3S信息技术手段解决生活或工作中的问题,运用地理信息技术分析地理问题
	地理野外实习	(1) 观察某地区地质、地貌、植被、土地利用方式等景观要素,绘制示意图及剖面图,分析影响景观形成的主要因素,以及景观要素间的相互关系 (2) 学会社会调查的基本方法,并进行城乡实地调查,识别不同土地利用方式及特点	通过实践训练,提高学生运用各种工具获取野外地理信息,观察发现、培养欣赏自然的兴趣,提高学生的动手能力,提升认识自然与自我生存能力

三、中学《地理》教材中培育环境素养的内容

（一）初中《地理》教材中培育环境素养的内容

本研究选择上海教育出版社编写的四册义务教育阶段初中《地理》教材进行梳理。

1. 六年级第一学期《地理》教材中有关环境素养的内容

六年级第一学期是初中地理学习的开始，也是学生第一次接触地理。本册教材在开篇"景观·地图篇"中提纲挈领地指出了整个初中阶段地理学习的目标与任务（见表4-3）。其中，"尊重自然规律""注意环境保护""因地制宜、扬长避短""人类与地理环境和谐共存与协调发展"等内容涉及环境素养的五大方面，都是初中地理课程中培育环境素养须达成的目标。相关国家地理的学习可以让学生对地理先有感性认识，培养学生学习地理的兴趣，然后再慢慢进行环境素养的培育内容。

表4-3 六年级第一学期《地理》教材涉及环境素养的内容

章	节		涉及环境素养的内容
景观·地图篇	1 地理景观		了解什么是地理、地理的景观、地理景观带的差异及地理景观的变化与发展
	2 地图		学会阅读地图的方法，为后续运用地图描述地理事物和现象的分布、环境的监测与分析打下基础
世界分国篇	2 亚洲的国家	2.1 一衣带水的邻邦——日本	突出描述日本的自然地理位置，并联系农业、工业、交通等方面内容，突出其人文地理的主要特点及其与自然地理环境的联系
		2.2 东方文明古国——印度	印度是世界人口大国，印度的人口政策、人口对印度资源环境发展的压力等方面内容，突出人口与自然资源的紧密关联
	3 非洲的国家	3 金字塔之国——埃及	埃及气候炎热干旱、沙漠面积大，人们居住在尼罗河两岸；主要农作物为耐旱的棉花……以此说明自然环境对某国家人文环境的影响
	4 欧洲的国家	4.1 地处欧洲"十字路口"的工业强国——德国	结合鲁尔区的前世今生，分析德国在资源开发、环境保护方面的经验和教训

续 表

章		节	涉及环境素养的内容
世界分国篇	4 欧洲的国家	4.2 世界上面积最大的国家——俄罗斯	发达的重工业区乌拉尔工业区、新西伯利亚的资源有待进一步的开发、农业生产受到气候限制等,说明国家人文地理特点与自然地理环境的紧密关联
	5 北美洲的国家	5 世界第一经济大国——美国	资源消耗过大、二氧化碳排放量世界第一、美国对世界资源的影响、美国对世界环境问题应尽的责任与义务……
	6 南美洲的国家	6 南美"巨人"——巴西	"地球之肺"的忧患,热带雨林的开发、影响及保护……说明国家行为对自然环境的影响
	7 大洋洲的国家	7 独占一块大陆的国家——澳大利亚	澳大利亚矿产资源与动物种类丰富……说明独特的地理位置对当地自然环境的影响

例如,印度、埃及、美国、德国等国关于"人口对环境、资源的压力""气候环境对人的影响""对世界环境问题应尽的责任与义务"等方面的内容,可以让学生认识到:经济、人口、社会的发展都应该与环境相适应,并且每个国家面对环境问题应当肩负起应有的责任。这里主要是将国家作为一个区域,强调的是人地关系中"人"与"地"相互作用和相互影响,以及所形成的人口、经济、文化等方面的特征。

2. 六年级第二学期《地理》教材中有关环境素养的内容

学生通过六年级第一学期的学习,对地理学科有了一定的感性认识与兴趣之后,本学期开始真正意义上接触地理学科的知识。本册教材主要涉及自然地理和人文地理,其中涉及环境素养的内容主要是在"天气与气候"与"人口、资源与环境"中(见表4-4)。通过对"第三章 天气与气候"的学习,学生能够认识到:人类的生产生活应与自然环境互相协调(环境认知),人类有必要限制自身的某些行为,以此保护大气环境(环境行为、环境技能)。在学习了"第四章 人口、资源与环境"之后,学生能够认识到:人口的增长应该与资源、环境相适应,人类应该尊重自然规律,达到协调的人地关系(环境态度、环境伦理)。

表4-4　六年级第二学期《地理》教材涉及环境素养的内容

章	节	涉及环境素养的内容
1　地球的运动	1.1　地球概述	昼夜交替、五带的划分、四季的形成等内容，帮助学生感受到和谐美，认识到地球是人类的唯一家园
	1.3　地球的公转	
2. 陆地与海洋	2.2　世界的地形	千姿百态的地形、沧海桑田、板块构造学说、富饶的海洋资源等内容，可以帮助学生认识到自然环境要素与人类生产生活的相互影响，初步树立起人类命运共同体的意识
	2.3　海陆的变迁	
	2.5　世界的海洋	
3　天气与气候	3.1　多变的天气	灾害性天气、气候与人类生产活动的相互关系及影响、温室效应的人为原因……可以帮助学生全面认识气候对人类生产生活的影响，提高学生对全球性环境问题的理解能力
	3.2　多样的气候	
	3.3　世界气候类型	
	3.4　气候与人类活动	
4　人口、资源与环境	4.1　世界人口	世界人口增长速度过快导致世界人口问题、各个国家对于人口增长问题的应对政策、人口老龄化问题产生的原因与对策……从"现象—原因—影响"的线索分析，培养学生可持续发展的意识
	4.3　自然资源的利用和保护	自然资源的多样性、自然资源的分布特征、环境污染的种类、环境污染产生的原因与解决措施……联系资源利用和环境保护中的问题，渗透可持续发展思想
	4.4　环境污染及其防治	

　　例如，在"世界人口"教学内容中，通过不同年代世界人口总数的变化，反映出世界人口增长较快的特点；再通过世界人口分布图，引导学生了解人口分布与地理环境的内在联系。通过对具体的人口问题的分析，让学生初步树立起正确的人口观。通过"环境污染及其防治"的教学引起学生对环境污染的重视，提升对环境问题的危机感、紧迫感和责任感，培养学生对环境负责的行为和理念，并结合自己的日常生活经验思考"如何才能尽自己的一份力量实现可持续发展"。

　　3. 七年级第一学期《地理》教材中有关环境素养的内容

　　六年级地理主要是对"地球与地图""世界地理"内容的学习，到了七年级就进入了"中国地理"的学习。这部分内容主要先是介绍我国的自然地理与人文地理,然后选择了 4 个区域,着重介绍区域的特点以及形成的自然和人文方面的原因(见表 4-5)。由于是介绍我们自己的国家,其中渗透的环境素养培育的内容对学生来说并不陌生,在新闻中都能接触到,故而往往更具说服力,也更能让学生感同身受。通过学习"1.2 人口与民族",学生认识到:人口增长与社会经济发展之间的联系与重要性(环境认知);对"2.2 地形地势的主要特点"的学习,让学生能认识到:尊重自然规律与因地制宜的重要性(环境认知、环境态度);"3.3 气候特点"让学生能够在真实生活中观察气候对人类生产生活的影响,表现出一定的责任感和行为(环境态度、环境行为、环境技能);"4.2 黄河"与"4.3 长江"让学生认识到河流与中华文化的相互关系,树立起尊重自然、与自然和谐相处的观念。通过对"新疆""台湾""青藏高原"和"西双版纳"4 个具体区域的学习,更能进一步加深学生对上述环境素养相关内容的理解。

表 4-5 七年级第一学期《地理》教材涉及环境素养的内容

章	节	涉及环境素养的内容
1 疆域与人口	1.1 疆域与行政区划	世界上面积最大、人口最多的国家;人口数量过多产生的负面影响;我国的人口政策……引导学生关注中国人口问题,树立可持续发展的科学人生观和共建和谐社会的科学发展观
	1.2 人口与民族	
2 地形与地势	2.1 地形分布	地形地势对生产生活的影响;对丘陵、山地的合理开发与利用……简要归纳中国地形的特征,举例说明地形与人类生产生活的关系
	2.2 地形地势的主要特点	
3 气温与降水	3.1 气温分布	气候对人类生产、生活的影响,气候与我国农业生产的关系,灾害性天气及其影响……简要分析影响我国气候的主要因素,说明气候与人类生产生活的关系,了解开发利用和重视气候的重要性
	3.2 降水分布	
	3.3 气候特点	
4 河流与湖泊	4.2 黄河	长江与黄河不同河段的特征,黄河忧患的成因、影响及其治理,地上河的成因与治理,长江水能资源的开发与利用,长江洪灾频发的原因……举例说明其对生产生活、历史文化的影响
	4.3 长江	

续 表

章	节	涉及环境素养的内容
中国区域地理（上）	1.1 新疆维吾尔自治区	新疆独特的气候特征对农产品的影响与作用，新疆"三山夹两盆"的地形特征，新疆绿洲的分布，坎儿井的作用与原理……认识自然条件对新疆经济社会发展的影响
	1.2 台湾	温暖湿润的气候对农产品的影响，美丽的山河……说明自然环境对经济社会发展的影响
	1.3 青藏高原地区	高寒的气候特点、世界屋脊、江河之源……说明自然环境与地方文化之间的关系
	1.4 西双版纳傣族自治州	气候与当地建筑的关系、植物王国……从区域视角说明人类活动与自然环境和资源的关系，初步形成因地制宜的发展观念

通过中国地理相关内容的教学，引导学生认识人口与自然环境的关系，树立可持续发展的科学观念，培养热爱祖国、热爱家乡的情怀。此外，还要加深学生对自然所承载的多元价值的理解：除了被人类利用的价值外，它还有其他许多价值。比如河流，除了经济价值（航运、水力发电）之外，还有其自身的生态价值（河流生物的多样性，可维持自然系统的运作）、健康价值（水质）、审美价值（由感官感觉到的自然环境的美）。

4. 七年级第二学期《地理》教材中有关环境素养的内容

七年级第二学期的内容更偏向于中国人文地理的学习，其中涉及交通、农业、工业等经济方面的内容。其中对"1.3 因地制宜发展农业"与"2.3 东部与中西部地区工业的差异"的学习，有助于学生形成和谐的人地关系意识（环境伦理），并清楚地认识到发展农业工业要因地制宜（环境认知）。"第五章 环境问题与环境保护"明显含有环境素养培育的内容。如，将和谐发展的理念运用在家乡的发展规划之中（环境技能、环境行为），同时使学生认识到：人地关系是"人对地"与"地对人"的共同关系，如果人不尊重自然规律，那么人类就会受到自然的惩罚，所以我们应该在日常生活中积极参与公益活动，增强社会责任感（环境态度）。

在具体的区域地理学习中，教材同样选择了 5 个具有代表意义的区域，分别从历史名迹的保护、土地的合理利用与开发、生态环境、经济发展,以及人类对自然环境的合理利用等方面培育环境素养方面的内容(见表4-6)。

表4-6 七年级第二学期《地理》教材涉及环境素养的内容

章	节	涉及环境素养的内容
1 农业及其地区差异	1.2 农业的分布 1.3 因地制宜发展农业	因地制宜发展种植业、畜牧业等,我国"三农"面临的挑战与对策,耕地面积减少和水土流失,四大农业区比较……说明自然环境对农业生产的影响,认识因地制宜的重要性
2 工业及其地区差异	2.2 重要工业部门的分布 2.3 东部与中西部地区工业的差异	煤炭、采油、钢铁工业的分布,工业生产与发展的关系,"西气东输"与"西电东送"工程……举例说明自然资源与工业部门结构的关系,认识利用保护自然资源的重要意义
5 环境问题与环境保护	5.1 城市的环境问题及环境优化	城市环境问题的种类、特点及成因;城市发展与环境问题之间的联系;城市环境问题的整治措施……认识我国城市的主要环境问题,并能针对某一环境问题提出合理的防治建议
	5.2 农牧区的环境问题及其治理	农牧区环境问题的种类、特点及成因,农牧区环境问题的整治措施,生态农业的优势特点……了解我国农牧区的主要环境问题,并尝试用绿色发展理念提出解决与防治建议
中国区域地理(下)	1.1 北京市	北京悠久的历史、古都新貌、城市中的历史名迹的有效保护与合理开发……了解北京城市发展的特色与建设的成就
	1.2 香港和澳门	香港与澳门对土地的合理利用与开发;港澳地区的绿化面积与比例高……认识港澳与内地相互联系、相互促进的关系,同时能够从区域的视角说明人类活动与自然环境的关系
	1.3 黄土高原	黄土高原沟壑纵横的特点、黄土高原水土流失的原因及危害,生态环境的脆弱与植树种草重要性……通过描述黄土高原形成过程及治理过程,认识因地制宜的重要性,树立绿色生态理念
	1.4 沪宁杭地区	"鱼米之乡"沪宁杭地区经济的快速发展与自然环境之间的关系……说明自然条件对沪宁杭地区经济社会发展的影响

章	节	涉及环境素养的内容
中国区域地理（下）	1.5　珠江三角洲地区	高速发展的经济与城镇化带来的环境问题、基塘农业……说明珠三角地区地理位置和自然环境特征，分析自然条件对该区域经济社会发展的影响，认识因地制宜的重要性

在"环境问题与环境保护"中，通过对当今主要环境问题的真实情境分析，发现大多与工业生产及生活有关。这部分的内容如果仅仅停留在"说出环境问题的分类""理解环境问题会带来哪些危害"层面还不够，教师应该努力使这些学科知识转化为学生的生态观、环境观：社会的协调发展是可持续发展的目标。协调发展，要求生态、经济、社会统筹兼顾，缺一不可。

（二）普通高中《地理》教材中关于环境素养培育的内容

本研究选择对中华地图出版社、中华地图学社出版的 5 本高中《地理》教材进行梳理。

1. 必修《地理》教材第一册

该册教材主要涵盖 3 个方面："地球科学基础""自然地理学实践"和"自然环境与人类活动的关系"。必修 1 以自然地理为基础，适当融入地球科学的其他内容，具有非常重要的培养环境素养的价值。这一价值主要表现为：通过了解地球科学、地理现象和地理规律（环境知识）的基本知识，提高学生认识和观察、识别、描述、解释和欣赏生活中自然地理现象的能力（环境行为、环境技能），然后引入尊重自然、适应自然和保护自然的价值观（环境态度、环境伦理）（见表 4 - 7）。

表 4 - 7　高中《地理》教材（必修第一册）中涉及环境素养的内容

单　元	主　题	涉及环境素养的内容
走进地理学		整体认识什么是地理，了解"观察现实情境—发现地理问题—探究问题根源—拓展知识应用"的地理学习路径

单　元	主　题	涉及环境素养的内容
第1单元 行星地球	主题1　地球的宇宙环境	认识地球的宇宙环境,理解宇宙环境对地球的影响是认识自然环境的基础。本单元旨在引导学生以宏观的视角(空间与时间)认识地球。尤其是"主题2　地球的圈层结构",从地球圈层尤其是外部圈层的结构及其相互关系这一宏观视角,认识自然环境的范围和结构,为以后进一步学习自然环境各要素奠定基础
	主题2　地球的圈层结构	
	主题3　地球的演化过程	
第2单元 大气环境	主题4　大气的组成和垂直分层	大气圈是学生第一个学习的自然环境要素。本单元比较适合开展环境素养的教育,旨在让学生关注大气环境、关注社会热点,教材在单元后的实践活动设计了"校园气象站建设与气象观测"活动,以地理实践力带动环境行为、环境技能的培养,引导学生体验和感悟人地关系,培养学生大气环境保护意识和人地协调发展的观念
	主题5　大气的受热过程与运动	
	主题6　常见的气象灾害	
第3单元 水环境	主题7　自然界的水循环	水是地球区别于其他行星的重要特征之一。主题7通过对水体之间的要素联系,关注综合思维的培养,提升学生对环境的认知。主题8帮助学生运用地理方法分析说明海水的性质和运动。主题9通过介绍海洋灾害的危害,引导学生客观认识海洋灾害形成的人为原因,帮助学生形成人类应该科学开发和保护海洋的观念,以此培养学生的人地协调观
	主题8　海水的性质和运动	
	主题9　常见的海洋灾害	
第4单元 陆地环境	主题10　主要地貌类型	岩石圈是地表各种自然地理特征相互作用最活跃的媒介,自然地理过程的变化往往会引起地貌景观的差异。本单元着重介绍"地貌与人类生产、生活密切相关":一方面,地貌深刻影响着人类活动(主题10、主题11);另一方面,不合理的人类活动又影响和改变着地貌(主题12)。通过相关内容的教学,引导学生关注地貌与人类活动的关系,透过点(典型区)的分析把握面上的特征,说明区域发展要遵循因地制宜、人地协调原则,追求人地和谐的可持续发展道路
	主题11　土壤与植被	
	主题12　常见的地质灾害	

2. 必修《地理》教材第二册

本模块主要包括4个方面内容:"人口""城镇和乡村""产业区位选择"和"环境与发展"。必修《地理》第二册以人文地理为基础,并增加了一些国家发展战略方面的内容。本模块环境素养培育主要表现为:帮助学生了解基本社会经济活动的空间特点,认识生产生活对地理环境影响的强度与方式(环境认知），能够对一些具体的人文地理事象，进行设计和实施社会调查（环境行为、环境技能），树立和谐发展、人地协调发展的观念（环境态度、环境伦理）（见表4-8）。

表4-8　高中《地理》教材（必修第二册）中涉及环境素养的内容

单 元	主 题	涉及环境素养的内容
第1单元 人口	主题1　人口分布 主题2　人口迁移 主题3　人口合理容量	人口是高中生学习人文地理基础的起点。把"人口"作为开篇是因为人口、资源、环境（PRED）关系中，人口是关键因素。在人口与资源的这一对矛盾中，人口是矛盾的主要方面。本单元从人口分布入手，到反映人地关系的人口容量，注重探讨人口的地理分布和空间移动，以及人口与资源环境的关系。其中，主题3实际上反映的是资源环境对人口的制约，是站在人地协调关系的高度上对本单元内容的总结和提升
第2单元 城镇和乡村	主题4　城乡空间 主题5　城乡景观与地域文化 主题6　城镇化	聚落是人类进行社会活动和生产活动的场所。本单元内容突破了传统的聚落地理，关注了人类与环境的相互关系，并且适当加入人文地理与信息技术内容。主题5和主题6主要讲述的是合理利用城乡空间、地域文化对城乡景观的影响等内容，突出对学生人地协调观的培养
第3单元 产业区位选择	主题7　农业区位 主题8　工业区位 主题9　服务业区位	区位是高中地理的核心概念。通过农业、工业以及服务业区位因素内容的学习（主题7中的澳大利亚小麦—牧羊带、美国农业分布带、丹麦农业；主题8中的张江高科技园区、美国东北部钢铁工业区；主题9中的金融中心、商业中心），可以让学生体会不同产业活动与地理环境之间相互影响与作用的关系，体现因地制宜、科学发展的人地协调观要求
第4单元 区域发展战略	主题10　交通运输与区域发展 主题11　重大发展战略及其地理背景 主题12　海洋权益与海洋发展战略	交通运输布局与人口分布、城市分布以及产业分布紧密关联。主题11中分析长江经济带的发展和资源环境的相互关系；主题12中介绍海洋开发、保护和利用对人类生存和发展的影响等方面内容，重在交通和资源对发展的重要作用
第5单元 环境问题与可持续发展	主题13　人类面临的主要环境问题 主题14　协调人地关系，走可持续发展之路	环境与发展密切相关又相互影响。主题13中介绍环境问题产生的根本原因和表现；主题14以可持续发展为主要内容，阐释协调人地关系和可持续发展的主要途径。教材中"探究科尔沁沙地的演变"着重从环境的治理途径入手，鼓励学生分析、评价现实中人地关系的问题，理解协调人地关系应当采取的措施与政策

3. 选择性必修1《自然地理基础》

本册教材分为3个方面内容:"地球运动""自然环境中的物质运动与能量交换"和"自然环境的整体性和差异性"。该部分主要与必修第一册相衔接,相对增强了知识的系统性,难度也有所增加,而且更多地展现一些具体案例。本模块环境素养培育主要表现为:帮助学生了解人们生活的自然环境的特点,从空间格局的角度解释自然环境的完整性和多样性,了解自然环境及其变化对人类活动的影响(环境认知),深入观察地貌、土壤、植被等自然要素及相关自然现象,设计实验并提供简要说明(环境技能),提升认识自然环境的能力与意识(环境行为、环境态度),提升其人与自然和谐相处的意识(环境伦理)(见表4-9)。

表4-9　高中《自然地理基础》教材中涉及环境素养的内容

单　元	主　题	涉及环境素养的内容
第1单元 地球运动	主题1　地球的自转及其地理意义	本单元是自然地理基础,主要内容包括地球运动、物质运动与能量交换、整体性和差异性3个方面。从人地关系视角来看,地球运动不仅决定了地球上主要自然要素的运动规律和许多自然现象的分布规律,而且对人类活动具有深刻的影响,体现了人与自然是生命共同体的理念
	主题2　地球的公转及其地理意义	
第2单元 岩石圈与 地表形态	主题3　岩石圈的物质循环	地表形态与人类活动的关系是相互的,地表形态与人类活动相互影响。本单元着重帮助学生建立两个重要的观点:一种是变化的观点,即地球表面形态在不断运动和变化;另一种是复杂的观点,即内力创造地球表面的形态,外力重塑着地球表面,我们所看到的地球表面形状是内外力长期共同作用的结果。通过观点的建立,帮助学生形成人地协调发展的观念
	主题4　地表形态的变化	
第3单元 大气圈与 天气、气 候	主题5　常见天气系统	本单元以天气、气候等大气运动为主要内容,涉及天气的成因、气候的成因、大气环流等内容,旨在让学生能够科学地解释大气运动现象,深刻认识大气运动原理,客观分析大气运动的地理意义,致力于培养学生的地理核心素养
	主题6　大气环流与气候	
第4单元 水　圈　与 海—气相 互作用	主题7　陆地水	海—气相互作用的机制,以及这种机制对人类活动的影响是当前科学研究和热点之一。本单元着重介绍水圈和大气圈的相互作用及其区域表现(厄尔尼诺、拉尼娜),让学生能够掌握和理解基本概念,能够选择典型的示意图、分布图等说明、分析和解释典型的地理现象,并以这些自然地理要素对人类活动的影响为分析点,养成区域认知、综合思维等核心素养
	主题8　海洋水	

续　表

单　元	主　题	涉及环境素养的内容
第5单元 自然环境 特征	主题9　自然环境 的基本特征	本单元具有典型的地理学科特点,表现为大气、水、土壤、生物、岩石及地貌等自然环境要素组成了自然环境,而且它们在物质组成和形态特征等方面差异显著。地理学的独特之处在于,以整体性视角综合看待各自然环境要素,比较侧重于地域空间过程及差异。本单元要求帮助学生理解不同地域的风俗与习惯与自然环境的关系;逐步养成遵循自然环境特征,因地制宜,合理规划人类活动与自然环境协调发展的思维品质与行动力
	主题10　自然环境 的地域分异规律	

4. 选择性必修2《区域发展》

本册教材分为3个方面内容:"区域的概念和类型""区域发展""区域协调"。选择性必修2是两个必修的延伸,侧重于运用人文和自然地理的基础知识分析区域发展案例。本模块对环境素养的培育主要表现为:帮助学生了解区域特征及发展路径,引导学生从自然资源和环境满足人们需求的潜力和局限性的角度分析区域环境管理和保护措施(环境认知),参与区域发展问题的调查与解决(环境行为、环境技能),进而认识区域创新发展和转型发展的重要性,因地制宜制定区域发展战略(环境态度、环境伦理)(见表4-10)。

表 4-10　高中《区域发展》教材中涉及环境素养的内容

单　元	主　题	涉及环境素养的内容
第1单元 区域发展 差异	主题1　认识区域	主题1主要是结合以前所学对"区域"概念做整体的介绍。主题2要从区域的特点出发,介绍区域整体性和差异性,以及由这两大特点决定的不同区域发展所遵循的基本原则——因地制宜。教材中大量的案例遵循因地制宜发展区域的原则,如青藏高原地区内部的差异性、稻田养鱼中的因地制宜等方面内容,帮助学生了解区域内人口、资源、环境与发展的相互关系,有助于培养人地协调的观念
	主题2　区域差异 与因地制宜	

续　表

单　元	主　题	涉及环境素养的内容
第2单元 区域发展 过程	主题3　大都市的对外辐射——以上海为例	区域发展包括区域的经济发展、社会发展和环境发展等方面内容。本单元重点讲述城市对区域发展的辐射功能、产业结构的区域调整、资源枯竭型城市的发展、生态脆弱区的治理等方面内容，旨在帮助学生根据不同类型地区的发展状况和现状，了解地区的多样性及其发展，分类思考区域发展的问题，并根据不同类型区域的发展路径作出简要解释。以此对典型区域进行分析，说明区域发展要遵循因地制宜、人地协调原则，走人地和谐的可持续发展道路
	主题4　地区产业结构的变化——以京津冀地区为例	
	主题5　资源枯竭型城市的转型——以辽宁省阜新市为例	
	主题6　生态脆弱的治理——以黄土高原为例	
第3单元 区域协调 合作	主题7　区域产业转移——以东亚为例	任何区域的发展，都离不开与外界的沟通和联系。区域联系，既包括区域内部的联系，也包括区域之间即区际的联系。主题7和主题10侧重于区际联系，主题8和主题9则从区域内部联系入手。本单元介绍了区域经济联系，主要包括自然资源、产业等。区际联系，不仅促进了区域间的资源优化配置、要素优势互补、产业分工合作、结构调整等，而且影响了区域生态环境的改善与保护，形成基于生态、经济、社会可持续发展的区域和区域间的协调发展
	主题8　资源跨区域调配——以我国"西气东输"为例	
	主题9　流域协作开发与保护——以莱茵河流域为例	
	主题10　"一带一路"倡议与国际合作	

5. 选择性必修3《资源、环境与国家安全》

本册教材主要包括3个方面内容，即"自然资源开发利用""环境保护""资源、环境对国家安全的重要意义"。选择性必修3主要运用必修与选择性必修1和2的自然、人文地理知识，以资源和环境为载体实现国家安全教育的目的。本册教材以自然环境的服务功能为逻辑起点，提出资源安全、环境安全本质上是寻求自然环境服务的可持续利用和服务效益最大化，并从国家层面上认识保障资源、环境安全需要采取的战略与行动。

本模块环境素养培育主要表现为：帮助学生了解资源、环境与国家安全的关系，认识资源环境安全对人与环境协调发展的重要性（环境认知），强化学生保护资源和环境的意识和行为（环境行为、环境技能），树立维护国家安全、发展利益的观念（环境态度、环境伦理）（见表 4－11）。

表 4－11　高中《资源、环境与国家安全》教材中涉及环境素养的内容

单　元	主　题	涉及环境素养的内容
第 1 单元 自然资源 与人类活动	主题 1　自然资源 的类型和特征	自然环境是人类社会生存和发展的基础。认识自然环境如何支撑人类社会的生存和发展，是帮助学生树立人地协调观的前提和关键。为了让学生综合地理解与资源、环境安全有关的人地关系基础知识，本单元从自然—人类系统的角度综合地阐述，包括自然资源的服务功能（主题 1）、自然资源及其利用，即人类如何利用自然资源（主题 2）以及影响环境问题发生的因素、影响与危害（主题 3），让学生认识人类活动应具有的限度和可能产生的后果，以此培养学生的人地协调观
	主题 2　自然资源 对人类活动的影响	
	主题 3　人类活动 对自然资源的影响	
第 2 单元 石油资源 与能源安全	主题 4　战略性矿产资源——石油	按照"总—分—总"的框架，教材分别从"能源安全""粮食安全""海洋安全""生态安全"4 个方面展开详细的论述。第 2 单元的重点目标是帮助学生认识我国资源安全现状、问题及对应措施，并根据具体的案例，分析资源问题对于国家安全的重要性 第 3 单元的重点目标是帮助学生站在国家安全的高度，认识我国耕地资源保护与粮食安全的关系及其重要性 第 4 单元重点探讨海洋空间资源的开发是如何影响国家安全的 第 5 单元安排在"能源安全""粮食安全""海洋安全"之后，目的是突出生态对国家的重要意义，又通过生态安全问题与资源开发利用关系的明确介绍或隐含表达，引导学生较为系统地认识资源、环境问题对国家安全的影响，初步形成分析人地关系的综合思维能力 总的来说，第 2 至第 5 单元的环境素养培育主要表现在教材以帮助学生正确认识自然环境与人类社会如何关联、相互影响为目的，通过引导学生关注自身行为对自然环境造成的影响，从而使其能够从自身做起，节约资源、保护环境，逐渐树立人地协调观
	主题 5　我国的石油及能源安全	
第 3 单元 耕地资源 与粮食安全	主题 6　我国的耕地资源	
	主题 7　保护耕地，保障我国粮食安全	
第 4 单元 海洋空间 资源与海洋安全	主题 8　海洋空间资源	
	主题 9　维护海洋安全	
第 5 单元 自然保护区与生态安全	主题 10　自然保护区的类型与功能区	
	主题 11　建设自然保护区，维护生态安全	

续 表

单　元	主　题	涉及环境素养的内容
第6单元 环境治理 与国际合 作	主题12　碳排放与 碳减排国际合作	在理解"资源、环境与国家安全"时，不仅要引导学生 认识到国家安全如何受到资源、环境的影响，还要探 讨人类如何通过采取合理的行为使国家安全免于资 源与环境问题的威胁，即从政策措施的角度了解有 哪些可以保障国家安全的资源、环境战略、政策与行 动。本单元从人类行动的视角出发，引导学生认识 人类可以通过采取正确的战略与具体的政策措施保 障资源安全和环境安全，以增强学生的责任意识，培 养学生的资源安全意识、环境安全意识，使学生初步 形成人地协调观
	主题13　污染物跨 境转移与环境安全	

（三）对中学地理教材内容梳理结果的分析

结合分析，中学地理环境素养培育的内容可以从3个方面进行划分。

1. 从环境素养本身的角度进行划分

从狭义上来看，可以从环境素养本身的角度，即环境认知、环境态度、环境行为、环境技能和环境伦理5个方面对中学地理学科包含的环境素养内容进行划分。从广义上来看，主要包括"环境认知""环境态度"和"环境行为"。其中"环境伦理"与"环境态度"可以结合在一起，统称为"环境态度"。"环境技能"与"环境行为"可以结合在一起，统称为"环境行为"。因此，从广义上来说包括3个方面的内容。

按照环境素养的角度划分，中学《地理》教材中有许多内容可以体现其培育要求。如，"说明国家对自然环境的改造活动对其他地方自然环境的影响""解释城镇化对地理环境的影响"等方面属于"环境认知"；"尊重自然规律与因地制宜的重要性""提升认识自然环境的意识水平"属于"环境态度"；"表现出保护气候环境的责任感和行为"属于"环境行为"；"能够对人口、城乡、产业、文化等方面的人文地理现象，设计和实施社会调查""增强对生活中的自然地理现象进行观察、识别、描述、解释、欣赏的意识与能力"属于"环境技能"；"认同人口的增长应该与资源、环境相适应，人类应该尊重自然规律，达到协调的人地关系"属于"环境伦理"。

2. 从环境素养培育的主题角度进行划分

从梳理的结果来看，地理学科培育环境素养也可以从主题的视角进行划分。比如,可以分为"重要观念"和"主要规范"两个维度。其中,"主要规范"是指公正性和可持续性,"重要观念"是指自然观、发展观、生产观、消费观、人口观。教材中有大量的相关内容,如:"了解人类生存的自然环境特征,从空间格局的角度解释自然环境的整体性与差异性,理解自然环境及其演变过程对人类活动的影响"就是"自然观";"从自然资源、环境满足人们需要的潜力及有限性等角度,分析区域环境治理和保护措施"就是"发展观";等等。

3. 从认知结构的角度进行划分

这主要可以参考布卢姆的目标分类进行划分。在 20 世纪 50 年代,布卢姆等人将教学目标分为 3 个领域:认知、情感和动作技能。认知领域分为知识、领会、应用、分析、综合、评价,情感领域可以分为感受、认同、内化,动作技能领域可以划分为模仿、操作、迁移。"践行人与自然和谐共生的资源与环境安全观"属于动作技能领域的内容;"理解耕地保护对维持粮食安全的重要性""增强保护资源与环境的意识,认同可持续发展理念"属于情感领域的内容;"理解区域中人口、资源、环境、发展之间的相互关系"属于认知领域的内容。

从上述 3 个分类角度来看,以"环境素养"划分环境素养培育内容,不能突出地理学科的特点,容易出现脱离地理学科而进行环境素养培育;以"认知结构"划分环境素养培育内容,容易与目标混淆;因此,我们更加倾向于从环境素养培育的主题角度进行划分,一方面突出地理学科培育环境素养的学科立场,另一方面也可以比较全面完整地进行环境素养培育内容的建构。

第二节 中学地理课程选择环境素养内容的原则

结合地理学的特点,将中学地理环境素养培育内容选择的原则归纳如下。

一、与目标定位一致

目标对内容选择具有方向性作用,目标决定着内容的选择。因此,目标与内容之间应具有高度的同一性。无论是什么目标,都应有相应的内容载体来支撑和实现预设的目标,即内容选择应反映目标的基本规定。基于此,中学地理环境素养培育内容的选择必须与前文建构的"1+3"目标体系中的要求和定位相匹配,不能有所偏差,否则目标体系的建构就失去了应有的价值。同时,中学地理环境素养培育的内容选择应兼顾认知、情感和行为3个维度的目标领域,特别是注重情感和行为目标的达成。

二、具有地理学科特色

环境素养培育的内容非常广泛和丰富,需要多个学科合作才能有效地实现既定目标。基于此,各学科应结合自身特点,充分发挥各自优势,切实发挥本学科在这方面的应有价值。地理学科以人地关系为核心,将当前人口、资源、环境、发展等人类生产生活中的问题置于课程内容设计的中心,既是环境素养培育最有效的内容载体,也是建构地理学科培育环境素养内容的主要依据。

三、符合学生的心理年龄特点

地理学科培育环境素养的内容选择最终目标是使学生的环境素养得到提升。内容的实施对象是学生,因此既要考虑学生的认知心理特点,又要考虑学生品德发展的心理特点。从人的认知发展和道德发展的阶段性特点出发,这种特点也应该体现在中学地理素养培养的内容选择上,即选择适合中学生当前认知和道德发展水平的内容,而不是超越学生心理发展的一般过程,否则学生就无法将其内化为自己的价值观,达不到预期的教育效果。

四、密切联系社会发展实际

陶行知先生强调:"没有以生活为中心的教育就是死教育。""创设情境,向生活回归"是新一轮基础教育课程改革突出的理念之一。地理基础教育课程改革十分重视这一理念,提出了"学地理对生活有用""创设学生熟悉的情境"的全新课程理念,为在地理学科中培育环境素养的内容选择指明了方向。学生的生活世界包含许多环境问题,可以将具有强烈地理元素的内容纳入当前的地理课程。基于此，中学地理环境素养培育的内容选择，应面向学生的生活世界，密切联系学生的生活经验和实际情况。

综上所述，中学地理学科培育环境素养内容的选择，应考虑已经构建的培育目标、地理学科特色、学生发展需求、社会变化等因素。唯有此，才能确保培育环境素养内容选择上的科学性、适切性、实用性。

第三节　地理课程中环境素养培育内容的"3＋5"框架

地理课程中的环境素养培育是以地理课程为载体，进行关于环境知识、环境态度、环境行为、环境技能以及环境伦理的教育活动。根据之前对学生环境素养的调查，很多学生应该掌握或者知晓的环境知识或环境技能都没有在问卷中得到应有的反映。这说明学生对地理课程中培育环境素养的内容重视不够、掌握程度不够，也说明很多地理教师不能准确把握地理课程中与环境素养培育有关的教育内容，缺乏对地理教材中有关环境素养培育内容的把握和处理。因此，需要对地理课程中的环境素养培育内容进行整体架构，帮助教师更好地把握相关内容，提高环境素养培育的有效性。

根据环境素养培育的主题，结合对《义务教育地理课程标准（2022 年版）》和《普通高中地理课程标准（2017 年版）》的分析，以及 4 册初中《地理》教材和 5 册高中《地理》教材内容的梳理可以发现：中学《地理》教材中涉及环境素养培育的内容从环境素养培育的主题角度进行划分，主要有人口观、资源观、环境观、发展观以及环境道德，其中渗透着公正性、可持续性观念。

结合中学地理学科自然地理、人文地理以及区域地理的内容结构，提出中学地理学科培育环境素养的"3＋5"内容框架。

"3＋5"中的"3"是指地理学"3 要素"，即自然地理学、人文地理学和区域地理学的主要教学内容；"5"是指"环境与人口""环境与资源""环境与发展""环境与环境保护"以及"环境与环境道德"，5 项核心内容构成了中学地理培育环境素养内容的"3＋5"框架（见图 4－4）。

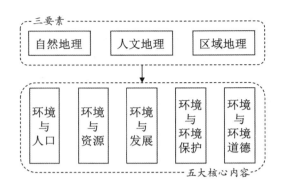

图4-4　地理学科培育环境素养的"3+5"内容框架

由于环境素养"3+5"框架中的"3"的相关内容后文会结合具体的课堂教学进行分析说明,此处不再赘述。现将环境素养"3+5"框架中的"5"做具体阐述:

一、环境与人口的内容

1798年,英国人马尔萨斯(Malthus)就预言,由于人口增长速度领先于食物供应的增长,人类将面临"人口爆炸"的浩劫。今天,人口问题已经成为影响人们生活质量和可持续发展的重要限制因素。人口问题的主要表现是人口爆炸式增长,对自然环境和资源经济产生负面影响。人口问题对自然环境的负面影响表现为:造成资源匮乏,进而造成生态环境的破坏和污染。对人文和区域环境的负面影响表现为:导致经济放缓发展,环境破坏,社会两极分化严重,社会资源分配不均。人口问题对自然环境与人文环境的负面影响相互交织、相互影响,形成恶性循环,对人类的进一步发展构成严重威胁和挑战。世界环境与发展委员会在《我们共同的未来》中强调:"我们不能再让人口数量以目前的速度增长!"因此,迫切需要树立正确的、科学的人口观,以应对当今世界的人口问题。

人口问题既属于人文地理方面的内容,又属于区域地理的内容,人口问题往往由多重因素导致。中学地理学科中关于人口的学习内容包括人口问题产生的原因、影响以及人口政策。学生通过对这一系列关于人口的内容学习,基本了解人口的分布、构成、变化及增长的空间趋势,以及人口与自然环境和社会经济条件的关系;能够认识与分析具体的人口问题,意识到人口快速增长会带来一系列问题,如环境污染、资源短缺等,进而能够理解我国的人口政策的重要意义和作用,树立起正确的人口观。

【教材内容列举】

印度人口数量仅次于我国,位居世界第二位……有人预计,若干年以后印度人口数将会超过我国,成为世界第一人口大国。印度会成为世界第一人口大国吗?

(六年级《地理》第一学期"2.2 东方文明古国——印度",P44)

读"我国人口的增长(1840—2017年)"图,回答:

(1)算一算:从1840年到2017年共经过了多少年? 其间我国的总人口增加了多少?

(2)从1949年到2017年,我国人口每增加1亿分别用了多少年? 这反映了我国人口增长速度有什么变化? 想一想:我国人口增长速度变化的原因是什么?

(七年级《地理》第一学期"1.2 人口与民族",P12)

思考:资源环境承载力是一个固定的数值吗? 说出你的理由。

(高中必修《地理》第二册"主题3 人口合理容量",P22)

复习思考:

1. 人口稠密的地区会不会扩展到胡焕庸线以西?

2. 举例说明影响人口迁移的因素有哪些。

3. 结合实例,说明人口的发展为什么要与资源环境承载力相适应。

(高中必修《地理》第二册"第1单元 人口",P27)

二、环境与资源的内容

所有的自然元素都是相互联系、相互影响的。每一种自然元素都有其存在的意义和价值。资源问题的出现,正是由于人类忽略了自然要素的联系性,对自然元素的开发利用不当,往往会出现"牵一发而动全身"的现象。具体表现为:忽视自然元素的重要性,过度开发和不明智地开发和利用资源,影响了自然界中每一种元素的独特价值。在中学地理学科中的相关内容有:自然要素是相关联的,资源是有限的,应该科学开发、合理利用;任何自然要素、资源的存在都是有价值的,应该有偿使用、等价交换;资源是没有国别之分的,应该资源共享,共同开发。

通过对上述几个方面的学习,学生要了解自然资源的概念内涵、相互关系、分类方式和生态属性;了解我国自然资源和能源的储量现状、分布特点和变化趋势;学习分析自然资源在遭到破坏后对人们生存环境的影响;相关自然资源的利用现状,存在的问题以及保护、开发、利用的主要方针、政策和措施,从而初步树立起正确的资源观。

【教材内容列举】

观察河水的颜色是最简单、最直观的监测水污染的方法。清洁的河水应是无色透明的,也没有气味。当河水呈不透明的深绿色时,表明河流已受到污染。河水有黑臭现象,说明这条河流的污染已相当严重了。如果学校或居住小区附近有小河,课后去进行观测,并做好记录。

(六年级《地理》第二学期"4.4　环境污染及其治理",P85)

读《中国地理图册》的中国地形图、中国温度带图、中国干湿地区图和中国土地利用类型图,讨论:我国西北地区和青藏高原地区发展农业有哪些有利和不利的条件?

(七年级《地理》第二学期"1.3　因地制宜发展农业",P19)

思考:

德国鲁尔区传统产业发展遇到哪些问题?为什么会遇到这些问题?

德国鲁尔区转型发展的成功经验有哪些?辽宁省阜新市转型与德国鲁尔区转型有哪些相似和差异之处?

(高中选择性必修2《地理》"主题5　资源枯竭型城市的转型",P62)

思考题:

1. 什么是自然环境的整体性特征?试举例说明。

2. 以我国东部地区为例,说明造成我国南北自然环境差异的主要影响因素是什么。

3. 我国内蒙古地区东、西部的自然环境特征有何差异?对人类生产生活产生了哪些影响?

(选择性必修1《地理》"第5单元　自然环境特征",P122)

三、环境与发展的内容

"经济发展"与"经济增长"是不同的概念，不能混为一谈。以前的经济发展只是简单地将其定义为国内生产总值的增长，而忽视了对环境的保护。现今的发展观是科学的、可持续的发展观，是要求经济发展与环境保护相适应的发展。这样的发展观能够在一定程度上缓解环境污染、资源压力、人口问题等，可以说是人类发展观的一个根本性变化。环境与发展的主要观点有：发展是经济、生态、环境等要素的协调系统发展；发展应该是可持续的，应该有再发展的能力；人类的发展要适应自然地理环境的承载能力。

通过以上内容的学习，学生应能认识不同时期环境与人类发展的特征表现；了解发达国家在工业化进程中对自然资源的掠夺；人类共同的未来需要加强国际合作，保护全球环境，实施可持续发展战略。同时结合我国的现状，让学生了解中国是一个发展中国家，促进社会发展和经济增长必须注重转变传统发展方式，切实实现经济增长方式由粗放型向集约型转变，把发展建立在良好生态环境和可持续利用自然资源的基础上。

【教材内容列举】

日本经济很发达，但有人认为日本经济也存在一定的风险，联系日本的资源状况和产品对外国市场的依赖程度，想一想，为什么日本经济可能会有风险？

思考一下，为什么日本工业主要集中在太平洋沿岸？

（六年级《地理》第一学期"2.1　一衣带水的邻邦——日本"，P40）

读攀枝花和上海宝山钢铁工业基地的发展条件示意图，对比攀枝花钢铁工业基地和上海宝山钢铁工业基地的发展条件，讨论：这两个钢铁工业基地的发展条件有什么不同？

（七年级《地理》第二学期"2.2　重要工业部门的分布"，P26）

我国将长江经济带发展战略定位为国家重大发展战略，不仅出于其区位优势的考虑，也出于对其整体开发中存在突出问题的思考。查阅资料，针对长江经济带开发面临的问题，分析其可能带来的影响并提出相应的对策。

（必修2《地理》"主题11　重大发展战略及其地理背景"，P102）

四、环境与环境保护的内容

选择不同的生活方式是每个人的权利,保护人们生存的环境是每个人的责任,因此两者之间的协调是很有必要的。协调的关键是人们改变不利于环境的生活方式,采取对环境有益的生活方式包括:节约资源,摒弃消耗大量资源的产品和过度包装的产品,不生产明显污染环境的产品,树立绿色消费观和生活观。

通过学习以上内容,学生在选择购买商品时,能够站在社会和环境的角度进行思考,明确自身行为的价值,确定正确的价值取向,理解什么是有益的生活方式。对如何选择对环境有益的生活方式等问题需要自己进行思考和判断,并且逐渐内化为自己的价值观,进而外显表现出相关积极的环境保护的行为。

【教材内容列举】

1. 读《地理图册·七年级第一学期》中的"地形地势对交通、生产的影响"图,用语言描述一下地形地势对交通、生产的各种影响。

2. 讨论:假设我国的地势不是西高东低,而是东高西低,那么,我国的气候和河流将会产生哪些变化?

(七年级《地理图册》第一学期"2.2　地形地势的主要特点",P31)

读上海站列车时刻表,说一说:Z40 次列车沿途依次经过哪些铁路干线和铁路枢纽?如果 Z40 次车于星期一离开上海,那么到达乌鲁木齐时,是星期几的几点几分?

(七年级《地理》第二学期"3.2　铁路运输与公路运输",P46)

你的家乡有没有发生过雾霾天气?搜集当地某段时期内的天气播报,记录每天的天气情况及是否发生雾霾。通过连续记录,统计分析当地发生雾霾天气的频率,并绘制统计图。

(必修《地理》第一册"主题 4　大气的组成和垂直分层",P102)

主题练习:陕西北部黄土高原区是全国著名的水果产区。试分析该地区近年来大力发展水果种植与合理利用自然资源的关系。

(选择性必修 3《地理》"主题 3　人类活动对自然资源的影响",P102)

五、环境与环境道德的内容

对于环境保护来说，环境道德教育还是一个比较新的名词。泰勒曾说过："一个行为是否正确，一种品质在道德上是否善良，将取决于他们是否展现或体现了尊重大自然这一终极性的道德态度。"这句话有两层含义：第一层含义，环境道德是一种积极的态度。第二层含义，环境道德要求人们必须尊重自然价值，尊重规律，并且深刻认识到所有的生命都有发展生长的权利，也就是尊重自然规律、对人与自然的关系持公正公平的态度。

通过学习"环境与环境道德"的相关内容，学生明白环境道德能够反映人类保护生态环境的道德要求，必须作为人们的普遍信仰成为影响人们行为的基本道德规范；能够认识到环境道德的核心是尊重自然，是人与人之间的道德现象向人与自然关系的延伸；明确了人对自然的道德责任，进而树立以保护环境为荣、以破坏环境为耻的环境道德观。

【教材内容列举】

为了保护"地球之肺"，1989 年，巴西政府制订了"我们的大自然计划"，重点保护亚马孙河流域的热带原始森林。请你说一说如果这里丧失热带原始森林，将会产生哪些不良后果？

（六年级《地理》第一学期"南美'巨人'——巴西"，P82）

稻鱼共生系统与青田县的地理环境之间的关系是什么？

青田稻鱼共生模式是如何体现可持续发展理念的？

（高中选择性必修 2《地理》"主题 2　区域差异与因地制宜"，P19）

《蒙特利尔破坏臭氧层物质管制议定书》被认为是有史以来成功的多边环境保护协定之一。查阅我国缔结或者参加的环境保护国际公约或议定书，说明国际合作对于解决污染物跨境转移问题的重要性。

（高中选择性必修 3《地理》"主题 13　污染物跨境转移与环境安全"，P126）

第五章

多元统一：地理学科培育环境素养的实施路径

如果说先前对地理课程中环境素养培育目标与内容的分析与建构主要是了解"为什么教"与"教什么"的问题的话，那么在地理课程中进行环境素养培育的实践则是解决"怎么教"的这一重要问题，因此，探讨中学地理课程中的环境素养培育的实践途径意义重大。从"为什么教（目标）"到"教什么（内容）"，再到"怎么教（方法）"是本书主要的写作线索与框架。

中学地理课程培育环境素养从实施的内容来看，人地关系可以作为环境素养培育的出发点与落脚点，作为一条主线贯穿于整个地理学科培育环境素养的过程之中。从具体的实践看，地理学科培养环境素养是一个连贯的实践环节，即从课堂到校园，再延伸到社会。

本章着重围绕课堂教学、综合实践活动两个方面，结合具体实践案例，对地理学科培育环境素养的实施途径进行分析与说明。

第一节　在地理课堂教学中培育环境素养

地理课堂是培养学生基本地理素养和环境素养的主要场所。作为环境素养培养的优势学科,地理学科对环境素养培养的重要性有如下几点:第一,《地理》教材包含丰富的环境素养内容和理念;第二,地理学科的实践性和多样化的特点有利于环境素养的培育;第三,环境素养的培养可以作为地理教学深入改革的切入口;第四,以人地关系为核心的环境素养培养理念,有助于拓展地理课堂的边界,深化课堂内涵。

在地理课堂培育学生环境素养就是以自然、人文和区域地理学习内容为载体,在体现地理学科教学特点的同时落实环境素养培育要求,使学生获得一定的相关知识,产生爱护环境的责任感,关注环境问题,形成正确的环境态度,养成对社会、学校、家庭的积极向上的环境行为(见图 5 - 1)。

以下选择其中一些具有代表性的教学实例作详细的说明。

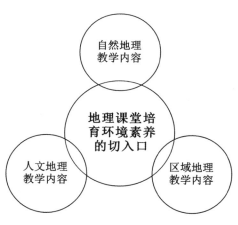

图 5 - 1　中学地理课堂教学培育环境素养的切入点

一、立足自然地理的学科内容,培育环境素养的课堂教学

(一)初中地理培育环境素养的教学活动

本书选择上海教育出版社初中七年级《地理》教材中"3.1 我国气温分布"与"3.2 降水分布"两节课的内容,对上述问题进行了课堂教学实践与思考。

【教材分析】

本节课的教学内容与前后各章有着密切的联系。"气温与降水"既是重点内容,又是教学难点。在教学中,教师应该进一步激发学生探究"气温与降水差异"原因的兴趣与积极性。"中国的气温与降水"有着丰富的环境教学的内容:从地理课程培育环境素养的目标看,本节课的内容与地理课程中环境素养中"关于环境的相关知识"一级分目标中的"自然环境的相关知识"与"认识人类与地理环境相互依存的关系"两个二级分目标相切合;而且在地理课程中环境素养培育的内容上,本节课的内容又符合"自然地理"中的"环境与自然、资源"的内容体系。因此在教学中要注意要充分挖掘培育环境素养的因素。

基于上述分析,可以把这节课的课堂素养培育的目标设定为:通过对我国南北粮食作物的分布特征的学习,说出影响我国粮食作物分布的原因,分析自然要素对人类生存环境的影响,从而认识自然要素是相互关系、相互影响的,进而初步树立正确的人地关系观与环境观(见表5-1)。

表5-1 "中国的气温与降水"中的环境素养培育目标与内容

目　　标	内　　　　容
涉及环境素养培育目标	二级分目标"自然环境的相关知识"中的"描述自然环境不同要素之间的密切关系";二级分目标"认识人类与地理环境相互依存的关系"中的"列举和总结地理环境对人类活动的影响"
涉及环境素养培育内容	"环境与自然资源""环境与生活"
具体的内涵	从整体系统的视角看待地理环境的各个要素,每个要素互相作用,且有存在的必要、价值和意义

【课堂实录】

教学片段1

教师在出示本节课的讨论主题"我国为什么北方的居民以小麦为主食,南方以水稻为主食"之后,与学生一起讨论,将这个大的主题分解成6个小问题,分别是"我国南北方粮食作物的构成""水稻和小麦的生长习性是怎样的""我国的气温分布规律特点""气温分布的形成原因""我国降水分布规律特点"和"降水分布的形成原因"。对这六个问题进行排序,并说明理由,成为本节课的第一个活动。有的学生排得逻辑顺序很清晰,有的学生则排得不清晰。暂且不管排序正确与否,把所有学生的排列顺序都写在黑板上,按照绝大多数学生认可的排列顺序进行小组汇报展示,在汇报过程中,梳理出正确的排列顺序。

教学片段2

整节课结束，教师总结道："通过先前同学们的排序和汇报，大家对我国的气温与降水大致有了了解，而且我们可以发现，降水与气温两个自然因素与农作物分布有明显的因果关联。那么我们就选择平时一直都在练习的概念图来对本节课的主要内容进行梳理。"学生在动手绘制概念图的过程中，教师不停地巡视，发现绝大多数学生都能梳理出一条比较清楚的线索。等学生画完之后，师生共同讨论、修改、补充，得出大家都认可的概念图。最后，教师说："同学们在绘制流程图的过程中，应该可以发现，很多的自然因素是相互联系在一起的。它们是相互制约、相互影响的。除了我们这节课讲的南北方的粮食作物之外，还有很多现象也都与自然环境有关。那么今天的回家作业就是去找找自然要素相互影响的现象。我们下节课交流。"

【设计说明】

本节课的设计着重体现地理学科中各地理要素的"整体性"与"联系性"。在"教学片段1"中，通过对6个问题的排序、思考、讨论、汇报再到小结，引导学生认识到地理环境的整体性，即一个要素的改变往往会引起其他诸多地理要素的变化，从而使得整个地理环境发生变化。具体在本节课当中的表现为：学生的汇报顺序不是直接报给学生，而是让学生自己思考、排序，找出这6个问题之间的关联，从而初步树立起整体性、系统性的认识。如，对这6个问题的排序，学生首先要判断出哪个问题是核心，思考问题之间的关联是什么等问题。如，学生可以先判断出"我国的气温分布特点"与"我国气温分布的成因"，以及"我国降水分布特点"与"降水分布的成因"之间是能够形成因果关系的。这两组就构成了"气温"与"降水"这两个基本的地理要素，而且这两个方面又决定了"小麦与水稻的生长习性"，最终结果是"我国南北方的粮食作物构成"。这一系列的分析、思考及学生之间的质疑、争辩，逐步将学生引导到自然要素相互联系这条课堂的主线上，既突出了课改中学生是课堂主体的理念，同时也将环境素养的要求落实。

"教学片段2"是本节课的最后一个活动：让学生用结构图构建本节课的主要内容。这既是对本节课的小结，也是构建学生理解"自然地理要素之间相互联系"的途径。绘制结构图是一种能够关注到学生学习过程的教学方式,同时结构图也能表现出箭头两端事物的逻辑关系与联系。因此让学生能够自己动手画出结构图,哪怕是错的,也能帮助学生建立起关联的意识。

(二)高中地理培育环境素养的教学活动

本书选择中国地图出版社、中华地图学社出版的高中《地理》教材必修1第三单元"水环境"中主题7"自然界的水循环"一课的内容,对上述问题进行了课堂教学实践与思考。

【教材分析】

本节课的重点是"水循环的地理意义"(见表5-2)。第一,要在自然环境整体背景下理解水循环的地理意义。具体表现在:大气圈、水圈和生物圈等圈层的关联是由水循环联系起来的。在水循环的系统中,它们彼此之间相互影响、相互作用。第二,说明水量平衡的概念。水量平衡可以看作水循环的定量表示。长期来看,全球降水量等于全球蒸发量,全球水量保持平衡;某局部区域的降水量及流入的径流量等于蒸发量及流出的径流量,区域水量保持平衡。第三,从人类利用的角度说明水体更新速度与水资源储量的关系。如果人类合理利用水资源,水资源可以满足人类永续利用。一旦人类对水资源使用的速度超过水自身的更新速度,或者人类活动对水体环境造成了破坏,那么水资源就会短缺。第四,说明各圈层通过水循环进行物质迁移和能量转换,尤其是海洋与大气之间的相互作用。海洋通过输送热量影响大气运动,大气运动以风的形式向海洋提供动力。

表 5-2 "自然界的水循环"中的环境素养培育目标与内容

目　　标	内　　　容
涉及环境素养培育目标	二级分目标"自然环境的相关知识"中的"说出相关资源的分布状况和特点""描述自然环境不同要素之间的密切关系";二级分目标"认识人类与地理环境相互依存的关系"中的"列举和总结地理环境对人类活动的影响";二级分目标"懂得欣赏自然万物的美"中的"感受自然美带来的愉悦"
涉及环境素养培育内容	"环境与自然资源""环境与生活"
具体的内涵	学生通过学习水循环及其与人类生产生活的相互影响,提升对水资源的认识,树立保护和珍惜用水的观念,认同人类活动要考虑水体自身承载限度的人地协调观

从环境素养的培育要求来看，主要有这样几个方面：第一，涉及关于环境的相关知识，包括"自然环境的相关知识"及"认识人类与地理环境相互依存的关系"等方面内容；第二，涉及环境态度的相关内容，包括"树立一种平等、可持续发展的观念""能够分辨环境行为的正误与否"；第三，通过与生活实际相联系的案例，引导学生关注日常生活的环境，进而逐步具有主动参与环境保护的意愿，养成关心和爱护环境的行为。

【课堂实录】

教学片段1

教师出示水圈的构成图，先向学生提问："地球上的水体有哪些类型？"学生通过读图，可以得出"主要由大气水、海洋水和陆地水组成。其中水圈的主体是海洋水，陆地水又包括陆地淡水和陆地咸水"的结论。这时，教师接着提问："那么，这些水体当中，目前能够被人类直接使用的有哪些？"学生认识到水体组成的类型是多样的。但是受限于人类的技术，冰川和海洋中的水，我们人类是没有办法直接使用的。我们现在真正能利用的还是像河流、湖泊这类淡水资源。当然，还有浅层地下水。淡水资源仅占全球淡水的0.3%。以此引导学生在了解水圈构成的同时，认识到可以供人类使用的水资源是极其有限的，从而激发学生保护水资源的情感。

教学片段2

在对水循环示意图能够进行详细的分析、讲解之后，教师提问学生："同学们，对于这张水循环示意图，大家有没有什么疑问？"学生思考不语。教师这时指着水循环的众多箭头说道："大家来看，有降水（指着降水的箭头）就有蒸发（指着蒸发、植物蒸腾的箭头），有下渗（指着下渗的箭头）就有补给（指着补给）。这些都是相互对应与循环的。可是（指向水汽输送的箭头）为什么只有海洋上空向陆地上空输送的过程，没有陆地上空向海洋上空输送的水汽呢？"学生思考后回答："我认为这主要取决于水汽输送动力的方向——风向。风当然会从海洋吹向陆地，也会从陆地吹向海洋。所以可能存在从陆地向海洋输送的水汽，但是那部分的水汽对人类活动产生的影响非常小，所以还是主要考虑对我们影响较大的从海向陆的水汽输送过程。"教师通过设置认知冲突的问题，引发学生全面、科学地分析问题，认识到自然环境对人类的作用，以及人类关注自然环境的立场与出发点。

教学片段3

在水循环对地理环境影响的部分,教师主要通过创设一系列的场景开展教学。

场景一:为什么金泽水库能够不断地将水提供给上海的生产生活,水库的水为什么不会枯竭呢?

场景二:长江不断地注入长江口,为什么长江口的水位却不会增长呢?

场景三:水循环的能源究竟来自何处?

场景四:小浪底是如何利用水能资源发电的?

引导学生思考水循环对地理环境和人类活动的影响。通过分析问题,学生对水循环的意义理解不断加深,为归纳水循环的意义做出了良好的铺垫。同时,通过分析问题,学生对水循环的理论与实际生活紧密联系也加深了体会,能够更深刻地认识到自然环境各个要素之间是密切联系的。

【设计说明】

本节课从学生感兴趣的社会热点问题入手,引导他们对身边的水环境有一个感性认识,继而上升到理性认识的高度,增强了学习兴趣,提高了发现问题和研究解决问题的能力,并通过加深对所学知识在实际生活中应用的认识,帮助学生关注人类面临的与水环境相关的社会问题,进而落实"分析、认识和解决人地关系问题"的环境素养培育的要求,培养学生的忧患意识、参与保护环境的意识和社会责任感。

(三) 以自然地理内容培育环境素养的分析

基于上述的教学实践,以自然地理内容为载体的环境素养培育基本流程如图5-2所示。

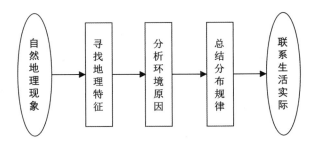

图5-2 在自然地理中开展环境素养培育的流程

以自然地理内容为载体的环境素养的培养，必须遵循自然地理教学的具体要求。对于中学生来说，学习自然地理就是要整体认识各个地理要素的特征，认识环境的演变和发展规律，以此强调尊重自然规律，树立科学的人口、资源、环境和可持续发展观。但由于年龄、阅历等因素，学生对自然规律的理解还很有限。因此，在培养以自然地理内容为载体的环境素养时，应从学生生活经验以及他们能够理解的和熟悉的自然地理现象出发，寻找特征，分析原因，总结规律，挖掘环境素养培养的内容，要紧密联系生活实际，体现生活性。

从整个中学阶段的课程内容来看，自然地理内容在教学中的比重比较大，主要以基本常识为主，包括地形、陆地、海洋和陆地分布等。所有这些内容都蕴含着"自然环境的各种元素之间的紧密联系""自然本身的价值和多样性"及"享受自然之美"等地理教学的内容。同时，也涉及"环境与自然资源""环境与发展""环境与环境伦理"等与环境培育有关的知识。可以说，这部分不仅是"地理味道"最强的部分，还是环境素养培育价值最丰富的地方；既是地理课程培育环境素养的重要基础，也是用环境视角看待生活和社会中的问题的重要依据。因此，有必要从自然地理学的角度来审视和发掘自然地理学中环境素养教育的内容。

具体来说，培育环境素养，可以通过以下 3 点来学习自然地理学的内容：① 用地理原理分析与认识自然现象；② 立足人类的生产生活方式分析自然规律；③ 创设具体情境，帮助学生认识和理解节约资源、保护环境等相关内容。

二、立足人文地理的学科内容，培育环境素养的课堂教学

（一）初中地理培育环境素养的教学活动

本书选择上海教育出版社初中六年级《地理》教材中"4.1 世界人口"一课的内容，进行了课堂教学实践与思考。

【教材分析】

人口问题是一个重大的全球性问题，是培养地理环境素养的重要内容。在整个初中地理教学中，人口问题的占比很大，"印度""中国的人口与民族"等内容都涉及人口问题，是整个初中地理人口教育的基础。教师可以通过具体事例、新闻以及数字，使学生体会到人口的增长要与经济和社会的发展、资

源和环境的承载力相适应。"世界人口"一课涉及地理学科培育环境素养的目标为：能够说出世界性的人口问题、理解和分析人口问题产生的原因与意义,并有针对性地提出解决的措施。

表 5-3 "世界人口"中的环境素养培育目标与内容

目　标	内　容
涉及环境素养培育目标	二级分目标"人类发展中面临的环境和资源问题"中的"总结人口问题的成因和风险,以及控制人口的措施和重要性";二级分目标"认识人类与地理环境相互依存的关系"中的"列举总结人类活动对地理环境的影响"
涉及环境素养培育内容	环境与人口的内容
具体的内涵	能够认识人口增长速度过快带来的问题,并且能够从社会、交通、经济、医疗等方面认识人口增长过快带来的不利影响,并通过分析解决人口问题的方法与措施,树立正确的人口观

基于上述分析,本节课的课堂环境素养培育目标设定为：通过对人口问题的学习,能说出人口变化带来的人口问题,并能结合具体情况分析人口问题的成因;能结合具体数据,学会对人类行为是否合理进行初步判断,进而形成正确的人口观与人地协调的思想。

【课堂实录】

教学片段 1

在学习人口密度这一内容时,教师介绍了世界的平均人口密度约为 47 人/平方千米,指出相关研究表明当人口密度为 100 人/平方千米是最适宜发展与环境保护的。那么我们所在的虹口区又有多少人? 它的人口密度是多少呢? 大家看一些数据。

这是第七次全国人口普查的最新数据,数据显示的虹口区的人口状况究竟如何呢? 我们来和邻近的其他区对比一下。

① 通过数据对比,得出虹口区人口密度最大。

② 提问：能否直接通过以上数据,得出"虹口区比杨浦、静安拥挤"呢?

③ 引入人口密度的概念及其计算公式。

④ 学生活动一：算一算,比一比,根据表格中的人口数与面积,计算家乡人口密度。

教学片段2

在学习影响人口分布的因素中,教师是这样设计的：气候是影响人口分布的主要因素之一。过分湿热、过分寒冷或者过分干旱的地区,人口分布比较稀疏。让学生结合世界地形图和气候类型图,说说哪些地区比较适合人类居住。有学生回答人口稠密的地方主要是地势较平坦的地方;有学生回答人口多的地方一般气候比较适宜,比如说温带地区等。这时,教师出示世界人口分布图和气候类型分布图,说："我们来验证一下同学们说的。以前后左右4名同学为一个小组,完成下列活动单,看看影响人口密度的自然因素主要有哪些。"

教学片段3

人口问题最突出的表现就是人口的快速增长。为了说明这个问题,在教学中教师通过以下方法进行课堂教学：

① 展示世界人口增长示意图,提供世界每秒钟出生的人口数,引导学生归纳人口增长的特点：人口增长速度越来越快。

② 为了抑制出生率,中国采取了什么政策？ 简述计划生育政策。

③ 人口过多会带来哪些问题？ 学生回答。

然后教师再结合学生的回答出示课件：交通拥挤、失学、资源破坏、缺水、住房紧张、失业、环境污染、饥饿……

教师：随着我国社会经济的快速发展,人民生活水平不断提高,现代医学水平也取得了长足的进步,人口平均寿命有了很大的提高。在诸多因素的综合影响下,我国的人口出生率逐步降低,老年人口比例不断上升,人口老龄化问题日趋严峻。为促进人口均衡发展,完善人口发展战略,2015年国家决定全面实施一对夫妇可生育两个孩子政策,积极开展应对人口老龄化行动。

教师：通过今天的这一节课,我们要认识到人口问题是如今世界主要问题之一。今天的回家作业是请同学们设计一条关于人口问题的宣传标语,或一幅漫画,我们下一节课展示交流。

【设计说明】

主要是通过以人文地理为载体的环境素养培养实践,让学生判断和评价人类行为的合理性,以实现人地关系协调发展的目标。"世界人口"这节课主要就是围绕着"对人类行为的评价"及"人口问题产生的原因、危害及措施"两点来进行设计的。对于初中生来说,要判断"人类行为是否合理"很难,也不容易掌握,因此要以具体的数据来进行判断。在片段 1 中,教师先出示最适宜发展与环境保护的人口密度,然后让学生来计算自己所在地区的人口密度,与最适宜发展与环境保护的人口密度进行比较,以此来判断所在地区人口密度的大小是否合理,从而引申到人类自身行为是否合理,达到对"人类行为作出评价"的目的。既然有些地方的人口密度过大影响了发展与环境保护,那么人口密度大的原因是什么呢? 这就有了片段 2 从自然因素去分析影响人口密度大小的自然原因,以及片段 3 中从人的自身去分析影响人口密度大小的原因。再通过向学生提问"结合你的了解,人口过多会带来哪些问题?""人口问题产生的原因、危害及措施",引导他们进行思考。

(二) 高中地理培育环境素养的教学活动

本书选择中国地图出版社、中华地图学社出版的高中《地理》教材必修 2 中的第五单元中主题 13"人类面临的主要环境问题"一课的内容,对上述问题进行课堂教学实践与思考(见表 5-4)。

表 5-4 "人类面临的主要环境问题"中的环境素养培育目标与内容

目 标	内 容
涉及环境素养培育目标	二级分目标"人类发展中的环境和资源问题"中的"归纳不同空间区域的环境问题及其成因、危害和预防措施";二级分目标"树立一种平等的、可持续发展的观念"中的"形成可持续发展的观念";二级分目标"养成关心和爱护环境的行为"中的"养成关心和爱护环境的行为"
涉及环境素养培育内容	"环境与自然资源""环境与经济发展""环境与生活"
具体的内涵	解释环境问题及环境问题的产生,认识和总结人们面临的主要环境问题及其表现形式,认识协调人地关系的重要性

【教材分析】

本单元聚焦环境与发展,本主题是本单元的第一节内容。按照课程标准的"内容要求",本节教材需要重点落实的是"运用资料,归纳人类面临的主要环境问题",同时也要求学生进一步学习主题 14"协调人地关系和可持续发展的认知基础"。本节教材的编写是以人地关系为主线,选择并组织教学内容。教材主要罗列了四大环境问题:"全球变暖""荒漠化""生物多样性减少""环境污染",并对其进行较为详细的介绍。本课在设计时考虑,第一,这四个方面在教学上是并列的,也就是说可以详细讲一个,然后让学生通过自主学习与小组合作学习相结合的方式学习了解其余环境问题。第二,在进行四个方面的学习之前,需要对环境问题及其产生的原因进行详细讲解,以此作为后面四个问题的抓手。这样可以使整节课的内容联系紧密,层层递进,前后呼应。这样的内容选择和内容结构,有利于培养学生正确的人地协调观、综合思维。因此,本节教材也是培养学生环境素养的良好素材。

本课渗透的环境与发展观主要包括人类有责任保护地球上的所有物种,人类的发展不应危及其他物种的生存。对于全球共享的大气、海洋和生物资源,需要在尊重各国主权和利益的基础上,制定各国都能接受的全球范围内的保护和治理政策与法规。同时,要认识到:保护自然很重要,因为它为我们提供食物、药品和其他日常必需品;经济发展固然重要,但也必须考虑环境因素;经济发展与环境保护并不对立,关键是处理好两者的关系。

【课堂实录】

教学片段1

在分析环境问题产生的原因时,教师并没有采用讲授的方式代替学生思考,而是通过呈现具体的案例材料,并结合图文资料,让学生主动探究环境问题产生的原因,将学习过程交还给学生。这有助于学生环境素养的构建。

教师提供的材料为:根据包兰铁路在新中国成立初期以及现在环境问题的差异,引导学生思考"材料描述的是哪种环境问题""主要分布在我国哪个地区""产生的原因是什么"3个问题,最终归纳总结:人类通过生产活动从自然界获取所需的资源。如果人们对环境资源的需求速度大于资源自身及其替代品的更新速度,就会导致自然资源过度消耗与枯竭,造成生态破坏;如果人类排放到环境中的废物量超过了环境本身的净化能力,就会造成环境污染,进而发展出一系列问题,即环境问题。

教学片段2

教师在教学过程中,发现学生经常会将"环境污染"与"生态破坏"进行混用,因此在对环境问题产生原因进行分析之后,专门对这两个关键词的区别与联系进行说明。

环境问题可以分为"环境污染"和"生态破坏"。其中,"环境污染"产生的原因是过度排放,"生态破坏"则是人类的过度索取。两者都是环境问题的基本形式,环境污染往往会导致生态破坏。

教学片段3

在学习全球气候问题时,教师先呈现若干关键词:两极冰川融化、全球变暖、砍伐森林、燃烧化石能源、海平面上升等,让学生通过学习教材,对这些关键词的逻辑关系进行分析,并绘出联系框架图,以此引导学生学会构建因果关系,理解地理学科的综合性,以此培养学生环境素养。

【设计说明】

本节课立足学科核心素养,顺利完成教学目标,通过识概念、辨分类、探关系三步进行,采取由浅入深、层层递进的方式,配合展示大量的图片、查阅资料、实地观察调查等手段对重难点加以突破。先"明"——明晰环境问题的界定,再"思"——思考人类生产生活与环境的关系,最后"析"——环境问题产生的原因。借助大量的图文等直观素材,引导学生了解当前主要的环境问题,思考人类与环境之间的整体性、人类和自然当和谐共处。但因条件所限,学生无法实地考察当前生活周边面临的环境问题。

(三)以人文地理内容培育环境素养的分析

基于上述的教学实践,以人文地理内容为载体的环境素养培育基本流程如图5-3所示。

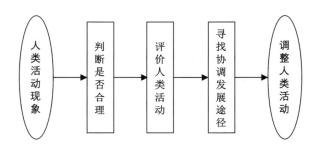

图5-3 在人文地理中开展环境素养培育的流程

人文地理学的本质是人类的空间活动。人类的空间活动反映的不仅是自然条件为人类活动提供的物质基础,还包括环境对人类活动范围的限制与约束,更反映人对自然环境的利用和改造。人类的空间活动合理性需要根据一定的地理原理来评估,也就是说,要从自然条件与人类生产生活相结合的视角对人类活动的合理性进行评价,分析人类活动、自然条件与自然环境之间的适应性和协调性。这个判断的过程就蕴含着丰富的环境素养内容。如果判断人类活动不合理,就需要寻找方法来调整人类活动。

因此,以人文地理为基础的环境素养培养,需要强调对人类活动合理性的判断分析,以此得出人类活动必须与自然环境相协调。首先要根据自然地理的规律和特点来评估人类活动的合理性。比如,农业生产是否因地制宜,是否充分利用了当地的水热条件,在丘陵山地区发展种植业是否合理,人口的分布与地形、气候等因素是否有关。其次,在理性判断的基础上,要分析原因。为什么人类会有这样的行为? 为什么要在山地修建房屋? 为什么在丘陵地区种水稻? 这与自然环境有什么关系? 这样的行为会产生什么样的问题? 最后,重新分析应该采取什么行动,以此调整人类活动的非理性、不合理的行为。

三、立足区域地理的学科内容,培育环境素养的课堂教学

（一）初中地理培育环境素养的教学活动

本书选择上海教育出版社初中七年级第一学期《地理》教材中"区域篇·新疆维吾尔自治区"一课的内容,对上述问题进行了课堂教学实践与思考。

【教材分析】

从教材的编写结构来说,这一课既是区域地理学习的起始课,也是后面区域地理学习的基础。新疆的人口、城市、农业的分布与发展受其独特的自然环境影响。具体来说,在新疆干旱的自然环境中,人们生活在绿洲是适应自然的表现,新疆丰富的水果是人们利用自然的表现,挖掘坎儿井是人们改造自然的表现。这三个部分相互关联、层层递进,自始至终贯穿着人地关系协调发展的主线。

结合环境素养的目标与内容,"新疆维吾尔自治区"一课涉及环境素养培育目标为:二级分目标"自然环境的相关知识"中的"自然环境的相关知识"与"认识人类与地理环境相互依存的关系"。涉及的环境素养培育内容为"环境与发展的内容"与"环境与自然、资源的内容"。（见表5-5）

表 5 - 5　"新疆维吾尔自治区"中的环境素养培育目标与内容

目　标	内　容
涉及环境素养培育目标	二级分目标"自然环境的相关知识"中的"描述自然环境不同要素之间的密切关系";二级分目标"认识人类与地理环境相互依存的关系"中的"列举总结人类活动对地理环境的影响"和"分析人地关系如何协调发展"
涉及环境素养培育内容	"环境与自然、资源的内容""环境与发展的内容"
具体的内涵	因地制宜就是根据当地的环境特点,选择适宜的措施。可以说,因地制宜是人地关系和谐发展的基础,是树立可持续发展观的关键

基于上述分析,可以把这节课的课堂环境目标设定为:通过分析新疆地形、气候的特点和成因,感受到新疆人民因地制宜的智慧,初步理解人地和谐的重要性,并反思人类利用自然和改造环境的利弊,树立人与地理环境和谐相处和可持续发展的理念。

【课堂实录】

课堂实录摘取课堂教学的部分片段进行说明,完整教学设计见附录。

教学片段 1

在对新疆少雨干旱的原因进行分析之后,教师这样设问:"一般来说,自然环境非常干燥的地方,不适合人类居住。但是,我们看这张图(出示新疆维吾尔自治区的人口密度图,新疆维吾尔自治区人口总数表),新疆有近 2 000 万人,人口很多……为什么会出现这样的情况呢?"学生不能马上回答这个具有一定认知冲突的问题。这时,教师引导学生寻找新疆人口分布最集中的地方。同学们通过翻看地图集中的我国人口密度图和地形图,发现新疆的人口密集区多为山麓和盆地边缘。这时,教师继续问:"为什么塔里木盆地及其周边地区人口密集?"学生回答有很多河流。有同学问:"不是说新疆气候干燥吗?为什么会有这么多水?"教师再问学生一个问题:"这里的水是从哪里来的?"这就引出了这些水是高山冰雪融水,与前文讲的地形分布建立了联系。教师继续讲述:在干旱的地方有水就会有植物生长,也就是绿洲,人们居住的城市就是绿洲。这片绿洲也成为古丝绸之路上的必经之地。

教学片段 2

谈到新疆的农业，教师首先展示了新疆著名的阿克苏苹果以及葡萄干，然后分发给学生们品尝。同学们都说很甜。听了学生的评价，教师问道："新疆的水果确实很甜。据专家测算，新疆葡萄的含糖量居世界之首。为什么新疆的水果那么甜？哪些因素与自然环境有关？"大多数学生说是温度。于是，老师出示了一张新疆维吾尔自治区每日气温变化图，引导学生读出新疆最高气温和最低气温的温差，然后和学生一起研究"日差大"的特点，最后得出结论："正是因为新疆昼夜温差大，所以，新疆的水果很甜。白天气温高，光照效果强，有利于糖分的生产；晚上，由于气温低，呼吸作用变弱了，有利于糖分的积累。'早穿棉袄午穿纱，围着火炉吃西瓜'这句话就反映了新疆温差大的特点。可见，新疆的农产品还是与当地的自然环境有关。"

教学片段 3

从新疆的农产品，引出坎儿井的教学内容："农业发展需要水，而新疆干旱环境下发展农业生产更需要水。因此，自古以来，世代新疆人民不断兴修水利，引水灌溉，发展农业，最著名的就是坎儿井。"接着，教师播放坎儿井视频，与学生一起分析坎儿井的工作原理和作用。然后总结说："新疆人民在绿洲上建城就是适应环境，发展农业就是利用环境。坎儿井的发明就是新疆人民改造环境的一个重要体现。新疆人民因地制宜，也是人地关系和谐的重要体现。"

【设计说明】

区域地理学是以区域空间地理位置为基础，研究区域自然地理环境特征和区域发展过程中人地关系的学科。新疆的空间位置是影响当地气候的主要原因。在干旱的环境下，新疆人民建设自己的城市、种植农产品、发明坎儿井等行为，体现的是对自然环境的合理利用、适应和改造，体现了正确的人地关系与可持续发展的理念。区域地理的教学要求教师利用并组织相关材料指向区域可持续发展。某个区域的发展是否可持续，取决于该地区是否被合理利用，是否适应了自然环境。基于区域地理学的环境素养培育依然是研究人地关系，人地关系是在一定区域空间里的具体表现。

（二）高中地理培育环境素养的教学活动

本书选择中国地图出版社、中华地图学社出版的高中《地理》教材选择性必修 2 中的第三单元"区域协调合作""主题 8　资源跨区域调配——以我国西气东输为例"一课的内容,对上述问题进行课堂教学实践与思考。

【教材分析】

区域差异的存在为区际相互交流和联系奠定了基础。除此之外,区际联系的建立,还需要满足其他条件,如互补性、中介机会和可达性。地区之间的互补性是由区域差异导致的,而且这种差异也为区域空间的相互作用提供了条件。中介机会是指那些可以改变区域相互作用格局的关键因素。可达性是指由于交通和信息技术的发展,对空间相互作用的制约越来越小。因此,在区域发展过程中寻找差异点和互补性,可充分发挥自身优势,取长补短,有利于促进区域内部的可持续发展和区域之间的共同发展。

本节"资源跨区域调配"与"主题7 区域产业转移"都属于区际联系中的要素流动案例。本节内容是上节内容的延伸。

本主题首先从理论上分析了资源跨区域调配的原因,以及资源跨区域调配对区域发展的意义,由此说明其区域影响,然后选取了我国西气东输调配工程作为主案例,介绍了西气东输的概况、原因和产生的区域影响。

本主题的环境素养培育主要表现在通过西气东输的案例学习,学生能举一反三,对跨区域调配工程建设的原因与意义进行分析与探究,理解资源分布不均衡性、经济发展不平衡性的普遍存在,树立正确的人地协调观,从而认识区域可持续发展的重要性。

表 5 - 6 "资源跨区域调配——以我国西气东输为例"中的
环境素养培育目标与内容

目　标	内　容
涉及环境素养培育目标	二级分目标"自然环境的相关知识"中的"说出相关资源的分布状况和特点";二级分目标"人类发展中的环境和资源问题"中的"归纳不同空间区域的环境问题及其成因、危害和预防措施";二级分目标"树立一种平等的,可持续发展的观念"中的"形成可持续发展的观念"
涉及环境素养培育内容	"环境与自然资源""环境与发展"
具体的内涵	认识到资源跨区域调配工程建设的原因和现实意义,理解资源分布不均衡性、经济发展不平衡性的普遍存在,树立正确的人地协调观,认识区域可持续发展的重要性

【课堂实录】

教学片段 1

在对西气东输相关内容开展学习之前,教师以教材为基础,着重分析了资源跨区域调配的原因,即区域差异。教材中关于这部分的文字量较少,教师在教学设计时,让学生自主阅读,对一些论点观点正确与否做判断,并通过结构图的方式,丰富学生对资源跨区域调配的认识,为后续西气东输教学的具体展开做好铺垫。

教学片段 2

在了解了"区域差异是资源跨区域调配的主要原因"之后,教师主要从 3 个方面分析西气东输中东西部地区的区域差异。这 3 个方面是"能源资源生产和消费""能源消费结构""天然气的储量"。教师通过呈现相关图表,引导学生认识东西部地区差异不仅是西气东输的主要原因,还是可以利用差异进行互补的先决条件。这也就自然过渡到西气东输对区域发展的影响。

教学片段 3

教师主要利用辩论赛的方式让学生对"西气东输对于西部地区来说,利大于弊还是弊大于利"进行讨论,其中渗透着西气东输对社会经济与生态环境两个方面影响的内容。比如,有的学生认为西气东输对西部地区有利,这是因为"将资源优势转变为经济优势,使之成为中、西部地区一个新的经济增长点"。可是,立刻又有同学反驳道:"虽然增长了经济,但是开采资源过程中对环境的破坏也会影响生态……"通过辩论,学生不仅加深了对西气东输的理解,同时也加深了对资源利用和环境保护的认识,有利于环境素养的培养与提升。

【设计说明】

资源跨区域调配属于区域联系的一种形式。区域联系需要在区域差异——互补的基础上联结不同区域。本节课的设计主要引导学生从联系、空间相互作用的视角认识区域及区域整体性,进行区域比较、区域综合,从而促进学生的区域认知素养发展,完善认知结构。从课堂的实施来看,取得了一定的效果。

资源跨区域调配必须考虑调出区与调入区生态环境的可持续,以此促进两个区域在经济、社会等方面的全面发展。资源跨区域调配,绝不能以牺牲生态环境为代价。在辩证分析资源跨区域调配的利弊时,渗透了和谐的人地观,落实了环境素养培育的目标要求。

此外,从教学设计来看,本节课立足核心素养,顺利完成了教学目标。重点运用数据和案例,分析自然资源跨区域配置的原因。辩证分析资源跨区域配置对转入、转出地区经济社会环境的影响。采用案例学习的方法,以西气东输为案例分析,帮助学生掌握分析资源跨区域调配的思路和方法,实现了知识和能力的迁移。对难点的突破联系了生活实际,注重了规律的总结,并运用思维导图建构完整的框架体系。

(三) 以区域地理内容培育环境素养的分析

基于上述的教学实践,以区域地理为载体培养环境素养基本流程如图5-4所示。

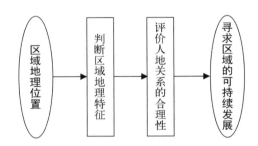

图 5-4 在区域地理中开展环境素养培育的流程

区域的空间地理位置决定了一个区域的地理特征。对于绝大多数区域来说,纬度和海陆位置对其地理环境特点有决定性的影响,表现为:纬度位置决定一个区域的气温条件,海陆位置决定一个区域水分条件。因此,在区域地理开展环境素养培育必须先确定区域的地理位置,并在这个基础上,认识地理要素相互关系、相互作用的统一性。

人类在不同空间区域的活动必须适应当地的地理环境,就算要对自然环境进行改造也应在一定的范围内,不能超过环境本身的承载力。这就是因地制宜。因此,在分析区域地理位置、判断区域地理特征之后,教师可以提供相关的案例与真实的情境,引导学生分析案例中的人类活动是否与地理环境发展相协调,以此评价人地关系的合理性。如果协调,应分析其合理的原因;如果不协调,影响了当地的环境,就应分析其不合理的原因,寻求解决方法,最终实现区域的可持续发展。

第二节　在地理综合实践活动中
培育环境素养

一、地理实践活动的认识

结合环境素养培育的五大方面内容，地理课堂教学主要强调的是"关于环境的教育（环境知识）"与"为了环境的教育（环境态度）"的培养；地理综合实践活动开展环境素养培育关注的是"在环境中的教育（环境行为）"的表现。可以说，在地理综合实践活动中培育环境素养是整个地理课程中渗透环境素养培育的重要有机组成部分。

首先，环境素养培育本身具有"实践性"与"社会性"的特点，因此，地理综合实践活动可以作为地理课堂教学的延续与补充，有利于学生继续学习、了解地理课程中环境素养培育的相关内容，实现地理课程中环境素养培育的总体目标。

其次，要注意区分形成环境态度、养成环境行为与环境知识学习过程的区别。教师在课堂上讲解什么是人地关系和谐时，学生也许记住的只是教师所讲的知识和道理，学会的只是判断人类行为的合理性，但是，这并不表明学生养成了正确的环境习惯，会实施负责任的环境行为。因为学生记住的只是环境知识，知道什么是正确的环境态度，并没有内化成自己的态度，更不用说表现出负责任的环境行为。环境知识转化为环境态度和行为需要一个转化的过程。这个转化就是实践。只有实践才能使得主观与客观达成一致、知与行统一。因此，我们可以这样认为，环境素养的提升不仅需要课堂教学，还需要实践活动。

再次，地理学科的核心素养明确提出了地理实践力的要求。地理实践力不仅是核心素养时代地理学习的目标，还是环境素养培育的重要内容。因此，在地理学科中培育学生的环境素养的最佳途径是让学生面向自然环境和真实的社会。培养学生的环境素养只有通过学生的个人参与才能实现。因此，环境素养可以在综合地理实践活动中进行培养。面对真实的生活情境，解决现实中的各种问题，学生的环境行为和环境技能就能得到培养，从而感悟人与地的关系。

此外,根据前期的调查分析结果,中学地理学科环境素养培养的形式和内容较单一,更多的是活动的堆积。学生只是在课堂上获得了相关的环境知识,或者只是被教导了植树、捡垃圾等相对浅层的环境行为,而没有在具体的情境中实践,做出正确的、负责任的环境行为。因此,还需要通过复杂的地理实践活动,丰富环境素养培养的活动形式,使学生在真实的情境中形成主动积极的环境行为。

可以说,如果学生没有真正接触过有关环境素养的真实实践活动,那么对环境和环保的所有热爱都只能是一句空话,环境素养也就无从谈起。同样,只是在课堂中分析一些案例,环境素养培育的内容也就变成流于形式的空洞说教了。只有当学生在课堂教学中获得相关的环境知识,然后在真实的环境活动中有了亲身体验,他们才会更加确信自己的环境态度是否正确,才能转化为正确的环境态度与负责任的环境行为,这样环境素养的培育才能真正实现。

由以上分析可知,要将环境素养的培养转化为良好的环境行为,需要结合课堂教学开展地理实践活动。这里需要注意的是,地理综合实践活动与课程有根本区别,地理实践活动是基于学生的直接体验,与日常生活紧密联系在一起,与学生自身生活和社会生活密切相关,体现知识的综合应用。因此,对学生的环境行为的培养往往比课堂教学要有效。

基于上述认识,地理类的实践活动定位为:立足地理实践力的学科核心素养,结合中学地理环境素养培育的目标和内容,根据学生的年级特点和身心发展规律,制订计划和目标,创造条件,将自主学习、学习探究融为一体,开展与培育环境素养相关的综合实践活动。

二、从环境素养特性看地理实践活动的必然性

(一)社会性

环境素的培养是人类社会发展到一定时期自我反省的产物。培养环境素养的目的是改变人与自然的关系,改变人类社会发展的传统模式,是为社会可持续发展而开展的一项有专门的目的的教育活动。一方面,学校培育环境素养的发展必将促进整个社会关注环境素养的发展;另一方面,社会大

众传媒对环境素养文化的参与也是鼓励环境素养文化发展的重要推动力。因此，它必须是一种深入社会的实践活动。

（二）综合性与跨学科性

从人的角度来看，环境素养的培养是一个非常复杂的过程，涉及认知、态度、情感和价值观等多个方面，因此体现为综合性。从学科来看，环境素养几乎涉及所有学科，不仅有教育学、心理学、社会学、伦理学，还有生态学、环境学、管理学、经济学等。因此，可以说，环境素养培育本身就具有多学科、跨学科的属性。

（三）实践性与应用性

环境素养本身就是为了解决具体的环境问题及环境素养培育实践中的问题而存在的。环境素养培养研究在现阶段更多的是通过归纳的方式进行的，表现为通过总结大量的实践经验，逐步提升理论高度。环境素养理论的科学性、应用性需要在具体的实践中进行检验，在具体情境中观察其培育效果。

三、地理实践活动的具体实施

我们以上海的一所普通初级中学为例，对其开展的环境素养培育的相关实践活动方式进行分析说明。

该校从 2013 年 9 月起，连续开展了以"环保护照"为载体，主题为"绿色足迹"的环境素养培育活动。通过地理综合实践活动与校园文化相结合的方式，对学生进行环境素养培育。

"环保护照"主要记录每一名学生参加学校、年级或者班级开展的各种关于环境保护的活动情况。学生每参加一次关于环境保护的活动，就可以到组织活动的相关部门盖"签证"。学校组织的环保活动到学校政教处敲章，年级组织的活动找年级组长敲章，班级组织的活动找班主任敲章。同时，相关教师结合学生在活动中的表现，给予评价。在每个学期结束时做一次小结，学生参与环境活动的次数以及表现作为学生评优（该校学生评优的名称为"学校好少年"）的主要依据。通过"环保护照"的形式可以引导学生学习更多的环境知识，在具体的活动中表现出积极的环境态度与环境行为。而且学生还把"环保护照"带回家中，向父母宣传环境保护的相关知识，提高了家庭的环保意识。

同时,为了配合"环保护照"的顺利开展,学校还开展了一系列主题为"绿色足迹"的环境保护活动。地理综合实践活动如图5-5所示。

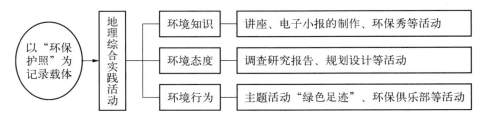

图5-5 地理综合实践活动培育环境素养

该校教师将地理类的课外活动融入"绿色足迹"活动,各个年级(六至八年级)均拥有符合各自年龄特征且与地理课程目标和教学内容相匹配的、有关环境素养的学年计划和学习项目。

六年级"绿色足迹"活动目标:通过亲近自然、欣赏自然、爱护自然,了解周围的环境以及日常生活与环境的关系;掌握简单的环保行为规范及相关知识;了解学校、家庭和社区的存在的环境问题;能够感受到环境保护与我们的日常生活密切相关;负责的环境行为得到初步发展。

七年级"绿色足迹"活动目标:思考环境与人类社会发展的相互关系;初步树立正确、积极的环境态度;有意识地采用负责任的环境行为保护周边的环境。

八年级"绿色足迹"活动目标:认识到环境问题的复杂性;认识到社会各界都需要关注并参与到环境问题的解决之中;理解环境问题具有一定的跨学科性质,需要经济、技术、政策法规、伦理道德等领域的综合分析;培养环保意识和社会责任感。

"绿色足迹"活动的重点工作也按照不同的年级确立对应的学习项目。

通过多年的以"环保护照"为记录载体,主题为"绿色足迹"的环境素养培育活动,学校总结出可以从"设置多样的活动,增长学生的环境知识""结合校园文化,深化学生的环境态度""成立环保俱乐部,强化学生的环境行为"3个方面来开展地理综合实践活动。

(一)设置多样的活动,增长学生的环境知识

组织学生参加地理综合实践活动,有利于丰富学生的环境知识。要使学

生成为一个具有较高环境素养的人，首先得让学生了解当前世界和我国的环境问题的基本状况，了解和掌握一定的环境知识和技能。因此，在"绿色足迹"活动的实践中，教师着重通过各种地理课外活动，让学生了解人口状况、资源问题、水土流失、发展状况、环境污染等一系列与地理相关的问题，使学生进一步提高对环境知识的掌握。

学校在具体的实践中主要设置了以下几个活动。

1. 举办关于环境素养培育的讲座

主题性强、信息量大是讲座的主要特点，也是与课堂学习的最大区别。环境素养培育的主题讲座可以较为系统地阐述环境知识、环境的构成与内涵、对人类的影响及解决问题的举措等；在主题讲座的过程中，可以通过多媒体教具，丰富学生的感性认识，拓展学生的环保知识。

【实例1】

学校对环境素养培育高度重视，每周一早晨的广播中，都会让政史地教研组的教师进行关于环境素养的宣传。该校的地理教师在接受访谈时说道："学校包括我在内有两名地理老师，几乎每两周就会轮到我们进行环境素养培育宣讲。我们根据教学进度或者社会上刚刚发生的一些事情，进行一系列讲座。比如，在2020年3月份进行的关于$PM_{2.5}$的讲座，就深受学生们的欢迎。由这次讲座还引申出学生对于$PM_{2.5}$进行探究的兴趣，于是对虹口区的$PM_{2.5}$的分布情况进行了一次实践探究活动。有时，在学校的升旗仪式上，我们也会开展环境素养培育方面的教育。"

此外，学校有一个富有特色的活动内容就是"教师讲坛"，让学校每一名教师都可以结合自己的兴趣与专长举办类似于百家讲坛的讲座。参加的教师按照次数算学分，学生则要领票入场。作为地理教师理应积极参加。在2013—2014学年的"教师讲坛"中，地理教师李老师一共进行了4次关于环境素养培育的主题讲座。上半学期的主题讲座是结合校园文化开展的"校园环境、我的责任"，共分为3讲，分别从环境问题、垃圾分类及绿色生活方式3个方面开展讲座，下半学期的主题则是"爱我地球、爱我校园"，着重从校园的环境入手对学生环境行为进行培养。

2. 设计制作关于环境素养培育的地理小报

编辑地理小报不仅能够引起学生学习兴趣、操作方便，而且还能培养学生良好的学习习惯,扩大学生的知识面,锻炼学生的写作、分类、编辑等综合能力。在"绿色足迹"活动中,李老师会结合一些重要的地理节日或时事新闻,引导学生制作电子小报,要求突出环境保护的主题,以此促进学生环境素养的提升。

【实例2】

在2015年3月至5月期间,李老师就以"绿色生活方式"为主题,在六、七年级的学生中进行了电子小报的制作活动。利用班会课和学科节将学生优秀的作品进行展出,扩大成果的影响力。通过这次活动,学校师生掀起了一股向"乐活族"学习绿色生活方式的热潮,很多学生与教师也都意识到生活方式对环境的影响。

3. 开展关于环境素养培育的知识竞赛

在综合地理实践活动中,结合课本的内容和时事新闻,可以引入竞赛方式,激发学生的好胜心与求知欲,让学生在相互竞赛的过程中,检验学生环境素养的水平。

【实例3】

2018学年下半学期,按照"绿色足迹"活动实施计划,李老师和另一位地理教师蒉老师一起在七年级举办了"争做绿色小卫士"的环境知识竞赛。老师们首先设计了一份试卷进行初赛,其中涉及整个初中阶段的地理环境知识。接着,蒉老师把试卷发放给每个班级的学生。然后在学生答题的基础上,每个班级选择两名学生代表班级参赛。这样在决赛的时候,一共分五个小组,竞赛试题分必答题、选答题、抢答题等,决出谁是"绿色小卫士"。

在与"绿色小卫士"陈同学的交流中,陈同学说:"以前在电视上经常看到这样的比赛,一直很想参加。这次在年级中进行了这样的比赛,而且还是和环境素养培育有关的知识竞赛,感觉很新鲜,也很有趣。"有些没能当选"绿色小卫士"的同学,如张同学,就有点"不服气":"我这次没有发挥好……但是不代表我的生活方式不绿色环保。我在家里基本上是绿色出行的,因为小汽车开多了会污染大气环境,而且我也从不吃烧烤之类的东西……希望下次还有机会来比比看,我一定更加努力。"

(二)结合校园文化,深化学生的环境态度

"绿色足迹"实践活动是结合学校的校园文化开展实施的。校园文化是每所学校的独特资源,对校园文化的挖掘有利于学校开展各类活动,更能吸引学生，成效也更显著。对地理学科来说，每个学校的文化都有自己独特的地理课程资源和大量可用于培养环境素养的内容。而且由于学生的活动场所主要就是学校或者是学校所在的社区，因此，通过有目的地让学生在校园和社区这些开放的环境中了解环境问题，亲历和体验由于人类活动的不合理带来的环境问题的危害，可以使学生对环境问题有更深刻的认识，进而培养学生的社会体验能力和解决问题的能力。

此外，"绿色足迹"活动的开展也有利于学生的学习和生活方式的改变，使得课程的价值向生活延伸，更具实际意义。在地理综合实践过程中，学生发现问题、分析问题和解决问题的能力也得到了发展，提升了学生与他人协作、交流和互动的能力，深化了对"什么是学习"的认识，学会了自主获取知识，对人、自然与社会的关系有了更深刻的认识，促进了情感、态度的和谐发展。

因此，以校园文化为突破口，开展地理综合实践活动既是加强环境素养培育的关键，也是深化学生环境态度的重要途径。

表 5-7　学校开展的"绿色足迹"地理综合实践活动枚举

"3+5"框架	结合校园文化开展的地理综合实践活动（枚举）
环境与人口的内容	调查年级或班级流动儿童比例，调查班级学生家庭人口变化，调查班级学生家庭中的老龄人口基本情况……用身边具体事例建立可持续人口观
环境与自然、资源的内容	调查自己所在学校的用电量，分析历年用电量变化及影响因素，并提出相应的解决方案；调查自己家庭用水情况，分析影响家庭用水情况……形成正确的资源观，培养积极主动的环境行为
环境与发展的内容	调查研究和分析学校或社区附近的土地使用情况；对学校周边的交通状况进行现场测量，并提出相应的改善措施和对出现问题的建议；探索分析上海 $PM_{2.5}$ 的分布特点与解决方法……
环境与生活方式的内容	通过调查班级学生家庭出行方式，鼓励学生选择健康环保绿色的出行方式；研究和分析周围学生如何处理过度包装问题，并提出相应的"绿色生活"宣传，树立正确的人生观和环境观
环境与环境道德的内容	对学校、家庭、周边公园等公共场所中不环保行为进行观察，总结类型，分析原因，提出相应的整改措施

"结合校园文化开展的地理综合实践活动"只是学生在课外活动实践中涉及的一部分内容,很多学生在课外实践后在给教师的心得体会中写道:"以前一直以为环境问题离我们很远,通过课外实践才发现原来我们身边还有这么多的环境问题啊……"

【实例 4】

结合上述"校园环境、我的责任"的校园文化建设主题,李老师和六(4)班的 5 位同学一起对学校中涉及环境问题的方面做了调查,发现学校里存在用电浪费的情况。这 5 位同学一致认为,可以将学校的用电状况作为切入点,对校园环境进行调查。于是,他们和李老师商量确定了调查的具体步骤与实施方式。首先,李老师联系了学校的总务主任陈老师,让这 5 名学生去找陈老师了解学校 3 年来的用电状况,并对陈老师进行了简短的访问,了解用电多的原因。随后,他们设计好调查问卷,在午餐之后对整个六年级学生进行了问卷调查,了解他们对于节能减排的认识。在进行问卷调查的统计时,姚同学突然想到了"关灯一小时"的全球性活动:"我们何不去算算浪费的电量可以转化成多少 CO_2 呢?""嗯,好主意!"其他几位同学一致认可,李老师也觉得是一个好方法。于是,他们又在网络上找了相关 CO_2 排放与用电量的关系。最后得出了一份非常优秀的调查报告。报告的结尾还写了一篇《学校节约用电的倡议书》,并在升旗仪式上进行了倡议,得到了全校师生的积极响应。

此外,结合学生提出的白色污染问题,李老师与同学们一起进行了"选择绿色生活方式,拒绝一次性餐具使用"的主题探究活动。由于是学生生活中的亲身经历,学生更有亲切感,在实践中更加投入,由此也产生了更多的思考。也有学生在新闻中看到了有关 $PM_{2.5}$ 的相关报道,发现空气质量的确很差,常会感到不适,因此针对上海的 $PM_{2.5}$ 与空气质量情况,自己设计了并完成了"上海 $PM_{2.5}$ 调查报告"。有学生看到学校的垃圾箱里面装满了垃圾,周围也有很多垃圾,于是开展了"让垃圾箱也更环保"的设计活动,目的是让学校的垃圾箱能够发挥出应有的作用。也有学生对浪费水的情况提出了自己的观点,进行了"常用品牌洗衣粉对水质污染情况的调查研究"与"不要让眼泪成为人类最后一滴水"的实践活动。

(三)成立环保俱乐部,强化学生的环境行为

学生的环境行为主要是指学生在日常生活中能够有意识地自觉保护周

围环境的行为倾向和实施能力。其中，环境行为又分为浅层的环境行为与深层的环境行为。两者的区别在前文已有说明。培养环境素养的目的是使学生正确认识环境问题，养成积极主动的环保行为，投身到防治环境污染和改善环境的行列中，并能够通过自己的行动改变和影响周围的环境。这涉及深层环境行为。

因此，在"绿色足迹"环境课外实践活动中，李老师与年级中6位学生成立了名为 GreenDay Club(绿日俱乐部)的环保俱乐部，由一开始的6人发展到现在的32人。俱乐部全部由学生负责运作，当出现问题或者需要资金时，学校会适当参与，帮助他们解决问题。现在的 GreenDay Club 是学校的特色之一。在学生们的策划下，俱乐部开展了丰富多样的环保活动，培养了学生的环境行为和环境意识，实现了环境素养培养在课堂外的延续和深化。

1. 开展"变废为宝"的实践活动

在城市中，环境问题的一个突出表现就是生活垃圾泛滥。据统计，上海作为国际化大都市，其日产垃圾达到了 11 300 吨，每年仅垃圾清运就需要花费 3 000 万元以上。因此，生活垃圾的处理成为了很多研究者的重要课题。学生产生的生活垃圾主要包括塑料袋、饮料瓶、废电池。因此，GreenDay Club 开展了"变废为宝"的活动。GreenDay Club 成员在学校成立了"垃圾回收站"，由专门的学生负责回收易拉罐、废报纸、塑料瓶，想通过这样的方式宣传垃圾分类，鼓励全校师生共同做到对资源的回收利用。

【实例5】

学校的废电池回收工作虽然一直在做，但是由于宣传不到位，很多学生并不知道学校有废电池回收箱。因此 GreenDay Club 的第一步就是对废电池的危害和回收进行宣传；第二步，将学校与班级的活动结合在一起，在每个班级中设置一个小的废电池回收箱，在学校里设置一个大的回收箱，便于集中处理，并且由学校教务处联系单位，定期进行回收。

【实例6】

结合学校开展的"有效利用生活垃圾"的内容，学校开展了"校园环保秀"活动(见图 5－6)。有的学生利用身边的旧报纸、旧纸箱或其他用过的物品来制作日常用品，有的学生利用吸管制作了学校的体育运动设施，有的用废报纸做成环保概念服装,还有的用糖果的包装纸盒做成一栋栋"房屋"……这些举动充分反映了"垃圾是放错位置的资源"这句话。大家玩得很开心,也明白了环保的重要性。

图 5-6 "校园环保秀"活动

2. 开展环保宣传活动

进行环境保护知识的宣传活动,不仅需要有一定的环境保护知识,而且要对其他人的环境行为进行引导与劝说,是一种值得提倡的深度环境行为。GreenDay Club 俱乐部的成员来到学校附近的社区与鲁迅公园,进行关于环境保护的宣传活动。同时他们还以身作则,向家长、亲友宣传环保知识,帮助大家加入环保行列。

3. 开展环境规划设计活动

规划设计是指学生运用已具备的环境知识,对学校、家庭、社区以及其他更大的区域进行统筹规划,根据找到的各种问题,提出自己的改进建议和措施。开展规划设计,就是要在学生的环境知识和环境行为之间架起一座桥梁,加强知识学习与实际应用之间的联系,培养创新思维以及发现问题、分析问题和解决问题的能力。

【实例 7】

保护环境、珍惜环境,首先要做的应该是了解环境、亲近环境。因此,李老师和 GreenDay Club 的几名学生一起组织了"亲近校园的一花一树"的活动,旨在让学生通过活动认识身边的花草树木,了解一些基本常识,从而能够在观察、留意自然的基础上,认识自然、保护自然环境。

学生们再通过查找信息,请学校园丁指导,对学校里的所有树木有了基本的了解,然后给这些树标上名称。这样既使自己对树木有了认识与了解,也帮助了其他同学与老师认识了校园中的树,起到了环境素养培育作用。一些俱乐部的学生还对学校的植被分布进行了测绘,让学校的其他学生对植物的基本内容有了进一步的了解。

第三节　地理学科中环境素养的培育策略

地理学科培育环境素养必须超越环境知识和原理的传授,从"环境态度""环境行为""环境技能"等方面全面提高每个学生的环境素养。因此,在地理学科中培育环境素养的核心理念应该是:不仅要使学生能够牢牢掌握相关的环境知识,还要注重环境态度和价值观的培养,注重解决某些具体环境问题,而不是只对环境问题进行解释描述。同时,还要积极地鼓励学生进行研究和采取行动,以科学正确的价值观和态度思考如何保护和改善环境。

环境素养的培育不可能一蹴而就,必须通过各方的合作才能实现。这对地理学科的教学方法也提出了相应要求:在科学合理地开展课堂教学的同时,还要安排学生开展社会调查、探究性学习等综合性地理实践活动,巩固课堂所学知识,在实践中全面提升环境素养。

一、关注真实世界中的真实环境问题,增加学生学习的动力与兴趣

在中学《地理》教材中,有很多可以开展环境素养培育的内容。例如,气候问题、海洋河流、矿产资源、人口城市等教学内容都包含着丰富的环境素养培育内容。

在培育过程中,要时刻注意把地理基础知识与现实生活中的环境问题结

合起来,让学生感受到环境问题就发生在我们的身边,是我们目之所及的事情。只有如此,才能在培养学生环境素养的同时,提升学生灵活运用知识解决问题的能力。而且在环境素养培育的过程中结合生活中的实际问题,也体现了因地制宜、因时制宜的思想。

结合学生熟悉的实际问题的另一个好处是,可以有效调动学生的学习兴趣,让学生更加关注环境问题,进而激发学生探究情境问题和学习知识的热情和兴趣,将环境保护的理念灌输到每一位学生的心中。比如,2022年夏天上海出现高温天气,每位在上海的学生都应该有切身体会。这时候可以高温问题为主题,让学生探究造成高温的原因(除了副热带高压带控制、台风减弱等环境原因)。这样学生可以意识到环境问题其实就在身边,从而加深其对环境素养的理解。

二、激发学生对大自然的热爱,提高欣赏自然之美的能力

在地理学科"1+3"环境素养培育目标中,在"对待环境问题的态度"方面,特别强调学生要"懂得欣赏自然万物之美""感受自然之美所带来的快乐"。事实上,学生倾向于以一种非常善良的心态对待自然界中的一切生物和无生命的物体。在这样的基础上,在地理学科环境素养培育过程中,要求教师在活动中有效地调动、激发和培养学生对自然的热爱,让学生感受和体验到积极、强烈愉悦的情感,也要求教师要营造愉快的教育氛围,使学生能够在探索的过程中生发出保护自然的意识。

此外,教师还必须讲"美",尤其是将自然美引入地理教学。所谓美育,就是使学生能够通过自然美、社会生活和艺术,掌握审美的基本知识,提升学生对美的感受力,使得学生在不自觉地接受教育的同时,自觉地沉浸在美的乐趣中。在地理教学中,我们通过审美手段培养环境素养,即通过对自然之美的感知和欣赏,培养学生对美的保护有一种使命感和鉴赏力。比如在"沪宁杭地区"课上,从沪宁杭的地理环境到发达的经济,这样的过渡方式可以让学生体会到美的感受:"通过刚才的学习,不难发现沪宁杭地区有着强大的水城综合体,使得我们的沪宁杭地区像水一样温柔,一样流畅,那样的温和,那样的质朴,但是谁都知道,水有软的一面……所以我们沪宁杭自然有它的软的一面,就是它的经济实力和发展。"

在讲到对沪宁杭地区进行环境保护的时候，可以结合课件，配上这样的叙述："要体味小桥流水人家的江南美景就要到我们的水乡古镇来。我们这里是黑顶白墙的老城木屋，潺潺的水道四通八达，斑驳的小桥跨水而过，与江南地区的草长莺飞、桃红柳绿的美景融合在一起，达到了人与自然的和谐之美。怪不得联合国教科文组织把我们的水乡古镇界定为人类的聚集地，它是灿烂的历史留给我们的稀世物证。所以我们对水乡古镇有责任、有义务进行充分的保护和适度的开发。"

三、辩证认识人地关系，注重开放式学习活动

以开放式学习为重点，就是要求在环境素养教育中使用一些开放性的教学内容。这些内容不局限于常用教材，教师不以固定格式给出结果，而是引导学生自己利用网络收集和阅读相关学习素材，进行实地调查现状等，让学生自己得出对环境问题的相关结论。关键不在于得出某些具体的结论，而是要让学生辩证地认识环境问题，感受到解决环境问题的复杂性。学生自己得出的结果可能不同，也可能相对一致，教师应引导学生根据一定的科学原理，讨论结果的合理性和表述的规范性。例如，在"自然资源"课上，可以利用"中国是否需要发展核电"这个颇具争议的问题来引发学生思考和组织讨论。有学生认为，核电是一种清洁、廉价、节能、高度适应性强的能源，应积极发展核电站；有学生认为，苏联发生切尔诺贝利灾难性核事故的情况很少见，属于小概率事件，不必过于担心；也有的学生从中国的能源使用情况分析我国发展核电的必要性；等等。教师这时可以进一步发问："如果发展核电，那么这些高放射的核废料该如何处理呢？"引导学生关注环境的问题。站在不同的立场和角度，学生对核电的看法就会有差异。辩论的目的不仅仅在于让学生思考是否应该发展核电站，更有意义的是让学生能够从正反两个角度，辩证地思考问题，使自己的思维水平缜密。

总之，辩证地看待人地关系就是要让学生明白这个世界上的事物是复杂的，许多事物的存在都可能对人类的发展有利或有害；认识到环境问题的存在往往受到各种因素的制约，不同地区、不同时期有不同的表现形式，甚至不同阶层的人对同一个环境问题的看法也不尽相同。因此，设置具有思辨性的问题，让学生通过对相关问题的内部矛盾的深入理解，来提高环保意识，是在

地理学科中培育环境素养的方法之一。

四、开展各种课外活动,以提高对环境和可持续发展的认识

形成正确的环境态度要建立在学生的体验之上。这只有在实践中才能体现出来。地理教师应注重在环境中学习,多鼓励和组织一些考察参观、社会调查等实践活动,培养学生的环境素养,让学生真正感受和体验环境,从而在认知上得到理性强化。此外,教师还可以组织环境利益团体,开展气象观测、水污染采样检测、环境质量监测等活动;在"世界粮食日"为学生组织各种特别活动;向群众普及环保知识,举办"环保艺术之夜"、环保艺术展、环保讲座、环保知识竞赛等各种活动。通过一系列不同层次、不同形式的环保活动,使学生的环保意识得到进一步增强,养成"从自己做起,从现在做起"的正确习惯,树立人地协调发展的环境观。

作为地理教师,我们要充分发挥地理学科在人口、资源、环境保护中的优势,结合自己教学的风格和特点,为培养具有良好环境素养的未来公民作出贡献。

第六章

激励为要：地理学科视角下的
环境素养评价

  由于评价具有较强的导向性和激励性，一直在学校教育工作中占有重要的地位。环境素养的评价关系现代公民素质及未来人们的生活质量。地理学科培育环境素养的评价就是要把学生真实的环境素养情况反映出来，最终目的是通过地理教学，真正落实环境素养培育的要求，提升和发展学生的环境素养。因此，构建与"1＋3"目标、"3＋5"内容相匹配，同时操作性更强的评价指标体系就成为必须思考的重要内容。

  本章首先对环境素养的定义、功能与原则进行梳理，明确了地理学科培育环境素养的内涵，然后分析常见的环境素养评价的方式，以及环境素养评价的具体实施流程步骤，最后对地理学科进行环境素养评价的指标进行说明。

第一节 环境素养评价的定义、功能与原则

一、环境素养评价的定义

评价环境素养水平是地理学科培育环境素养的一个重要组成部分。对地理学科培育环境素养进行评判,不同人群使用不同的称谓,有人惯用"评价",有人则经常使用"评定"等概念。从表面上看,上述两个词汇意义相近,并不存在严格的区别。但深入到具体层面,"评定"往往更倾向于对测量出的客观结果给予判断;"评价"则是客观分析的基础上进行的具有较强主观意愿的价值判断,而且评估的对象主要集中在测量结果不够精确的对象上,需要人们调动积累的经验和掌握的知识进行判断。由此,我们可以有以下几点思考。

第一,"环境素养"本身具有一定的模糊性,且环境素养的形成是一个渐进的动态发展过程,无法用定量的方式进行"评定"。因此,需要设定一定的评价标准,建构全面、科学、合理的环境素养评价体系,将学生真实的环境素养情况反映出来。

第二,"评价"是对事物或人存在的价值进行衡量的过程。这种价值实际上是客体相对于主体而发挥的特殊作用。也就是说,倘若某一事物或某一个体的属性或行为表现能够达到评价者的要求、满足使用需要,那么评价者将认定该事物或个体具有价值,否则不具备价值。

第三,"环境素养"涉及面和覆盖面广,内容丰富。不同评价者对环境素养5个方面的价值排序会有不同:有的人可能更认可环境行为,认为环境行为是环境知识、环境态度等方面的综合体现;有的人可能认为环境伦理更重要,因为有了正确的环境伦理观,就会表现出积极、正确的环境行为等。因此,对所罗列的各种标准进行价值排序,也是地理学科培育环境素养的重要内容。

综合上述,地理学科培育环境素养的评价是一种以设定的评价标准为基础,围绕着环境素养培育活动的开展过程、组织状况和实际成效作出的一种价值判断与科学评定。

二、环境素养评价的功能

（一）诊断功能

诊断功能是环境素养培育评价的首位功能。环境素养培育评价能够及时发现环境素养培育教学活动中存在的问题，然后以此为基础优化和改进培育策略，保证环境素养培育活动能够按照既定的目标和方向运行。

从本质上来看，诊断功能涉及环境素养培育活动的全过程，突出表现在对教师和学生两个层面的环境素养培育状况的诊断上。就教师层面而言，环境素养培育诊断的核心在于对整个教学活动的考察与鉴别，需要综合评价教师工作状态、专业素养，以确保教师在教授环境素养培育方面与教学大纲相符合、与教学目标相匹配，且能够在整个环境素养培育过程中遵循相应的教育原则和规律，选择科学的培育方法和使用得当的培训手段。就学生层面而言，环境素养培育评价主要关注的是学生通过课堂学习与实践活动，是否达成环境素养培育目标，学生学习状态和成效等方面内容。通过诊断环境素养培育目标的实现情况，发现在培育过程中存在何种问题，从而对症下药，修正错误思想或行为。

（二）反馈功能

反馈功能是环境素养培育评价的第二个功能。从系统论的角度来看，教育是社会这个大系统下的一个子系统，还可以将教育系统细分为多个层次的子系统，其中环境素养培育便是该层面的子系统。要想确保这一子系统能够正常运行，就需要建立起一套相对完善的反馈回路，以确保此系统能够循环往复地运行。在整个回馈系统中，评价是重要的连接点，对上下周期环境素养培育活动的开始和结束起着承接的作用。只有经过这一过程，环境素养培育活动才能循序推进和持续发展。

环境素养培育作为教育系统重要的子系统，其中的反馈教学更是重要的环节之一。它能够将该系统运行的成效问题等信息及时地反馈给相关活动的参与和研究人员。这类人员在获得相关信息以后，可以根据自身掌握的经验进行总结和调整，以保证环境素养培育活动不断地被修改和完善。由此可以看出，在地理学科培育环境素养评价中反馈是基础，缺乏反馈的评价必然是不准确、不客观和不科学的。反馈的核心作用和意义就在于，能够将各个节点的信息及时反馈至师生，方便他们调整教学方法、优化学习过程。

（三）激励功能

激励功能，指的是在环境评价过程中，通过使用某种手段能够激发环境素养培育活动参与者的热情，使环境素养的培育能够始终处于良好的运行状态。

对学生来说，地理学科中环境素养的评价，不仅可以让学生知道自己的环境素养水平，激励他们进一步丰富自身的环境知识，培养积极的环境态度，养成正确的环境行为，还能激发他们学习地理的热情，以此促进学科核心素养的提升。此外，教学评价本身就能够通过营造一种良好的、积极的、创新的心理氛围，在精神层面激励师生，保证整个教育活动的积极开展和取得相应的教学成效。

（四）指导功能

对环境素养培育进行评价，其核心目的在于更好地指导相关活动的开展。评价是达成目的的工具与手段，指导实践活动的开展才是最终的目的。客观、积极的环境素养评价能够为环境素养培育工作明确努力方向，为评价对象提供重要指导。例如，在校学生在学习过程中都会存在一种困惑，究竟应当采取何种态度与生态环境和谐共存？这实际上就涉及环境和人之间关系的把握。教师可以对学生进行科学、合理且全面的评价，帮助学生正确认识人与环境之间的关系，从而更好地进行自我决策，发挥学习的动力和潜力。

三、环境素养评价的基本原则

（一）客观性原则

这里的客观性原则包括两个层面的含义。

第一，指的是评价主体对环境素养评价应当建立在客观且真实的资料基础之上，并对其作出客观价值判断。虽然环境素养的评价是基于主观意识的价值判断，但这种价值判断必须以事实为准绳，牢牢地扎根在事实判断的基础之上。也就是说，要尊重评价对象客观实际，从实际出发，从事实出发。

第二，指的是地理学科环境素养的评价要与前文梳理的"1＋3"环境素养培育的客观目标相匹配。因为从根本上来说，评价是对目标是否达成的评判，脱离目标就不可能开展有效的评价。但是评价不是将目标简单地复制与粘贴,而是要根据可观测、可测量的要求,对地理学科培育环境素养的目标进行重新的梳理与建构,以此提升地理学科培育环境素养的有效性。

客观性原则要求在评价过程中尽可能不要掺杂过多的情感或主观因素。但在实际过程中,评价主体通常会对评价标准持有不同的理解或是秉持的评价观点有所不同,必然使得评价的过程中存在不同程度的主观色彩。为此,需要通过制定和把握评价的具体标准,禁止任何仅凭个人喜好或基于自身认知对评价标准进行曲解的行为出现。只有确保评价主体坚持客观性原则,才能够真正地将评价的激励作用充分地发挥出来,实现评价主体、客体和实践活动的发展与完善。一旦抛弃了客观性原则,对评价对象作出的价值判断就会与事实存在出入,造成不良后果。

(二)激励性原则

所谓激励性原则,指的是在进行环境教育评价时应当促使评价对象产生继续努力的动力,或者在活动中寻求进一步改善工作的潜能,以提高环境教育评价的实际效果。

根据激励性原则的要求,首先要确保评价的结果客观和准确。一旦无法保证环境教育评价结果的客观性和准确性,就很容易使评价对象在评价过程中产生排斥心理,影响最终的评价结果。除此以外,激励性原则还要求始终以评价对象作为评价的出发点。充分考量在特定的条件下评价对象的活动空间范围,以确保评价对象能够对评价结果产生主动接受的意愿,且接受意愿越高,产生的激励效用越大。

坚持评价激励性原则,就需要评价实施者关注评价对象的身心状态,同时还能把握现行评价技术在评价对象内心的可接受程度,随时帮助评价对象能够及时地把握个体活动状态、了解评价结果、知道环境教育活动的可取和有待改进之处,以确保评价对象能够形成自我激励,改善活动中的不足,并继续保持优势。除此以外,评价者还应当对评价对象提出的意见给予充分的重视,仔细审慎地对相关意见作出科学分析,得出客观结论。指导评价者在被评价中对各种结果有心理准备,鼓励他们采取相应措施,科学地解决相关问题。

评价只是一种工具和手段而非目的。评价的目的在于提高教师开展环境素养培育的热情,最终提高学生的环境意识、树立科学的环境价值观。

（三）平等性原则

所谓的平等性原则，指的是在进行地理学科培育环境素养的评价过程中评价对象（学生）与评价者（教师）两者之间应当是对等的关系，能够共同参与整个教育活动的过程，并开展相关的评价活动，促使评价对象与评价者之间建立起良好的合作关系，从而让评价对象更好地采纳评价者提出的评价意见或建议。

倘若评价者在评价活动中以一种居高临下的姿态介入，必定会拉远与评价对象之间的距离，使得评价对象在无形中产生抗拒合作的心理，在实际的评价活动中无法提供全面真实的评价信息，阻挠评价活动的开展。客观来说，评价活动是否能够取得成效，既取决于在整个实施过程中采取的技术的科学性与合理性，又取决于评价对象的心理调适水平。由于环境教育评价的核心在人，需要人类个体之间开展积极的情感或心理沟通，以确保评价对象对评价结果产生的效用有所重视并能够予以接受，因此平等性原则在实际的评价过程中显得尤为重要。

第二节　环境素养评价的主要方式

地理学科培育环境素养的核心目的在于，促进学生发展与环境相关的态度和价值观，形成积极的环境情感，了解与环境相关的知识原理和方法。因此对学生进行环境素养培育评价要充分考虑到上述各个方面的实施状况，并作出客观和科学的描述，才能够推动环境素养培育工作的改进。另外，环境素养评价的主体虽然包括教师和学生两类群体，但主要还是对学生环境素养的整体水平展开评价。这就要求在选取评价方法时要充分考虑到参与对象的特征与评价目标相适应。

总的来说，对环境素养的评价有定性和定量两种评价方式。定量评价主要包括纸笔测验，定性评价包括表现性评价、过程性评价等。

一、纸笔测验

作为传统的评价方式，纸笔测验具有节省时间、操作简便、效率较高等优点，是考核学生环境知识的重要手段。轻技能、轻情感是纸笔测验存在的主要问题。通过前期的调查可以发现,现如今学校开展环境素养的评价大多还是以纸笔测验为主。这可能是因为学校培育学生的环境素养还是以课堂教学为主,课堂教学就是强调知识的传授,因此纸笔测验更容易操作与实施。

对于环境素养的评价来说,纸笔测验更有利于对环境知识的评价。一般来说,编制一份较科学的环境素养评价的试卷需要考虑以下几点。

第一,考核内容覆盖全面,考点分布合理,要尽量涉及环境知识、环境态度、环境行为、环境技能和环境伦理五大方面的内容。

第二,符合地理学科的学业要求。因为是评价地理学科培育环境素养的水平,所以必须考虑到地理学科的教学要求与内容范围,体现环境素养培育的学科特点。

第三,涵盖一般纸笔考试的基本要求,如:试卷整体要有信度、效度和区分度;题量适中;各试题相互独立,不相互提供答案或建议。

第四,有意识地在纸笔测验中注意实践能力的评价。在培育环境素养的过程中,环境知识只起基础作用,形成积极主动的环境态度与行为、增强情感体验才是环境素养培育的真正目的。因此,为了减少纸笔测验"重知识,轻能力"的现状,在编制试题时,要尽可能关注重对环境行为、创新意识等方面的考查。

第五,需要结合学生的实际情况,有针对性地对学生掌握得不好的环境知识点进行考查,以达到强化知识点的目的。

二、表现性评价

所谓的表现性评价,指的是教师在针对特定的学习任务对学生的真实表现情况,如认知情况、情感状况、技能水平和学习成果等方面展开实际考查。教育部出台的《中小学环境素养培育实施指南》指出,要对学生环境行为表现给予足够的重视,密切观察相关表现,准确分析学生口头或书面形式的环境问题表述。作为评价者的教师在实施整个环境素养培育的过程中要充分把握学生的参与状况,了解学生对环境问题的关注度,选取灵活多样的形式让学生实现信息交流和思想碰撞,表达个人关于环境方面的观点。因此,"学生在真实情境中应用知识和技能的能力"是表现性评价关注的核心。

对学生环境素养进行评价,可以给学生设置一个任务活动,让学生在参与的过程中展现真实的自我。教师可以观察学生的语言表达,也可以观察学生在参与过程中制作的实物，比如拍摄的照片等，以此直接或间接地对学生的环境技能、态度、意识等方面进行评价。教师可以从学生的语言表达判断学生的思维水平和思考能力，可以通过追问的方式，了解学生真实的态度和情感。

这里有必要对纸笔测验和表现性评价进行比较，凸显表现性评价的优势。

第一，表现性评价有助于测查高级思维能力。表现性评价关注的核心是学生实际学习成果。它是一种直接考查的形式，对学生的高级思维能力重视程度较高，而这一点已经在表现性评价的相关研究领域达成共识。不管是国外还是国内学者，都肯定了表现性评价对于展示学生文字或口头表达力、发挥个人想象力和创造力、展示个人操作技能等方面的积极作用。

第二，表现性评价有助于考查学生在真实情境中解决问题的能力。将学生置于真实情境中是表现性评价的一个重要特点。在真实的问题情境中，学生如何运用已有的环境知识，如何认识和分析环境问题，提出怎样的解决环境问题的举措……都真实地反映出学生的实际能力。将学生嵌入特定的真实场景中，有助于实现"知行统一"，考查学生解决问题的综合能力。

第三，表现性评价有助于优化教学过程。表现性评价不是只能用在最后的评价活动中，在日常教学中表现性评价同样扮演着重要的角色。教师在日常的环境素养培育教学中可以频繁使用这种评定方式，留足学生自主发展空间，让学生根据兴趣特长展示自己环境技能的掌握和运用情况，以此帮助教师更好地开展下一阶段的教学活动，达到教学相长的目的。

第四，表现性评价有助于激发学生的学习动机。在开展校内评价时，教师可以通过收集学生作品制作成作品集、发布学生研究报告、举办学生学术成果展等方式，将学生成长过程中取得的点滴成果展示出来。这能够唤醒学生积极的自我认知，让他们收获成长中的快乐，感受到表现性评价之中充满建设性的内容，从而形成积极自我形象，树立学习信心。

具体的事例可以参考第五章中"在地理综合实践活动中培育环境素养"的相关内容。

三、档案袋评价

中学生的环境素养涉及面较广，不仅能通过定量方式测评的环境知识，还需要通过对学生的日常表现进行合理的分析与解释,以此反映学生环境素养的整体情况。因此,可以采取"学习档案袋"的方式,记录学生在某一时期环境知识的增长、环境态度的变化、环境行为的改善。可以说,"学习档案袋"是评价学生环境素养及其发展水平的理想方式(表6-1)。

表6-1　环境素养"学习档案袋"的内容及表现形式

内　　　容	表　现　形　式
◆ 本人的环境保护作品(如小报、漫画等) ◆ 环境问题探究报告 ◆ 环保日志 ◆ 自我反省、认识与评价意见 ◆ 同伴的观察和评价意见 ◆ 教师、家长或其他相关人士的评价意见 ……	照片、视频、录音 奖状、证书、聘书 地理图表、数据表、模型 ……

"学习档案袋"是指在既定的教学目标的指引下,教师能够有意识地收集学生日常行为成果中的积极部分,对其进行科学合理的解释和分析,以把握学生成长轨迹,了解学生学习的优势与不足,知晓学生在学习道路中付出的努力与取得的进步,引导学生对自己的过去有清醒的认识,从而进行科学的反思,不断地激励学生成长和发展。

"学习档案袋"根据使用者、使用目的和结构的不同,大致可以分为"学生学习成果档案袋""学习过程档案袋""记录学生发展水平档案袋"三种类型。实践中应当选取何种记录形式要充分考虑到教师的教学特长,围绕着相关的教学目标展开,同时还要充分考虑学生的学习需求和实际学习状况。既要照顾到全体学生,还要对学生的参与性给予足够的尊重。但不管采取何种形式的成长记录袋,都应当秉持一些基本原则,把握具体的操作规律。

原则一:关注的核心在于学生学习与自我发展过程。

原则二:围绕着特定时期的教学目标和学习目标依次展开。

原则三:学生对纳入学习档案袋中的项目、内容具有决定权。

原则四:教师要根据学习档案袋的要求进行记录,并定期评价和及时反馈。

建立"学习档案袋",应当审慎选取进入档案袋中的项目和内容。既充分尊重教师和学生的发展需要和教学需要,还要考虑到家长,由三方主体共同决定。

四、过程性评价

过程性评价是指通过访谈学生、观察学生在实际教学活动中的工作等方式，收集每个学生的情况信息。它更关注学生的学习过程，更重视非预期的结果。

第一，学生在分析和解决环境问题的时候，往往会采用不同的方式，而不同的方式又会导致不同的结果。教师可以限制自己对学生的评价，让学生通过自评和互评来评判不同的方式的优劣，逐步提升环境素养。

第二，教师可以留心观察学生那些评价目标没有涉及的行为表现，引导学生分析为什么会产生这样的表现。这样可以引发学生新的思考，形成新的思想和发现。这样的评价方式可以增加学生的主人翁意识和参与感，也可以加强环境素养的培养。

表 6－2　对学生环境素养的过程性评价

题目：　　　　　　　　姓名：　　　　　　　　年级：					
评　价　要　点		优	良	中	需努力
1. 搜集和记录数据及资料	通过不同的渠道收集资料、利用现存的资料、从实地考察中搜集数据				
2. 理解、分析和应用	辨别环境问题中的几个关键要素： ● 谁造成的？ ● 发生在哪里？ ● 是怎样的环境问题？ ● 为什么会发生？ …… 同时，解释环境问题中不同因素之间的关系				
3. 综合、评价和决策	判断不同观点之间的区别，以及可能造成的后果，并对其进行合理的解释				
4. 报告	加入参考书目，表述清楚 以图表、图解、图画进行辅助说明				
总评					
学生自评					

表现性评价与过程性评价,两者不是一种具体的评估手段或工具,而是一种路径和策略层面的方法;两者有着密切的联系和共同的特点:两者都主张评价过程与教学过程的交叉与融合,评价主体与客体的互动有助于学生实现学习目标、改进教学、实现"为学而评价"。两者区别在于:表现性评价更关注学生学习成果的实现,过程性评价关注学习动机、学习过程和学习成果。

第三节　环境素养评价体系建立的流程分析

地理学科培育环境素养的评价离不开科学评价方案的设计,唯有如此,才能确保对评价对象的学习效果作出的判断是客观的,而非主观臆断。一般来说,评价环境素养方案的制订可以按照一定的流程进行,主要步骤如图6-1所示。

图6-1　环境素养评价体系的建立流程

一、基于评价对象,确立评价目标

在编制评价方案的时候,首先要考虑评价的对象是哪一个人群,是初中生还是高中生。不同的评价对象要达到的环境素养要求不同,因此也就有不同的评价指标。在此基础上再进一步明确评价的目标是什么。例如,是了解初中生是否掌握了较为扎实的环境知识,还是了解学生的环境态度,抑或是观察学生在具体情境中表现出的环境行为。再比如,是为了对学生环境素养进行诊断,给出鉴别性的结论,还是为了观察学生在解决环境问题的过程中表现出的行为……明确了评价对象和评价目标是为了更科学、更准确地进行评价标准的选择。

二、确定评价标准，选取合理的评价尺度

环境素养培育评价与其他的学业评价在本质上都是一种价值判断，为此需要设定专门的评定依据和标准，以充分反映出评价者对环境素养培育的真实需要。环境素养的评价标准往往受社会因素的影响。例如，在环境素养培养初期，由于环境问题频发，人们往往认为是环境知识的匮乏导致了各种问题。于是，社会对学校的要求就是使受教育者掌握一定的环境科学知识。在这一时期，对学生环境素养的评价往往就在于评估学生的环境知识。如今，人们发现环境问题的发生往往并不是因为知识不够，环境态度、意识等综合因素往往更能体现一个人的环境素养。因此，评价开始更加关注学生的态度、情感和价值目标的实现，评价的重心也就发生了转移。于是，各种评价方式介入，如形成性评价、过程性评价等，以此评判评价对象的环境素养水平。

三、确定搜集信息内容的途径

评价信息指的是在满足特定评价目标的基础上，与评价活动相关的数据、资料、表现或信号等。整个收集过程要充分地考虑评价目标，并限定在特定的评价标准框架内展开，即在何种目标下收集信息、现有的评价标准规定应当收集哪些信息。只有牢牢地把握这两个标准，才能确保评价信息有章法和有迹可循。

结合本章第二节环境素养评价的主要方式，可以根据不同的评价内容选择不同的方法收集信息内容。如果只是关注认知领域目标，那么考核方式比较简单，主要是采用经典的纸笔测验，通过学生对一些相关试题的回答来判断教学质量。如果要对学生整体的环境素养进行评价，则应采用多种评估方法来评估学生综合环境素养的发展情况，包括纸笔测验、问卷调查、档案袋、过程性评价等方式。调查内容的获取，需要根据不同调查对象的不同情况确定具体的执行方式。

四、环境评价指标体系的建立

地理学科培育环境素养评价实际上就是对环境素养培养目标实施情况

的一种评价。但考虑到环境素养培育囊括的目标笼统且抽象，难以进行有效的观测，如果简单地把知识、方法、态度三维作为评价指标，可能会由于目标理解的偏差造成评价的结果不准确，出现主观性和随意性。为了有效地规避这一问题，就需要对抽象目标进行具体转化，形成各种可观测和可操作的细化目标。

有一些内容可以用定量的方式，如使用具体的分数表示学生具备的环境知识的程度。但是很多影响因素并不能通过具体的数字表现出来，例如情感变化、环境态度或环境价值观等，无法具体测量，难以通过数值将目标要求刻画出来。因此除了采取定量的方法以外，在具体评价指标设定中，还需要使用一些描述方法展开详细说明。

（一）指标体系设计的基本要求

该指标体系设计的核心在于客观、准确，因此绝不能由评价者根据自己的主观臆断或个人期望确定和随意调整，而是要围绕着环境素养培养目标逐一细化并围绕着该目标的实现依次建立。指标体系的建立要始终为环境素养培育目标服务，两者保持高度一致。

指标体系建立的主要目的是提高目标的可观测性，因此在设定目标时要使用操作化和行为化的语言，便于直接观察和评定。此外，指标体系的设计还要考虑到环境素养的三维目标领域的要求，不能偏颇。只有建立较为全面完备的指标体系，环境素养水平的评价才能更加准确和有效。

环境素养培育学业评价中，可以通过对知识与技能、过程与方法、情感态度与价值观三维目标的再分解，使其更加具体、明确、可操作。例如，对"环境知识"就可以细分为"掌握地理学科中关于人地关系的环境知识""综合理解涉及可持续发展的环境知识"；对"环境技能"就可以细分为"学习技能""交流沟通技能""表达技能""问题解决技能"等。

还有需要考虑的一点是：评价指标体系中的具体指标信息必须易于获取和采集，同时指标必须简明扼要，数量适中。如果指标过少，就不能较好地反映环境素养的综合性；如果指标过多，又会显得冗长、复杂，不利于评价者使用。因此，提高适用性，适当组合和减少环境素养的条目，是设计指标体系时重点考虑的因素。

（二）目标分解与指标体系设计方案

为使环境素养培育评价的指标更加具体，避免笼统抽象，可以通过设置具体的情境，将上一级的指标要求体现在目标体系框架之内。如表 6 - 3 所示。

表 6 - 3　对"环境态度"水平的测试评价

环境态度水平状态	环境保护意识	绿色消费	对香烟消费的态度 对餐具消费的态度 对浪费水的态度
		环境资源意识	对校园环境的态度 对环保活动的参与程度 对教室卫生保洁的参与程度 对环保认识活动的参与程度
	参与意识	参与意识	积极参与学校、社区、社会的各种环保活动
	关注意识	关注程度	关注周边发生的各种环境问题
		环保意识	能够分辨环境行为的正误
	了解意识	对环境意识的看法 对保护环境就是保护人类的看法	
	道德意识	对废弃物的处理方式 对践踏草坪者的处理方式	

（三）指数权重确定

指数权重是根据各指标在整体中的地位和作用而赋予的占比数值。例如，对环境知识、态度和行为的评价到底应该占多大比例，就是一种指数权重的确定。

指数权重是在对目标分解、建立指标体系的基础上进行的规划，其作用在于反映各项指标之间的客观差异。如对小学生环境素养的评价，着重于价值观的厘清和态度的评判。这时知识与目标的权重就需要地域价值目标的权重。到了中学阶段，环境素养的培养开始向认知区发展，知识与技能目标的权重就要得到改善与提升。由此可以发现，确定权重展示了不同指标在评价者心目中的差异，具有很强的导向作用。

在教育评价学中,有很多方法可以确定权重指数。其中,平均专家意见法和特尔斐法应用最广泛。

1. 平均专家意见法

平均专家意见法,就是综合本领域众多专家的意见,以此获得客观可靠的权重指数。对于环境素养评价的指数确立来说,有必要邀请长期从事环境素养培育研究、了解教育学原理、掌握教育规律、对环境素养有较新认识的专家和教育工作者共同开展研究。比如,大学教师、中学教研员、中学教师、学校管理者等。

具体方法是邀请每位专家分别为指标评级体系中的各个指标分配权重,然后计算每位专家提供的各个指标权重的平均值。

平均专家法操作方便,因此经常使用。其不足之处在于:主观性较强,受专家个人素质、对环境的认识的理解不同等的影响而会出现偏差。此外,对于有许多指标的评价来说,由于指标数量较多,很难界定彼此之间的区别,因此会在科学性上存在问题。

2. 特尔斐法

特尔斐法可有效避免专家之间不同意见的相互干扰和影响,因此科学性大幅提高。这种方法通过"背靠背"的匿名形式,征询不同专家的意见,然后由组织者汇总整理,提出分析报告,分发给专家以供新的参考和评价指标。这个过程可以重复 2～4 次,几经斟酌,最终得出结论。

在采用特尔斐法时,首先要编制咨询表,如表 6-4 所示。

表 6-4 咨 询 表

指　标	很重要	重要	一般	不重要	其他意见
指标 1					
指标 2					
指标 3					
……					

注:确认在框内打√号。

第四节 环境素养培育评价的实施

根据环境素养评价方案的建立流程，参考地理学科培育环境素养的"1＋3"目标体系与"3＋5"内容框架，从要素层、指标层、操作层三个方面，建设地理学科培育环境素养的评价指标体系。

总的来说，地理学科培育环境素养的评价体系是用来反映中学生环境素养水平的结构框架。环境素养可以分为 5 个不同的方面，但是，总体上可以按照"知、情、意、行"的相关内容划分为 4 个方面，即"知识与观念""情感与态度""思维与能力"以及"实践与行为"。这样可以减少在认识和操作上的复杂性，提升使用评价体系的便捷性（见表 6－5）。

表 6－5 中学生环境素养水平的评价指标体系

评价要素	具 体 指 标	权重系数	排序
知识与观念	对地理环境知识的把握程度	4.900	2
	对资源和能源利用的了解情况	4.400	1
	对相关环境法律法规的把握程度	9.800	13
	对人类健康与生态环境关系的理解水平	5.000	3
	对健康问题、生态环境等相关基础知识的了解程度	8.000	8
	避免环境问题对健康产生影响的相关知识的认识与理解程度	9.400	11
情感与态度	环境问题同健康问题方面的价值判断	7.500	4
	重视各种环境问题	7.900	7
	明确个人在维护生态环境中应当承担的责任	9.300	10
	面对自然环境破坏产生的危机和忧患意识	8.000	9
	通过个人行为树立积极的榜样意识	13.400	16

续　表

评价要素	具　体　指　标	权重系数	排序
思维与能力	对相关环境问题信息的甄选和收集能力	9.500	12
	对收集到相关信息的利用整合能力	7.800	5
	妥善解决生态环境与人类健康问题冲突的能力	10.500	14
实践与行为	关心自然环境与健康	7.800	6
	传播环境与健康知识及策略	12.800	15

一、知识与观念

环境素养的形成离不开个人的认知和观念的建立。其中"知"的过程是对事物了解的过程,对于环境素养而言,即个体掌握相关知识、收集相关信息的能力水平。它会对后期情感态度的培养、思维能力的提升,以及行为实践的提高产生十分重要的作用。

考虑到是对地理学科培育学生环境素养进行的评价,两者有高度的关联性,因此在具体指标中,结合"1+3"的目标和"3+5"的内容,设计了对"地理环境知识把握程度""资源和能源利用了解情况"等方面的学科内容,凸显了地理学科的教学要求。同时,也增加了关于健康与法律法规的相关内容。这是因为,环境问题带来的最大危害就是对人的健康产生影响,有必要将环境问题与健康问题进行关联,突出环境问题的现实意义。环境知识本身就应该包括法律法规,提升学生的法律意识也是环境素养的重要表现。

二、情感与态度

地理环境是客观存在的,而中学生却具有较高的主观能动性,在"情"的层面上重点反映中学学生的情感和态度。对于中学生而言,他们对地理环境与健康的态度会受到认知观念的限制,还无法脱离不同个体的生长环境、接受的教育水平、形成的价值和道德观念,以及培育的个人信念等的影响。

地理环境包含的内容十分丰富,既有与人类生存发展密切相关的水土资源，又包含了相应的生物和气候资源。它是上述各种要素的总和，是对人类生存与发展至关重要的一种复合型生态系统。学生对地理环境和健康问题产生强烈的关切，具有忧患意识，能够通过进行自身保护环境的行为调动他人的情感态度来影响他人的行为，这三个方面就构成了情感与态度的核心内容。

因此，本部分将"环境问题同健康问题方面的价值判断"作为重要指标的同时，再加上了"通过个人行为树立积极的榜样意识""面对自然环境破坏产生的危机和忧患意识"体现关心和爱护环境的责任感等相关内容，以此丰富地理学科培育环境素养的评价体系。

三、思维与能力

地理环境素养的培育需要建立在个体的思维能力基础之上，也是本文提到的"意"，更多的是与环境技能相匹配。它是人类个体对自身行为关系的一种主观反映，能够在很大程度上影响个体的行为实践。此外，它还需要具备一定的能力，能够解决实践中遇到的各种问题。中学生如何看待地理环境和健康方面的问题、进行何种深层次的加工和分析，将会在很大程度上决定后期的行动计划和实施步骤。

因此，本部分将"对相关环境问题信息的甄选和收集能力"等关于环境技能的内容作为重要的指标同时，还关注到学生在对问题分析与解决的过程中表现出来的思维品质，设置了"对收集到相关信息的利用整合能力"的指标。

四、实践与行为

实践与行为处于环境素养培育的较高层次，它也是环境教育的核心培养目标，即培育出环境友好、行为合理的现代公民。一般而言，环境素养较高的中学生，在日常的行为实践中往往表现出更多的环保行为。

基于这一观察，可以将中学生的环境行为作为生态环境素养判定的依据。积极的行动实践应包括：一是能够通过多种渠道传播相关知识和行动策略；二是对地理环境和健康行为给予更多的关注，并勇于扮演信息传播者为其他人提供相关知识和传播环保策略；三是对自然环境与健康之间的关系有着清醒的认知，能够深入地把握两者之间的关系。

因此,本部分着重从"关心自然环境与健康""传播环境与健康知识及策略"两个角度设置了相关指标。

五、权重系数的确定

由于地理环境素养培养的考核是一个价值判断过程,每个人对这些指标的理解差异很大,见仁见智。因此,有必要对这些内容进行价值排序,即权重系数的确定,以此回答这些指标哪个排第一、哪个排最后的问题。

本文采用的"专家意见法",邀请了10位地理专家、教研员、学科教师对这评价细则进行打分并排序,然后求出各位专家提供的各项指标权重的平均值,最终确定评价体系中的各项指标分配权重。

具体的计算方法,以排序第一的"资源和能源利用了解情况"为例进行说明。根据10位专家的打分情况,计算平均数,得到权重系数为4.400(见表6-6)。

表6-6 10位专家对"资源和能源利用了解情况"的打分情况

专家	一	二	三	四	五	六	七	八	九	十
给分	6	3	2	2	7	8	6	6	2	2

$$权重系数 = \frac{1}{10}\sum_{i=1}^{10} a = \frac{1}{10}(6+3+2+2+7+8+6+6+2+2) = 4.400$$

$$(6-1)$$

权重系数的确定,可以揭示评价者心目中各项指标在影响学生环境素养中的重要程度的差异,具有较强的指向作用。

参 考 文 献

［1］中华人民共和国国土资源部.国土资源部全国土壤污染状况调查公报［R］.2014.

［2］中华人民共和国农业农村部.中国农业统计资料(2016)［R］.2019.

［3］中华人民共和国中央人民政府.第七次全国人口普查主要数据情况［R］.2021.

［4］中华人民共和国生态环境部.2021中国生态环境状况公报［R］.2021.

［5］中华人民共和国农业农村部.2019全国耕地质量等级情况公报［R］.2019.

［6］国家统计局.中华人民共和国2021年国民经济和社会发展统计公报［R］.2021.

［7］中华人民共和国住房和城乡建设部.2021年中国城市建设状况公报［R］.2021.

［8］中华人民共和国教育部.全日制义务教育地理课程标准(2022年版)［S］.北京：北京师范大学出版社,2022.

［9］中华人民共和国教育部.高中地理课程标准［S］.北京：北京师范大学出版社,2017.

［10］中华人民共和国教育部.中小学环境教育实施指南(试行)［S］.北京：北京师范大学出版社,2003.

［11］联合国.可持续发展问题世界首脑会议的报告［R］.2002.

［12］段玉山,周义钦,苏小兵.普通高中教科书地理(必修1)［M］.北京：中华地图出版社,中华地图学社,2020.

［13］段玉山,周义钦,苏小兵.普通高中教科书地理(必修2)［M］.北京：中华

地图出版社,中华地图学社,2020.

[14] 段玉山,周义钦,苏小兵.普通高中教科书地理(选必1)[M].北京:中华
　　　地图出版社,中华地图学社,2020.

[15] 段玉山,周义钦,苏小兵.普通高中教科书地理(选必2)[M].北京:中华
　　　地图出版社,中华地图学社,2020.

[16] 段玉山,周义钦,苏小兵.普通高中教科书地理(选必3)[M].北京:中华
　　　地图出版社,中华地图学社,2020.

[17] 陈澄,黄昌顺.义务教育地理教科书(六年级第一学期)[M].上海:上海
　　　教育出版社,2020.

[18] 陈澄,黄昌顺.义务教育地理教科书(六年级第二学期)[M].上海:上海
　　　教育出版社,2020.

[19] 陈澄,黄昌顺.义务教育地理教科书(七年级第一学期)[M].上海:上海
　　　教育出版社,2020.

[20] 陈澄,黄昌顺.义务教育地理教科书(七年级第二学期)[M].上海:上海
　　　教育出版社,2020.

[21] 上海市中学地理学科育人价值研究课题组,裘腋成.学"地"明理树立人
　　　地协调观——中学地理学科育人价值概述[J].现代教学,2013(Z2).

[22] 地理课程标准研制组.全日制义务教育地理课程标准(实验)解读[M].北
　　　京:北京师范大学出版社,2002.

[23] 高新越,陈凯,倪娟.美国科学教育的环境素养评述[J].化学教学,
　　　2022(1).

[24] 王佳馨.PISA2025关注环境素养[J].上海教育,2021(14).

[25] 张虹萍.环境史视角下高校历史学科生态环境素养培育[J].环境教育,
　　　2022(Z1).

[26] 缪圣,段玉山.中学生环境素养的影响因素及培养路径——基于结构方
　　　程模型的实证分析[J].地理教学,2022(7).

[27] 包庆德.生态哲学维度·环境教育与人的生态意识之提升[J].内蒙古师
　　　范大学学报(哲学社会科学版),2007(1).

[28] 陈德权,娄成武.环境素养评价体系与模型的构建及实证分析[J].东北大
　　　学学报,2003(2).

［29］陈俊.习近平生态文明思想的当代价值、逻辑体系与实践着力点［J］.深圳
　　　大学学报（人文社会科学版）,2019,36(2).

［30］陈延斌,牛绍娜.生态文明与新时代"美丽中国"建设［J］.黄河科技学院学
　　　报,2019,21(3).

［31］杨昕,段玉山,丁荣.《义务教育地理课程标准（2022 年版）》的变化［J］.地
　　　理教学,2022(9).

［32］段玉山,周义钦.鼎故革新立德树人——上海版高中地理教材编制方案
　　　介绍［J］.地理教学,2021(21).

［33］龚倩,朱雪梅,陆丽云.基于地理大概念的大单元教学:深化初中地理课
　　　程改革的新实践［J］.地理教育,2022(8).

［34］刘培军.新高考背景下人文地理复习策略研究［J］.地理教育,2019(5).

［35］王慧,崔秀萍.新世纪环境素养:现状、困境与提升［M］.北京:经济管理
　　　出版社,2020.

［36］韩梅.中学地理学科中的环境伦理教育研究［M］.北京:北京师范大学出
　　　版社,2010.

［37］上海市教育委员会教学研究室.行者有其路:2013 年度上海市青年教师
　　　教育教学研究课题评选成果集［M］.上海:上海科技教育出版社,2014.

［38］朱群芳,王雅平,马月华.环境素养实证研究［M］.北京:中国环境科学出
　　　版社,2009.

［39］王丽,刘森甲,李继红,等.地理德育新内涵及其实施途径和模式［J］.中学
　　　地理教学参考,1997(6).

［40］韩振秋.生态文明的马克思主义自然观理论依据及其实现［J］.武汉理工
　　　大学学报（社会科学版）,2014,27(6).

［41］何琪.环境政策、环境意识与环保行为［D］.杭州:浙江师范大学,2018.

［42］胡金木.生态文明教育的价值愿景及目标建构［J］.中国教育学刊,
　　　2019(4).

［43］焦开山.社会经济地位、环境意识与环境保护行为——基于结构方程模
　　　型的分析［J］.内蒙古社会科学（汉文版）,2014,35(6).

［44］赖爱娥.开展环境教育综合实践活动,提升小学生的环境素养——我们
　　　的实践与探索［J］.环境教育,2005(5).

[45] 李桂花,杜颖."绿水青山就是金山银山"生态文明理念探析[J].新疆师范大学学报(哲学社会科学版),2019,40(4).

[46] 李娟.中国生态文明制度建设40年的回顾与思考[J].中国高校社会科学,2019(2).

[47] 李新秀,刘瑞利,张进辅.国外环境态度研究述评[J].心理科学,2010,33(6).

[48] 李学鹏,袁宁,段玉山.基于层次分析法的中学生环境素养评价体系构建[J].地理教育,2014(12).

[49] 刘经纬,张维学.国外环境教育现状研究[J].齐齐哈尔大学学报(哲学社会科学版),2017(1).

[50] 吕润美.环境教育与公民素养[J].地理教学,2011(2).

[51] 宋超,孟俊岐.发达国家环境教育体验式教学特点探析[J].环境教育,2016(4).

[52] 宋超,张路珊.发达国家环境教育体验式教学特点及启示[J].山东理工大学学报(社会科学版),2016,32(3).

[53] 苏小兵,潘艳.2000年以来国外环境教育研究的知识图谱分析[J].比较教育研究,2017,39(7).

[54] 田友谊,李婧玮.中国环境教育四十年:历程、困境与对策[J].江汉学术,2016,35(6).

[55] 王辉.环境素养与生态素养[J].科学时代,1997(1).

[56] 王秀娟,钱凤珍,白丽荣.国外环境教育对我国的启示[J].环境与发展,2016,28(5).

[57] 武春友,孙岩.环境态度与环境行为及其关系研究的进展[J].预测,2006(4).

[58] 姚卫新.论环境道德教育的目标建构[J].中学政治教学参考,2011(29).

[59] 张茂聪,李睿,杜文静.中国环境教育研究的现状与问题——基于CNKI学术期刊1992—2016环境教育文献的可视化分析[J].山东师范大学学报(自然科学版),2018,33(1).

[60] 朱国伟,徐华红,龚宇波.公民环境素养框架研究[J].江苏社会科学,2008(S1).

［61］王民.德国中小学环境教育的目的、内容与方法［J］.学科教育,1996(11).

［62］欧阳蔚怡.日本小学的环境教育［J］.中小学管理,2003(9).

［63］蔡运龙.人地关系研究范型:哲学与伦理思辨［J］.人文地理,1996(1).

［64］范恩源,马东元.环境教育与可持续发展［M］.北京:北京理工大学出版社,2004.

［65］胡应泉.中学环境道德教育研究［D］.福州:福建师范大学,2005.

［66］黄朝恩.中学地理学科环境价值教学之研究［J］.地理研究报告,2000(33).

［67］李久生.环境教育的理论体系与实施案例研究［D］.南京:南京师范大学,2004.

［68］陆静,王必亚.中学地理课程中的环境教育价值及目标研究［J］.课程·教材·教法,2004,24(9).

［69］王民.论环境意识的组成［J］.地理教育,2002(3).

［70］杨国锋.关于美国环境教育的几个问题［J］.山东师范大学学报(人文社会科学版),1999(3).

［71］周开胜.地理教学与环境意识教育［J］.皖西学院学报,2004(2).

［72］梁丹凤,陈良豪.核心素养背景下高中地理环境教育探析［J］.环境教育,2023(3).

［73］张黎,郑太年.提升环境素养,以行动迎接环境挑战——来自PISA的见解［J］.上海教育,2023(11).

［74］张明晓.创新评价方式,助力高中生环境素养培育［J］.上海教育,2023(12).

［75］杨琳.促进学校特色发展的高中生环境素养评价体系构建与实施［J］.上海课程教学研究,2023(3).

［76］杨文.上海市曹杨中学积极开展"环境素养培育"特色教育［J］.现代教学,2022(19).

［77］王鹏.渗透环境教育的博物馆研学活动设计研究［J］.中小学班主任,2022(20).

［78］王河江,史云龙.历史学科环境素养教育研究［J］.黑龙江教育(理论与实践),2021(2).

［79］张涛.中小学教师环境教育素养研究［D］.南京：南京师范大学,2020.

［80］于蓉,朱媛媛.江苏省初中生环境素养测评研究［J］.地理教学,2019(24).

［81］杨琳.立德树人导向的"环境素养培育"特色教育实践研究［J］.创新人才教育,2019(2).

［82］姚泽阳,段玉山,牛超,等.我国四省市15岁学生环境素养表现及影响因素——基于PISA2015数据的分析［J］.地理教学,2021(9).

［83］康玉环.新时代生态文明建设和可持续发展的问题及应对策略［J］.智慧中国,2022(6).

关于环境素养及环境素养培育的相关问卷

中学生环境素养现状问卷调查

亲爱的同学,你好!

环境教育是地理教育的主要内容。为客观了解当前中学生环境素养的基本情况,我们编制了这份问卷。希望能够得到你的帮助。预祝你学习进步,谢谢!

一、个人情况

1.1　你的性别是＿＿＿＿＿＿＿＿

1.2　你所在的年级＿＿＿＿＿＿＿

1.3　你所在学校是否为市、区绿色生态学校＿＿＿＿＿＿＿＿＿

二、对于下列论述,选择你认为正确的答案

2.1　地理环境中的各个要素是相互关系,相互作用的。对此你(　　　)

A. 同意　　　　　　B. 不清楚　　　　　　C. 不同意

2.2　地球上的空间和资源是有限的,需要供养的人口也是有限的。对此你(　　　)

A. 同意　　　　　　B. 不清楚　　　　　　C. 不同意

2.3　地球上的水和空气可以自由使用,因为它们是无限的。对此你(　　　)

A. 同意　　　　　　　　B. 不清楚　　　　　　C. 不同意

2.4　在环境问题上，世界上任何一个国家承担的责任必须相同。对此你（　　）

A. 同意　　　　　　　　B. 不清楚　　　　　　C. 不同意

2.5　只有依靠科学的发展，环境问题才能自然解决。对此你（　　　）

A. 同意　　　　　　　　B. 不清楚　　　　　　C. 不同意

2.6　人类的发展会导致许多生态问题的出现，因此在人类发展的过程中必须重视对环境的保护。对此你（　　　）

A. 同意　　　　　　　　B. 不清楚　　　　　　C. 不同意

三、对下列问题与看法，请填入你真实的态度

3.1　如果你所在小区为了美化环境，向你收取一定费用。对此你的态度是（　　）

A. 很赞成　　　　　　　B. 无所谓　　　　　　C. 不同意

3.2　虽然我知道有些事可能会污染环境，但是偶尔做一下也无妨。对此你的态度是（　　　）

A. 很赞成　　　　　　　B. 无所谓　　　　　　C. 不同意

3.3　看到有人随意扔垃圾破坏环境。对此你的态度是（　　　）

A. 应该制止　　　　　　B. 无所谓　　　　　　C. 视而不见

3.4　你对在超市购物时使用塑料袋的态度是（　　　）

A. 尽量少用，甚至不用　B. 无所谓　　　　　　C. 多多益善

四、遇到下列情景时，你将如何做

4.1　看见打开着的水龙头，你会怎么做？（　　　）

A. 主动去关　　　B. 无所谓　　　C. 水费自己出的，想怎么用就怎么用

4.2　如果你家附近有一家噪声很大的工厂，你会怎么做？（　　　）

A. 关窗忍一忍　　　　　B. 无所谓　　　　　　C. 向相关部门反映

4.3　你认为我们应该如何处理掉落在校园里的枯草和落叶？（　　　）

A. 集中处理作为化肥　　B. 无所谓　　　　　　C. 就地焚烧

4.4　对于"爱护公共绿地""不采摘花草"你（　　　）

A. 仅仅自己能做到

B. 自己做到,劝说别人做到

C. 很少这么做

4.5　少用餐巾纸就是保护森林,你每天都会(　　　)

A. 少用纸巾　　　　　　B. 改用手帕　　　　　C. 依然我行我素

4.6　你常在洗手、洗脸、刷牙的过程中不会关水龙头。(　　　)

A. 符合　　　　　　　　B. 比较符合　　　　　C. 不符合

五、对下列描述,请填入你的实际情况

5.1　能比较全面地分析出上海雾霾天气的成因。(　　　)

A. 符合　　　　　　　　B. 比较符合　　　　　C. 不符合

5.2　具备在各种媒体(报纸、广播电视、网络等)中快速搜索环境信息的能力。(　　　)

A. 符合　　　　　　　　B. 比较符合　　　　　C. 不符合

5.3　如果遇到环境问题,需要找哪个部门解决你是很清楚的。(　　　)

A. 符合　　　　　　　　B. 比较符合　　　　　C. 不符合

5.4　能够使用多种方法分析环境问题管理过程中的原因、影响和问题。(　　　)

A. 符合　　　　　　　　B. 比较符合　　　　　C. 不符合

5.5　你自己解决过多少环保问题?(提示:如节水、节能、节约资源、废弃物与废物利用、噪声污染防治等。)(　　　)

A. 1—2 项　　　　B. 3—5 项　　　　C. 6—9 项　　　　D. 10 项以上

六、关于下列论述,请填入你的真实态度

6.1　为了更清洁的环境,往往需要外在的治理行为。对此你的态度是(　　　)

A. 很赞成　　　　　　　B. 无所谓　　　　　　C. 不同意

6.2　在市场经济条件下,刺激高消费、满足高消费不考虑其他因素的做法是合理的商业行为。对此你的态度是(　　　)

A. 很赞成　　　　　　　B. 无所谓　　　　　　C. 不同意

6.3 节约资源、保护环境,只是人类为了自身生存而不得不采取的行动。对此你的态度是( )

A. 很赞成　　　　　B. 无所谓　　　　　C. 不同意

6.4 从长远来看,保护生态环境的好处是造福于人类:人们可以更好地实现经济价值和市场价值。对此你的态度是( )

A. 很赞成　　　　　B. 无所谓　　　　　C. 不同意

七、对学校开展环境教育的看法

7.1 在学校,你认为进行环境教育最有优势的课程是:(选择 3 项,并按主次顺序排列)

第一是( )　　　　　第二是( )　　　　　第三是( )

A. 地理　　　　　B. 生物　　　　　C. 化学

D. 语文　　　　　E. 物理　　　　　F. 思想品德

G. 数学　　　　　H. 其他

7.2 如果在校园文化建设中适当加入相关的环境教育内容,你的态度是( )

A. 努力好好学　　　　　B. 无所谓　　　　　C. 不太愿意学

7.3 如果学校举办例如"爱鸟周""植树日"等主题活动,你的态度是( )

A. 积极参加　　　　　B. 无所谓　　　　　C. 不太想去

7.4 写出你认为有意义的环境教育活动:_____
(内容、形式)

再次感谢你的参与,祝你学业进步!

中学环境教育开展情况调查

本次调查采用匿名方式,仅用于研究分析,请您放心,如实反映您的意见即可。

学校		职务	□学校管理者(包括中层干部) □教研员□初中教师□高中教师
年龄		性别	

1. 您认为,上级部门对环境教育的态度是(　　　)

A. 很支持　　　　　　B. 较支持　　　　　　C. 一般

D. 不支持　　　　　　E. 不清楚

2. 学校制定的教学大纲有无环境教育要求?(　　　)

A. 有明确要求　　　　B. 有要求

C. 基本没有要求　　　D. 不清楚

3. 您认为目前的环境教育(　　　)

A. 亟须加强　　　　　B. 要加强　　　　　　C. 维持现状

D. 无须加强　　　　　E. 不清楚

4. 您认为其他教师的环保意识(　　　)

A. 很高　　　　　　　B. 较高　　　　　　　C. 一般

D. 较低　　　　　　　E. 不清楚

5. 您认为学生的环境意识(　　　)

A. 很高　　　　　　　B. 较高　　　　　　　C. 一般

D. 较低　　　　　　　E. 不清楚

6. 您认为环保课的主要任务是(　　　)

A. 培养环保意识　　　B. 环保技能培训　　　C. 环保知识认知

D. 环保行为养成　　　E. 全选

7. 你是否知道学校已经开设的关于环境保护的课程?(　　　)

A. 知道　　　　　　B. 不知道　　　　　　C. 不清楚

8. 您所在学校对环境教育的资金投入状况（　　　）

A. 充足　　　　　　B. 较高　　　　　　C. 一般

D. 缺乏　　　　　　E. 不清楚

9. 您对学校的环境教育现状（　　　）

A. 很满意　　　　　B. 较满意　　　　　C. 一般

D. 不满意　　　　　E. 不清楚

10. 您所在学校是否为"上海市绿色学校"？（　　　）

A. 是　　　　　　　B. 不是　　　　　　C. 不清楚

11. 您接受过环境教育方面的培训吗？（　　　）

A. 经常　　　　　　B. 有时　　　　　　C. 偶尔

D. 很少　　　　　　E. 根本不

如有，其采用形式：

A. 正规进修，主办单位：＿＿＿＿＿＿＿＿＿＿＿＿＿

B. 短期培训，主办单位：＿＿＿＿＿＿＿＿＿＿＿＿＿

C. 自学

12. 学校宣传栏有无环保内容？（　　　）

A. 经常　　　　　　B. 有时　　　　　　C. 偶尔

D. 没有　　　　　　E. 不清楚

13. 教学使用的环保资料主要是（　　　）

A. 正式出版书籍　　B. 图片　　　　　　C. 宣传手册

D. 音像带　　　　　E. 自编教材

14. 您认为影响环境教育效果的最大问题是（　　　）

A. 缺乏资金　　　　B. 建筑设备不足　　C. 师资培训条件差

D. 教师待遇差　　　E. 缺乏教学资料　　F. 其他

15. 您学校开展环境教育的活动有（　　　）

A. 研拓课程　　　　B. 环保社团　　　　C. 课堂教学渗透

D. 课外环保活动　　E. 其他

16. 学校进行环境保护技能教育的频率是（　　　）

A. 经常　　　　　　B. 有时　　　　　　C. 偶尔

D. 很少　　　　　　　　E. 不清楚

17. 你认为学校目前开展环境素养培育的效果如何？（　　）

A. 很好　　　　　　　B. 较好　　　　　　　　C. 一般

D. 不好　　　　　　　E. 不清楚

18. 学校办公室是否有垃圾袋？（　　）

A. 是　　　　　　　　B. 否

19. 学校是否进行废纸回收？（　　）

A. 是　　　　　　　　B. 否

20. 学校是否进行电池回收？（　　）

A. 是　　　　　　　　B. 否

21. 您身边的教师对一次性纸杯使用情况是（　　）

A. 经常　　　　　　　B. 有时　　　　　　　　C. 偶尔

D. 基本不　　　　　　E. 不清楚

22. 您认为身边的教师绿色产品选购的情况是（　　）

A. 经常　　　　　　　B. 有时　　　　　　　　C. 偶尔

D. 基本不　　　　　　E. 不清楚

23. 您认为身边的教师注意纸张充分利用的情况是（　　）

A. 经常　　　　　　　B. 有时　　　　　　　　C. 偶尔

D. 基本不　　　　　　E. 不清楚

24. 您认为身边的教师有无随手关灯的习惯？（　　）

A. 经常　　　　　　　B. 有时　　　　　　　　C. 偶尔

D. 基本不　　　　　　E. 不清楚

25. 您从什么途径获得环境认知的？（　　）

A. 上学　　　　　　　B. 进修　　　　　　　　C. 媒介宣传

D. 环保社团活动　　　E. 读书　　　　　　　　F. 其他

26. 您在学校吸烟吗？（　　）

A. 经常　　　　　　　B. 有时　　　　　　　　C. 偶尔

D. 基本不　　　　　　E. 不清楚

27. 您主动向周围的人宣传环保知识吗？（　　）

A. 经常　　　　　　　B. 有时　　　　　　　　C. 偶尔

D. 基本不   E. 根本不

28. 您参加环保社团或环保活动吗?(   )

A. 经常   B. 有时   C. 偶尔

D. 基本不   E. 根本不

29. 请写出您知道的我国环保组织:_____

基于环境素养培育的课堂教学实录

初中《地理》"中国的气温与降水"教学设计

一、教材分析

"中国的气温与降水"这部分内容在初中地理中既是教学重点,也是教学难点。只有了解和掌握了我国的基本国情和气候特点,才有利于进一步了解我国各地区的地理风貌和特点的差异。

具体来说,"气温"一节内容与前后知识的关系联系较为密切。一方面,我国地区气温分布的差异是由先前学习过的纬度差异、海陆位置、地形等因素造成的;另一方面,气温分布的差异对农业生产影响较大。在教学过程中,学生要通过各种实例加深理解。"降水"一节的主要结构与"气温"一节类似,也是对降水的时间分配与空间分布进行教学。由于降水的时间与空间分布的差异,我国有了干湿地区的划分,直接影响了各个区域在文化、饮食习惯等方面的差异。因此,在具体的教学活动中,可以改变教师传统的一节内容的教授,转而发挥学生的主动性与积极性,将两节课的内容联系在一起,以某个具体的文化现象作为切入点进行教学活动。

二、教学目标

【知识与技能】学会分析我国气温季节分布特点与降水的时间、空间分布特点;明确秦岭—淮河是我国重要的地理分界线。通过对不同地区粮食作物的分布特点的学习,能够说出影响我国粮食作物分布的原因。

【过程与方法】借助多媒体设备,通过小组合作分析交流,从感性的生活材料入手,在合作学习中学会收集、处理和分析资料的方法,体会我国南北气温的差异。通过对我国南北粮食作物的分布特征学习,学会分析自然要素对人类生存环境的影响,从而认识自然要素是相互关系、相互影响的,将所学知识与生产生活实际联系。

【情感态度与价值观】认识自然要素是相互关系、相互影响的,进而初步树立正确的人地关系观与环境观,懂得人地关系应该和谐发展的地理思想。

三、教学过程

环节一:新课引入

教师引入:同学们,通过上一节课的学习,我们知道了很多自然要素都在影响着我们的生活。比如今天学习的气温与降水对我们生活的影响就是巨大的。那么,这些自然要素之间是否存在联系? 它们又是否决定着我们的生活生产呢? 那么,今天我们就借助对"我国的饮食习惯"的分析来学习我国气温与降水在空间分布上的特点与成因。

(PPT 出示这次讨论的主问题:我国南北方的饮食习惯有什么特点?)

【设计意图】气候可以分成气温与降水。这两个方面都影响着人类的生产和生活。其中影响最大的就是人类的农业生产。因此,本课以"我国饮食习惯"为切入点,反过来分析我国的气温与降水在时空上的特点与成因,一方面以学生熟悉的情境学习地理,另一方面通过分析气候对生产生活的影响,建立起人地和谐的理念。

环节二:对主问题"我国南北方的饮食习惯有什么特点?"进行分解

教师:现在请同学们思考,完成对这个主问题的回答。我们还可以把这个问题分解成哪些子问题,来帮助我们一步步理解这个主问题呢? 同学们可以同桌讨论。

学生1:要先考虑,南北方的饮食习惯到底有什么不同?

学生2:我同意,而且还要考虑我国南方和北方的气候特点有什么不同。

教师:"气候"囊括的内容比较多,你能不能具体进行说明?

学生2:可以分为"气温"与"降水",所以还要考虑我国南北方的气温有什么不同,我国南北方的降水有什么不同。

学生3：我们国家有"南稻北麦"的说法，所以还要考虑水稻和小麦的生长习性是怎样的。

教师：我们现在已经分解出了4个问题，分别是："我国南北方的饮食习惯，也就是粮食构成是怎样的？""我国南北方的气温有什么不同？""我国南北方的降水有什么不同？"以及"水稻和小麦这两个粮食作物的生长习性是怎样的？"还有没有？

（学生没有回答）

教师：都没有问题了？那么，老师再添加两个问题："我国南北气温分布差异的原因"和"我国南北降水分布差异的原因"。之所以加这两个问题，主要还是因为要从"现象—原因"过程来思考具体的地理问题，从而逐渐培养我们自己完整地思考问题的意识。

环节三：对主问题"我国南北方的饮食习惯有什么特点？"进行排序

教师：现在我们已经将主问题"我国南北方的饮食习惯有什么特点？"分解成了6个小问题。但是，大家发现了吗？我们并没有对这6个问题进行排序，也就是到底先解决哪个问题，再解决哪个问题呢？

现在请大家以前后左右4人为一个小组，来对黑板上的6个问题进行排序，看看应该按照什么顺序来解决这些问题。关键是，大家要给出这样排序的原因。现在开始。

问题1：我国南北方的饮食习惯是怎样的？

问题2：我国南北方的气温有什么不同？

问题3：我国南北方的降水有什么不同？

问题4：水稻和小麦这两种粮食作物的生长习性是怎样的？

问题5：我国南北气温分布差异的原因是什么？

问题6：我国南北降水分布差异的原因是什么？

【设计意图】让学生排序，主要是基于以下思考：环境素养的培育不是传授环境知识的教育，更重要的是要让学生能够自我认识，自我思考环境问题的发生，认识到自然环境中要素之间的关联。所以，让学生思考顺序，既可以让学生自我思考，构建知识，还可以让学生能够通过思考，初步理解自然环境要素之间是相互关系、相互影响的。

教师：好，现在我们就请同学们来说说你们小组认为的问题解决的顺序。

小组 A：我觉得顺序应该是 5—2—6—3—1—4。因为我们小组认为：气温变化的成因就导致了气温的分布特点，同样降水的成因导致降水的分布特点。由于有了这样的区别，才有了南北方饮食习惯的不同，这也就和小麦与水稻的生长习性产生了关联。

小组 B：老师，我们认为不对。A 小组前面几项我都同意，但是最后两项的排序我觉得不对，应该是由于有了气温与降水的差别，才会导致水稻和小麦的生长习性不同，也就导致了南北方的饮食习惯产生差异。因此，我们觉得应该是 5—2—6—3—4—1。

小组 C：我认为应该是 1—4—2—5—3—6。理由是先要了解我国粮食作物南北分布的基本情况，然后思考为什么会如此分布，接着是两种粮食作物的生长习性的差异——这就与气温与降水有关，然后分别引出气温分布的特点与成因与降水分布的特点与成因。

小组 D：我们认为应该是 1—2—5—3—6—4。原因是，应该先是有气温的分布特点，再有气温的分布的成因。降水同样如此，然后再推导出粮食作物的习性与分布特点。

【设计意图】学生的排列顺序一定会出现不同，只要每个人能够说出理由，能够说清楚自己的思考路径即可。

教师：同学们都把自己的观点展示出来了，那么现在大家来一起想想看，应该按照哪个小组安排的顺序来汇报啊？

学生：老师，我觉得 2—5 和 5—2 其实是一样的。

教师：为什么啊？

学生：因为气温分布的特点与成因都是归因于气温这一点。它们的差别在于，是先现象再原因，还是先原因再现象，本质是一样的。降水同样如此。

学生：老师，我觉得第三组好像更好一些。他们先从某一个现象开始分析，然后再分析具体农作物的习性，再联系到气温与降水的分布差异，最后分析气温和降水南北有差异的原因。

教师：嗯，其他同学同意吗？（大部分同学点头）那么，我们现在就按照 1—4—2—5—3—6 的顺序进行探究，每一个小组选择一个问题进行探究，待会儿请同学们来和大家进行交流。

【设计意图】通过分析，发现有的学生是从现象到特点再到原因，也有的学生是从原因到特点再到现象。这两者没有什么对错之分,只要能够将自己的观点表达出来即可。学生在表达观点的时候,其他学生在听讲解的时候,其实已经是对自然环境要素之间相互影响有了一定的认识与了解。

环节四:小组交流汇报

第一小组交流我国南、北方粮食作物的结构

我们小组交流的主要内容是:我国南方与北方的主要粮食作物的结构。不知同学们有没有注意到我们平时主要吃的是什么粮食啊?(其他小组学生回答)我们平时在家里和在学校里吃的都是米饭。其实米饭就是我们所说的水稻。生活在北方的人,他们大多吃的是馒头、面条。这些我们在很多电视电影里面都有看过。这些馒头、面条就是小麦做成的。因此我们先得出的结论是南方的粮食作物主要是水稻,北方的主要粮食作物是小麦。

从通过查阅的信息来看,我们的猜想是正确的。现在就从水稻与小麦的种植范围与产量比例来证明我们的猜想。(播放第二张幻灯片)这是一张"中国稻谷分布图",我们可以发现水稻的集中产区是在我国的南方,主要集中在长江中下游、四川盆地附近。(一边说一边指黑板)小麦的分布主要是在北方地区,在华北平原与东北平原。这是从分布范围来看的。从产量比例来看,水稻在南方地区的产量为90%,远远高于小麦的10%;小麦在北方的产量达到了75%,比南方小麦的25%要高出很多。从这两点,证明了我们的结论:我国南方习惯食用米饭,米饭是水稻,稻类作物;而我国北方主要食用面食,面食是小麦。

教师:第一小组的同学寻找的信息非常多,让我们了解了我国的北方与南方的粮食作物的结构。这里老师有一个问题要问了,都说是南方、北方,那么我国的南北方到底是如何区分的呢?

学生:我发现是以秦岭—淮河一线作为分界线,其以南为南方,以北为北方。

教师:很好。大家就要记得了,南方就是秦岭—淮河以南的地区。刚才同学的介绍又同时引出一个问题了:为什么小麦与水稻会有这种分布上的差异呢?哪一小组愿意与大家交流一下他们的成果?

【设计意图】教师的过渡,不过是引出一些新问题,引发学生的新思考。在教师提问中,学生会渐渐思考自然环境要素之间的联系与影响作用。

第二小组交流水稻、小麦作物对水热条件的要求

我们小组交流的是水稻与小麦对水热条件的要求。我们先介绍小麦与水稻，再介绍水稻与小麦的生活习性，最后表明我们的结论。

中国是水稻栽培的起源国。在浙江余姚市的河姆渡遗址就发现了7 000多年前的水稻遗址。水稻是一种禾本植物，高约1.2米，叶长而扁。水稻喜高温，多湿，对土壤的要求不高。小麦是一种分布较为广泛的植物，从北纬18°到50°都有分布。它主要的生长习性是耐旱。根据对气温的要求不同，可以分为冬小麦与春小麦。小麦相比于水稻对水的要求就低了许多。对热量的需求来看，水稻生长在热带与亚热带；小麦生长在温带地区。我们结论就是：水稻对气温与降水的要求高，小麦可以生长在较为干旱与低温的地区——这导致了两者的分布地区的差异。

教师：第二小组做的课件有一个非常明显的特点，不知大家有没有注意到？

（学生没有回答）

教师：那就是用比较法突出了水稻与小麦生长环境的差异，并且通过表格或者是图片呈现对比。这一点非常好。比较法是我们学习地理的一个重要的方法，这点我们以后会慢慢接触到的。

教师：好，第二组主要说明了一点：作物习性差异造成分布差异。那么，水热条件又有什么特点呢？又是怎么导致我国农作物有了差异的呢？下面就请第三组同学交流一下他们的作品。

【设计意图】通过教师的指点：用比较的方式来区分水稻和小麦的不同。

第三小组交流我国南北方的气温分布差异

我们小组在网上下载了一小段视频，是关于最近几天的天气预报。我们先来看看。（播放天气预报的视频）我们将天气预报中的几个主要城市的最高与最低气温在图上标示了出来。

可以发现：我国东部地区气温是自南向北在降低，而西部地区自南向北气温在升高。因此我们的结论是：由于我国东部地区气温南高北低，大体可知热量条件也是南高北低，所以，南方适宜稻谷的种植，北方适宜于种植热量需求较低的小麦。

其他学生：我有个疑惑，他们这组找的资料都很新颖，但是他们用几天的

数据来说明我国的气温分布特点,是不是有点单薄啊? 你看地图册上的时间都是年平均,说明是一个较长时间的资料汇总。

教师:很好,这进一步提醒要归纳我国的气温分布特点,应当用较长的时间段的资料。那么哪一组同学用的资料是较长时间段的资料?

第四小组交流我国气温的空间分布特点与成因

我们这一组主要讲的气温分布的特点与成因。

首先问大家一个问题:气温主要受哪些因素的影响较大啊?(学生回答:纬度与地形)不错,不错。我们今天讲的成因也和这两个因素有关。

首先先来看一张图,这是中国年平均气温图。(边说边点图片)我们可以发现,我国的东部地区气温是自南向北在降低;而我国的西部地区气温自南向北在逐步增加,与我国东部地区截然相反。这要从两个方面去分析。

从纬度角度来说,由于太阳直射在南北回归线附近,因此在南北回归线附近的地区气温较高,气温就随着纬度的升高而降低。我国正处于北半球,南面的纬度要比北面地区的纬度低,因此气温就高。大家看,我国最南面的纬度为北纬20°,而北面要有北纬55°,相差近40°,因此造成了我国东部地区气温南高北低。

从地形角度来看,我国的西部地区是高原地区,主要是青藏高原,地势很高,地形很复杂,气温随海拔上升而降低。所以,我国西部地区的气温变化是由南向北在增加。

教师:那么,我们总结一下,我国的气温特点要从两个方面去分析,东部与西部是截然不同的。(出示PPT)我国东部气温受纬度影响,北冷南热,所以我国秦岭—淮河以南种植水稻,以北地区种植小麦。教师在黑板上画上中国地图,进行讲解:刚刚这一小组主要讲的是关于我国年平均气温分布的特点,除了年平均气温图之外,还有两张图也是关于气温分布特点的,那么是哪两张呢?

学生点击:1月气温与7月平均气温。

教师:那么我们看一张一月平均气温图。请问,我国1月0℃等温线大致沿怎样的地形延伸的?

学生:秦岭—淮河。

教师:很好,大家发现了吧? 又是秦岭—淮河一线。这条线很重要,它不仅是我们前面讲的南方与北方的分界线,同样也是 0℃ 等温线的分界线。在这条线以南大于 0℃,以北低于 0℃,气温的不同就会影响粮食作物的生长了。

第四组同学是从"气温与降水"中的气温来分析的,那么降水呢?我国的降水情况又是怎么样的呢?降水又与水稻与小麦的生长有什么联系呢?我们请最后一小组来为大家做展示交流。

第五小组交流我国的降水分布特点与成因

我们同样先来看一张图。在这张图中我国的年降水量有什么样的特点?(学生回答)大家可以发现我国的年降水量的特点是:沿着东南方向向西北方向在递减。在了解了总的特点之后,我们就要分析一下原因:为什么我国的降水量会由东南向西北递减?通过课后收集资料,我们认为,主要是海陆位置与地势两个方面的因素造成的。

我国是一个沿海国家,东临太平洋,南面从印度洋出来的湿润海风就从我国东南方向和南方吹来,使得我国的降水由东南向西北递减。

但是大家想想,如果吹东南风,但是地势与现在相反:东高西低,会不会使我们国家形成这样的降水特点呢?答案肯定是不会的。中国的地势是西高东低,因此从东南方向来的湿润的海风,可以进入我国的绝大部分地区,但是由于湿润的海风越往内陆威力越小,因此形成了降水"东南多、西北少"的特点。

这里需要补充一点,我们在收集资料与信息的过程中,发现了这张图,就是我国 4 个大城市的降水量年变化图。我们发现降雨主要集中在夏季,这主要与夏季风有紧密的关系,因为夏季风是东南风,从海洋上吹来,因此会带来降水。最后总结我们小组的意见:我国的降水特点是南多北少、东多西少。这也就导致了我国南北方粮食作物的不同。

教师: 第五组同学也总结得非常好,他们是从海陆位置与地形地势的角度去分析的。由于我国地势西高东低,湿润的海风从东南方向吹来,越过重重障碍,翻过重重山峰,好不容易达到我国内陆的时候,已经是气喘吁吁、精疲力竭了。然后它抬头一看,哇!这么高的山啊,不过去了。(边说边画)因此也就影响不到我国的西北区了。这就造成了我国的降水特点是南多北少。

环节五：绘制本课主要内容的结构图

教师：通过前面同学们的排序和汇报，大家对我国的气温与降水大致有了了解，现在我们就用思维导图，通过由因及果或者由果及因的方法，用自己的语言或者是图表来小结一下本节课的主要内容。

（教师在巡视过程中发现，大多数学生都能根据气温与降水的分布特点与成因进行绘制。有的将气温的特点画在框架节点的内部，有的学生的箭头从气温的特点指向气温的成因。下课前很多小组同学都能够整理出一条较为清晰的思路与概念图。其中，横向绘制的概念图经师生共同讨论、修改、补充后展示。）

【设计意图】让学生用结构图自己构建本节课的主要内容，既是一种对本节课的小结，同时也是一种构建学生"自然地理要素之间是相互联系的"思路的途径。让学生能够自己动手画出结构图，以此强化认识自然要素之间的关联性。

教师：同学们在制作流程图的过程中应该可以发现，很多的自然因素是相互联系的，除了我们这节课讲的南北方的粮食作物之外，还有很多现象都与自然环境有关。那么今天的作业就是请同学们去找找除了粮食作物之外，还有哪些现象与气温、降水有关。大家可以将自己找到的内容发送到老师的邮箱。

初中《地理》"世界人口"教学设计

一、教材分析

　　人口是地理学科中渗透环境教育的主要切入点之一。通过对人口问题的相关教育与知识的普及,整体认识人口问题会造成自然环境的破坏,导致环境问题的发生,它对培养学生正确看待人口问题,树立科学的人口观有着重要的作用与意义。

　　教材中"人口"一节的内容主要包括"世界人口的分布疏密不均""世界人口的快速增长"以及"世界人口问题"3个部分。其中,"世界人口问题"可以说是前两者的集中体现,是人口中环境教育的主要切入口。

　　"世界人口的分布疏密不均"主要引出了"人口密度"的概念,指出了世界上人口稠密的地区与人口稀少的地区,以及世界上人口超过1亿的国家。这部分内容,主要让学生通过计算人口密度,了解世界上人口分布不均的状况,以此作为环境教育中人口问题的基础。

　　"世界人口的快速增长"主要包括世界人口增长状况、人口自然增长率、世界不同国家或地区人口增长的不同状况。其中,通过统计图表让学生认识世界人口快速增长的特点。在这个过程中,让学生认识诸如出生率、死亡率、自然增长率等概念。

　　"世界人口问题"主要指人口增长过快加大了环境的压力,使人们生活水平下降。虽然教材中没有指明这一问题,但是通过前面相关内容的学习,学生已经具备了判断人口现象是否合理的基础,通过教师引导来评价人类活动,以此在"人口"中渗透环境教育。但是,只是对学生进行全球范围的人口问题的教育,学生很难对人口问题有真切的体会。学生获得的只是相关的知识,对人口问题的态度并没有真正得到改变,更不用谈相关的环境行为。因此,可以结合学生身边的内容,把具体的、学生能够感知到的内容作为载体,这样学生对人口问题才会有感同身受的感觉,也有利于环境教育在地理课程内开展。

二、教学目标

【知识与技能】说出世界人口密度稠密与人口稀疏的主要国家与地区,学会用公式计算人口密度;通过分组合作分析,世界上人口疏密分布的原因以及人口增长快慢的原因;分析人口过多和过少对经济发展的影响;通过讨论,分析确立人口的发展要与经济的发展相协调的观点。

【过程与方法】通过阅读相关地图,初步体验人口分布与气候、地形之间的关系,培养地理思维,提高解决问题的能力;结合身边的情况,能够将关于人口的知识进行迁移。

【情感、态度与价值观】通过全球人口的分布与周围人口的分析,了解世界人口稀疏地区的居民的生活状况。通过对他们生存环境的分析,培养战胜困难的勇气,从而学会尊重环境、尊重生命。通过学习世界人口过多和过少对经济发展的影响,确立人口、资源、环境和谐发展的理念。

三、教学过程

(一)环节一:新闻导入

教师出示两则新闻(一则是世界人口总数,且与 2020 年相比的数据;另一则是预计印度会在 2023 年超过中国人口总数)。

教师:同学们,从这两则新闻,你能读出哪些信息?

学生:世界人口总数很大,已经接近 80 亿人了,而且这个增长趋势还在继续。

学生:印度快要成为世界人口第一大国了!

教师:目前,中国与印度都是世界人口大国。为何印度人口增长速度如此之快,而中国人口会回落呢?世界人口增长格局又是如何呢?那么今天就进入世界人口的学习。

【设计意图】人口观的培育是地理学科环境教育中的重要一环。但是如何让学生认识到人口问题呢?一种方法就是可以以新闻为切入点,以数字作为分析依据。新闻可以让学生感觉到人口问题正在发生,这样可以消除学生对人口问题的陌生感,而且可以通过数据比较或者使用图表的方式来直观表现人口问题。

（二）环节二：世界人口分布疏密不均

教师：先问大家一个问题：一个房间面积为 80 平方米，人口数量为 80 人，另一个房间面积为 100 平方米，人口数量为 90 人。请问哪个房间的人口稠密啊？

学生 1：老师，我觉得后面一个房间人口多，因为有 90 人。

学生 2：数量上后面一个房间人口多，但是它的面积也大啊。

教师：很好，这位同学注意到了一个关键因素——房间的面积，而不仅仅只考虑人口数量。那么，当人口数量与人口所在面积都不一样时怎么判断呢？

学生思考，回答不出。

教师：这里，老师要引出一个概念：人口密度。

人口密度公式是：人口密度 $= \dfrac{人口总数}{总面积}$。一般来说，计算所得出的数字越大，就表示人口密度大，也就是人口稠密。得到的数字小呢？

学生：就表明人口密度小。

教师：人口密度小，不够准确，我们一般用稠密与稀少来描述人口密度。所以……

学生：所以说人口密度稀少。

教师：如果把整个世界人口以 80 亿人算，世界陆地面积 14 800 万平方千米，那么世界的人口密度是多少啊？

学生：计算得出每平方千米 54 人，即人口密度为 54 人/平方千米。

【设计意图】 有了具体的例子之后，就可以让学生来计算自己所在地的人口密度大小与最适宜发展与环境保护的人口密度进行比较，以此来判断所在地人口密度的大小是否合理，从而引申到人类自身行为是否合理，达到对"人类行为作出评价"的目的。

教师：我们再来看，2021 年 5 月，第七次全国人口普查数据结果公布。请同学们利用我们刚刚学到的人口密度的知识来分析一下，我们所在的虹口区的人口密度是多少呢？

（学生完成活动单上的活动任务：算一算，哪个区的人口密度最大呢？）

这是 2021 年第七次全国人口普查的最新数据。数据显示的虹口区的人口状况究竟如何呢？我们来和上海一些区的数据进行对比（见附表 2-1）。

附表 2-1　上海部分行政区人口对比

行 政 区 划	虹口区	杨浦区	徐汇区	宝山区	浦东新区
人口(人)	757 498	124 258	1 113 078	2 235 218	5 681 512
面积(平方千米)	23.45	60.61	54.93	365.3	1 210
人口密度(人/平方千米)					

学生:虹口区的人口密度是这几个区里最稠密的。

教师:那么,我们能否得出虹口区比徐汇区、浦东新区、宝山区要拥挤呢?

学生:当然可以,人口密度大嘛。

教师:是啊,虹口区是上海市人口密度最大的区。

出示上海市人口密度分布图。

教师:我们可以发现,有些地区颜色浅代表人口密度小。有些地区颜色深,代表人口稠密。这个表明上海的人口密度不均匀。

(三) 环节三:影响人口分布的因素

教师:那么影响人口分布的因素主要有哪些呢?现在打开我们的活动单,以前后左右 4 位同学为一组一起来探寻影响人口分布的因素有哪些。

想一想,影响人口分布的因素,完成"人口稠密表"(见附表 2-2)和"人口稀疏表"(见附表 2-3)两张表的填写。

附表 2-2　人 口 稠 密 表

人 口 密 度	分 布 地 区	原　　因
人口稠密 (>100人/平方千米)	亚洲____部	
	亚洲____部	
	____洲	
	____洲东南部	

附表 2-3 人口稀疏表

人口密度	分布地区	主要国家	原　因
人口稀疏 （＜1人/平方千米）			

学生：人口稠密的地区主要是亚洲的东部、亚洲的南部、欧洲以及北美洲的东南部。这里的国家主要是亚洲东部的中国、日本；亚洲南部的是印度；欧洲西部的国家人口密度较大，人口稠密；北美洲的东南部主要就是美国。

学生：人口稀疏的地区主要是撒哈拉沙漠、亚马孙平原、青藏高原、北冰洋沿岸地区。

学生：我们小组认为影响人口分布的主要因素是地形，因为人口稠密地区的地形主要是平原，比较平坦，适合人的居住，而且降水量也很丰富，都在500 毫米以上，气温也比较适宜人的居住。

学生：人口稀疏的地区主要是沙漠、山地、高原地区，降水少，气温低。所以人口密度小。

教师：请问，除了沙漠、山地、高原之外，还有什么地形区人口稀疏呢？

学生：平原！

教师：具体一些。

学生：亚马孙平原。

教师：这个地区不是平坦的吗？前面同学也说过，平原适合人居住。

学生：亚马孙平原虽然是平原，但是主要被原始森林覆盖着，人们无法居住。

教师：没错！所以很多问题，我们也要特别考虑！我们接着来看啊。我国的东南部地区，人口数量很多吧？为什么呢？

学生：这个是因为上海处于中纬度，气候适宜，同时又是平原，自然条件优越，人就多了。

【设计意图】解决问题,需要从地理要素中找原因,可能有气候等方面的影响。这说明两点:第一,地理要素之间是相互影响、联系的;第二,地理虽然能够分为自然地理、人文地理,但是不能以割裂的眼光去分析、去看待人文地理与自然地理,它们也是相互联系的。

(四)环节四:世界人口问题

教师:没错,所以这个地区人口数量剧增。我们来看这张图说明什么呢?

学生:说明人口增长速度是越来越快!

教师:是啊,整个世界人口以每分钟增长153人的速度在增长,那么大家算算,一节课40分钟,要增长多少人啊?

学生:有6 120人。这么多人啊!

【设计意图】从人的自身去分析影响人口密度大小的原因,再通过提问:"人口过多会带来哪些问题?"与"人口增长过快可以采用哪些方法?"对"人口问题产生的原因、危害及措施"进行了解与思考。

教师:那么,现在就请同学们分别来认领问题,大家可以任取一个问题来回答,给出你的答案。

通过老师给大家的相关材料,先通读,结合教材与图册回答下列问题。

1. 世界快速增长的人口会给环境、社会等方面带来哪些问题?该如何做?

2. 人口增长过慢会产生哪些问题?如何解决?

3. 为什么农村人口大量涌入城市?对城市发展有何影响?如何解决?

学生:人口增长过快会对我们的吃住行产生影响,从自然资源破坏与消耗,以及环境污染、就业等方面分析。相关措施是实行有计划的生育,控制人口增长速度。

学生:人口增长速度变慢的话,采取鼓励生育的政策。如法国给家庭发放补贴,使之享受各种生育津贴。

学生:农村人口到城市中来,这个现象就是城市化。优势在于,支持城市发展,促进社会经济发展。坏处是住房拥挤、交通拥堵、垃圾污染、治安混乱等。解决的具体步骤是:政府行为调控,大力兴办村镇企业,保护和管理城市环境(实施社区管理),等等。

教师:同学们说得非常好。前面有同学说到计划生育,这里需要强调一点,计划生育只是在中国。印度虽然也控制人口的增长,但是不能叫计划生育,只能被称为控制人口数量。

教师:随着我国社会经济的快速发展,人民生活水平不断提高,现代医学水平也取得了长足的进步,人口平均寿命有了很大的提高。在诸多因素的综合影响下,我国的人口出生率逐步降低,老年人口比例不断上升,人口老龄化问题日趋严峻。为促进人口均衡发展,完善人口发展战略,国家调整生育政策,积极开展应对人口老龄化行动。

教师:通过今天的这节课,我们要认识到人口问题是如今世界主要问题之一。那么今天的回家作业,请同学们设计一条关于人口问题的宣传标语,或一幅漫画,我们下一节课展示交流。

初中《地理》"新疆维吾尔自治区"教学设计

一、教材分析

从教材的内容上来看,选择新疆作为区域地理的第一课时有着其极为鲜明的代表性,表现为:第一,新疆是我国西部大开发的重要边疆省份之一;第二,新疆的自然环境特点对人口和城市分布、农业发展影响很大;第三,新疆作为西部主要省级行政区具有自己的特色,而且它的自然环境部分与人口分布等都涉及环境教育的相关内容。

本课主要包括 3 个部分:第一部分介绍新疆的自然环境特点;第二部分介绍新疆的绿色农业;第三部分涉及新疆的能源和资源开发。这 3 个部分相互关联、递进呈现,自始至终贯穿着人类与地球和谐可持续发展的主线。这 3 个部分主要突出受海陆区位影响的"干旱气候"特征,阐述自然环境对人口、城市分布和交通、农业发展的影响。自然环境相对恶劣,但人类逐渐适应自然、改变自然,不断改善生存条件。其中涉及地理教育环境中"环境与发展"和"环境与自然、资源"的内容。

此外,新疆的水资源相对比较匮乏,普通引水手段不能满足城市与人们的需求,因此新疆要对自身的农业发展、经济发展进行转型,表现的是人类合理利用自然环境、因地制宜、人地和谐发展的这一主线。

基于上述认识,笔者设计本节课的教学目标。

二、教学目标

【知识与技能】学生能在新疆轮廓图上画出新疆的三列山脉和两个盆地,并说出地形分布的特点;能结合中国年降水量图,说出新疆气候的特点,并分析原因;能通过阅读新疆人口密度图、新疆城市分布图、新疆降水量图,归纳出新疆人口、城市分布的特点;能比较上海与新疆乌鲁木齐极值气温变化图,说出新疆水果甜的原因;并能分析新疆著名的水利设施坎儿井与新疆气候的关系。

【过程与方法】通过动手绘制新疆的山脉和地形,归纳其分布特点;结合各种图表分析新疆气候特点、人口分布特点;通过给新疆维吾尔族大爷提建议的讨论,体验从自然现象中发现问题、解决问题的过程;学会通过协作,从多个渠道收集和整理信息,体验与他人交流的乐趣。

【情感、态度与价值观】感受新疆人民因地制宜地适应、改造、利用环境的智慧,初步知道人地关系和谐的重要性;在讨论中,反思人类利用自然改造环境这一行为的利弊,初步确立人地和谐与可持续发展的思想。

三、教学过程

(一)环节一:新课导入

教师:从今天开始我们进入中国区域地理的学习。学习一个区域,一般要从它的位置、自然环境和人文景观去分析和认识。我们今天去的区域是我国面积最大、国界线漫长、拥有邻国众多的一个省级行政区。它就是……

学生:新疆维吾尔自治区。

【设计意图】直接开门见山点明主题,并且讲清楚是从自然环境与人文地理两个角度分析与学习。

(二)环节二:新疆的自然环境:位置、地形与气候

教师:首先请一位同学来描述它的地理位置。

学生:新疆位于我国的西部地区。

教师:能不能具体一点,毕竟西部地区的范围很大。

学生:位于中国的西北地区。

教师:很好。由于新疆处于我国的最西北,因此也被称为"西北边陲"。那么"西北边陲"新疆又有哪些地形分布呢?我们来打开地图册,找一找主要有哪些地形区?

【设计意图】任何区域地理环境必然与这个区域的地理位置有着直接关系。地理位置分为维度位置和海陆位置,都与这个区域的环境问题有着直接的联系。

学生:阿尔泰山脉、天山山脉、昆仑山脉;准噶尔盆地、塔里木盆地。

教师:能不能说出这些山脉的走向啊?

学生:自南向北。

教师:那么,现在请大家在学习单上画出新疆主要的盆地与山脉。

学生动手画,教师巡视。

教师:大家边画边思考一下,新疆的地形分布有什么特点?

学生:新疆是三条山脉和两个盆地相间分布。

教师:我们把这样的地形称为"三山夹两盆"。边写边画,这是不是与我们新疆的"疆"字的右边部分很像啊。三横代表的是三条山脉,两个"田"字代表的是两个盆地,而且由于新疆位于西北地区,历史上常受到其他地方的人骚扰,因此,我们用弓箭来保卫领土,就是"疆"字的由来。发明这个字的人就是康熙皇帝。

学生:原来这个就是"疆"字的来历啊。

教师:在了解完新疆的地形特点之后,我们再来看一组关于新疆的自然环境的图片。

(出示图片:塔克拉玛干沙漠、风蚀、沙尘暴等,并适当讲解)

教师:这组图片向我们传递了什么信息?

学生:很干旱,降水少。

教师:要了解新疆干旱的情况,就离不开年降水量图。

(出示:中国年降水量图)

教师:阅读年降水量图,说出新疆绝大部分地区的降水量是多少?

学生:50毫米以下。

教师:50毫米是个什么概念?我们上海下一场中雨,降水量大概为15—20毫米。换句话说,新疆一年下雨的量与上海下三天雨的量一样,是不是表明新疆的降水很少,气候很干旱啊?

教师:那么,请问,新疆为什么气温如此干旱呢?(学生思考)

教师:请同学们结合刚才讲的新疆的地形分布和地理位置,解释新疆降水量少的原因。

学生:新疆位于内陆地区,离水太远了,当然降水少了。

学生:而且由于有高山阻挡,影响水汽的深入,降水也相应减少。

教师:很好,来自海洋的水汽离开海洋开始吹向内陆,但它到达内陆的时候已经是精疲力竭了,然后这个水汽抬头一看:哇,这么高的山啊!算了,爬不过去了。这是不是说明了新疆地区气候干旱的主要原因呢?

(板书:深居内陆,高山阻挡)

【设计意图】通过新疆地理环境的图片展示,引出新疆最基本的环境特点之一就是"干"。让学生说出"干"的基本依据,从年降水图里去寻找。这为后面整个"新疆人民适应、利用自然环境"、体现人地和谐做了铺垫。

(三) 环节三:新疆人口、城市与绿洲分布关系

教师:自然环境如此干旱,一般不适宜人的居住,可是新疆有近2 000 万人口居住。这又是为什么呢?

(出示新疆维吾尔自治区人口密度图)

教师:新疆的人口分布有什么特点?

学生:分布不均。

教师:哪里人口较为稠密呢?

学生:塔里木盆地的边缘。

教师:还有没有补充?

学生:天山山脉的山脚下。

教师:为什么会分布在塔里木盆地的边缘呢?

学生:这里有很多的河。

教师:那么这里的水又来自哪里呢?

学生:天山山脉。

教师:天山山脉不是说过常年冰雪覆盖,为什么还会有水啊?

学生:冰雪融化了啊。

教师:我们把山上的冰雪融化称为什么啊?

学生:高山冰雪融水。

教师:那么我们现在概括一下:由于是天山海拔高,形成冰雪融水,于是在干旱地区形成一块适宜于人居住的地区。我们把这块适宜于人居住的地方称为绿洲。很多城市都是坐落于此的。

(出示绿洲图片:在广漠的沙漠海洋中,有这么一条狭长的适宜人居住的地带,就称为绿洲。绿洲既是城市人口集聚的地方,也分布于盆地、山麓地带。教师总结:正是由于绿洲是人口集中分布之地,因此在这些地方也就孕育了新疆灿烂辉煌的文明。其中,最著名的就是丝绸之路。)

(出示几幅丝绸之路的图片,讲解丝绸之路)

【设计意图】在这么干旱的自然环境下,新疆人民依然在一些地区集中,

人口密度很大。通过分析原因,体现出新疆人民适应自然的一种表现,同时也是人地关系协调发展的重要表现。

(四) 环节四:新疆的绿洲农业

教师:其实绿洲不仅是新疆人口、城市集中分布的地方,还是新疆农业生产的主要集聚地。在绿洲发展的农业就称为绿洲农业。

教师:讲到新疆的农业,我们自然而然会想到新疆的农产品。那么新疆主要有哪些农产品啊?

学生:哈密瓜、葡萄。

教师:新疆的水果有什么特点啊?

学生:甜,很甜。

教师:的确,新疆的水果很甜。据一些专家的测算,新疆的葡萄是世界上含糖量最高的。

教师:新疆的水果为什么这么甜? 与自然环境中的哪个因素有关?

学生:与气温有关。

(出示新疆维吾尔自治区日变化气温图)

教师:这是七月某一天新疆与上海最高温与最低温的一个比较表。请同学们计算一下两地最高温与最低温的温差是多少?

学生:上海的温差为 10.5 摄氏度,与乌鲁木齐相差 37.5 摄氏度。

教师:正是由于新疆这样的气候特点,使得在白天气温高的时候,光合作用强,有利于糖分的产生,而晚上因为气温低,呼吸作用微弱,糖分便于积累,所以新疆的瓜果很甜。

教师:就是因为新疆的温差大,一天的气温变化可以体现出春夏秋冬四季的变化,可以说是"一天有四季"。因此有句谚语是这么描述的:"早穿棉袄午穿纱,围着火炉吃西瓜。"温差大,再加上气候干旱,就是典型的大陆性气候。

【设计意图】新疆的农产品其实也能够反映出新疆人民善于利用自然环境找到适合自己生存发展的途径。新疆除了"干"之外,还有一个重要的表现就是"温差大"。新疆人民也是利用这样的一个特点,进行农业生产。

教师:自古以来新疆人民不断地发展水利设施来引水灌溉,其中最有名的就是坎儿井。

(播放一段坎儿井的视频)

教师：坎儿井引水的工作原理是什么？

学生：从高山上把冰雪融水引入竖井，再引到暗渠，便于人们取水。

教师：为什么不直接留下来用，而是通过竖井再引到暗渠呢？

学生：前面不是说了吗？新疆气候干旱啊，不然水全部蒸发掉了。

教师：可见还是和当地的环境有关。由此可见新疆人民对环境是十分依赖的。因此我们是不是可以得出这么一个结论：在绿洲中修建城市是适应环境，发展农业是利用环境，修建坎儿井是新疆人民改造环境的重要体现。

【设计意图】通过观看有关坎儿井的视频，分析坎儿井的工作原理，让学生能够认识到"在绿洲中修建城市是适应环境，发展农业是利用环境，修建坎儿井是新疆人民改造环境的重要体现。这些都体现了新疆人民的因地制宜，也是人地关系和谐的重要体现。"

四、帮助维吾尔族大爷解决烦恼

教师：在学习完新疆相关的内容之后，老师想请大家运用我们学过的知识，帮助一位善良淳朴的维吾尔族大爷。

阿里木大爷今年70岁了。今年他家3亩[①]田地中种的葡萄全部丰收，原本应该是开心的事却让阿里木大爷露出了愁容，有了烦恼。看看他的烦恼，想一想你能为他出点什么好主意。现在就请大家以前后左右4位同学为一小组讨论出你们的好建议（见附图2-1）。

学生：为了扩大竞争力，可以将个体农民联合起来，形成包括产品加工、信息服务等的大农场。

学生：开发葡萄的相关产业。比如，可以将葡萄做成葡萄酒等饮料产品，减少因长途运输带来的损失。

学生：大力宣传，如利用新闻媒体、网络，走向全国，走出国门，走向世界。

教师：大家的建议都很中肯，新疆地区也开始按照大家提的建议执行相关的措施了。相信，只要新疆的自然环境不遭到破坏，新疆的发展一定会更好。

---

① 3亩地约为2000平方米。

活动：我为维吾尔族大爷献一计

维吾尔族的阿里木大爷今年 70 岁了，今年他家中的 3 亩地里种的葡萄全部丰收了。原本应该是开心的事却让阿里木大爷露出了愁容，有了烦恼。你能帮助他解决烦恼吗？

维吾尔族大爷的烦恼：

1. 像葡萄这样的水果，很容易腐烂，不易保存。

2. 很难及时卖到其他地方。

3. 葡萄产品的知名度还不够大。

4. 只能靠卖葡萄来获取经济利益，形式单一，是否可以开发其他相关产品。

5. 个体农户葡萄园经济实力薄弱，要建立强大的市场竞争力并不容易。

你的建议：

_____

_____

附图 2-1　我为维吾尔族大爷献一计

初中《地理》"探寻三江源地区草场退化的真相"教学设计

一、教材分析

本节是一堂跨学科案例分析课。课程的主题是探寻三江源地区草场退化的真相。三江源作为江河的发源地,也是我国第一批国家公园,其重要性不言而喻。然而,这里的生态系统脆弱,其中草场退化问题一直倍受人们关注。本节课以"探寻三江源草场退化的真相"为主题开展跨学科教学,通过观看视频、阅读图文资料,引导学生运用一些地理、生命科学的知识,分析可能造成三江源草场退化的原因,并尝试提出一些解决方案。

二、学情分析

九年级的学生已经系统学习了生态系统相关的知识及初中全部的地理知识,知识掌握相对牢固,但缺乏分析和解决具体问题的能力。即使能够从一些材料中提取信息,但是要在真实情境下运用地理和生命科学的知识分析、解决问题,对于学生来说是有一定难度的。

三、教学目标

1. 根据视频在中国地形图上选出三江源地区的具体位置。

2. 根据相关材料,分析三江源主要的植被类型并说明理由。

3. 分析三江源地区草场退化的主要原因。

4. 为三江源草场治理出谋划策。

四、教学思路

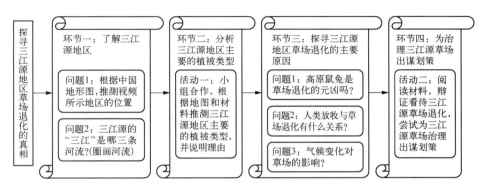

探寻三江源地区草场退化的真相

环节一：了解三江源地区

问题1：根据中国地形图，推测视频所示地区的位置

问题2：三江源的"三江"是哪三条河流？（圈画河流）

环节二：分析三江源地区主要的植被类型

活动一：小组合作，根据地图和材料推测三江源地区主要的植被类型，并说明理由

环节三：探寻三江源地区草场退化的主要原因

问题1：高原鼠兔是草场退化的元凶吗？

问题2：人类放牧与草场退化有什么关系？

问题3：气候变化对草场的影响？

环节四：为治理三江源草场出谋划策

活动二：阅读材料，辩证看待三江源草场退化，尝试为三江源草场治理出谋划策

附图 2-2　教学思路

五、教学过程

教师：我们一起来看一段视频，看好后，老师会问大家一个问题。

（播放视频，视频结束）

教师：请同学们来推测一下，视频所示的地区最有可能出现在 A、B、C 三地中的哪一个地方？

学生：A 地。

教师：为什么是 A 地呢？

学生：因为 A 地有雪山。

教师：那么，为什么 A 地会有雪山存在呢？（出示 PPT）你能不能说出 A 地所在的地形区名称呢？

学生：青藏高原。

教师：请完整地解释一下（青藏高原有雪山的原因）。

学生：青藏高原海拔高、气温低，就会有雪山。

（学生回答 B、C，让学生说明原因，再请其他同学来进行质疑）

教师：很好。说明你的地理知识掌握得还不错。其实，A 地所在的地区我们称为三江源地区。

（板书"三江源地区"）

教师：那么哪一位同学能够说一说"三江源"这个名字有什么含义吗？

学生：表示的是三条河流的源头。

教师：那么,三江源中的"三江"是哪三条河流呢？请同学们阅读这张图(出示三江源水系图),在图上圈画出这三条河流的干流。

学生圈画三条河流。

教师：这三条河流分别就是长江、黄河以及澜沧江。长江、黄河、澜沧江分别有25%、49%、15%的水源来自三江源地区,因此,三江源地区有着"中华水塔"的美誉。

教师：三江源地区是江河之源,也是野生动植物的王国,多样的植被类型是三江源地区一道亮丽的风景线。

一、为什么三江源地区"草场遍地"？

教师：现在请同学们打开手中的学习单,请以左右两名同学为一小组,结合老师提供的地图与材料,分析三江源地区的主要的植被类型是什么？并说明原因。

材料：年降水量和年平均气温可以作为我国森林、草原、荒漠的量化区分标准。

附表 2-4　我国植被类型量化区分标准

植　被　类　型		降水量(mm)	气温(℃)
森　林	热带雨林	>800	20～28
	常绿阔叶林		16～18
	针叶林		-10～10
森林草原		400～800	——
草　原		200～400	-3～9
荒　漠		<200	

(学生活动)

教师：好,现在请同学走上讲台和大家交流你们讨论的结果。哪一小组愿意来和大家做交流？

学生：从图上可以看出三江源地区的降水量为200～400毫米,气温为-4～0℃。参照降水量、气温与植物分布之间的关系,可以知道这里更容易形成草原。

（同学说森林草原）

教师：这里的确也有森林草原分布，只是草原所占比例更高。

教师：有统计数据，三江源天然草地面积约占全区总面积的 78.7％。生活在这里的人们逐草而居，世代以放牧为生，农牧业也成为当地的支柱产业。为了及时了解草场情况，人们利用地理信息技术对这里的草场进行监测。这里是 1977—2003 年间的三江源某地的草场遥感影像。其中红色区域为草场覆盖区。观察这组图片，你能发现什么问题？（图略）

学生：红色区域在变淡，草地面积减少了。

教师：像这样草场植被不断减少衰退的现象被称为草场退化。草场退化不仅带来了各种生态问题，也对当地的农牧业造成很大的影响。

教师：那么，为什么草场会退化呢？让我们一起去探寻三江源地区草场退化的真相吧。

（教师板书：探寻三江源地区草场退化的真相）

二、为什么三江源地区的草场"千疮百孔"？

教师：我们来看一张图（三江源草场上都是一个个洞的照片），同学们看到了什么？

学生：好多洞。

教师：你能说说这些洞出现的原因吗？

学生：兔子、老鼠。

教师：同学们猜得很接近，这些洞穴就是由三江源地区的高原鼠兔造成的。那它到底是鼠还是兔？（出示鼠兔的分类阶元）

学生：原来鼠兔是一种兔。

教师：为什么？

学生：因为它属于兔形目。

教师：很好。鼠兔营穴居生活，擅长挖洞，喜食各种牧草。一块面积约 10 000 平方米的退化草场上，500 多只鼠兔，3 500 个洞口。看到这些，同学们有什么想法？

学生：把鼠兔都灭了。

教师：刚刚同学们说了很多，但归结为一句话就是消灭鼠兔。于是人们就展开了大规模的灭杀鼠兔行动(出示灭鼠兔图片),当地的村民通过撒毒和捕捉的办法灭杀鼠兔。

教师:这样的做法确实让鼠兔的数量减少了(出示灭鼠兔折线图),但是退化的草场却并没有得到显著改善。那么,鼠兔是不是草场退化的元凶呢?于是有人对这个问题做了研究,这张图能说明什么?(见附图2-3)

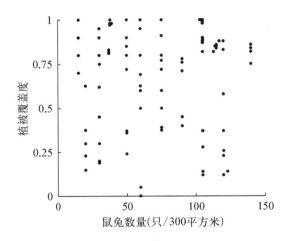

附图2-3 鼠兔与草原植被覆盖度的关系

(学生观察图片)

教师:我们先来看这张图中的某一个点。同学们想一想这个点代表的是什么含义呢?

学生:鼠兔数量50只,植被覆盖率为0.25。

教师:老师再把剩余的点恢复到图上,同学们再想一想这些点能说明什么呢?

学生:植被覆盖度的高低与鼠兔数量的多少无关。

教师:你能和大家分享一下你是如何得出这个结论的吗?

(学生发言略)

教师:看来鼠兔并不是草场退化的元凶,所以鼠兔说了:"这个锅我不背。"这说明草场退化另有原因(隐情)。

教师:这是三江源地区行政图,老师找到了其中3个县区,分别是玛沁、甘德和达日,对三地的草场载畜量进行了统计。我们来看一组数据(出示草场理论载畜量表格,见附表2-5),从这张表中同学们能看出哪些信息?

附表 2-5 三江源地区部分县区草场载畜量统计

地　区	冬春草场理论载畜量	夏秋草场理论载畜量	实际载畜量
玛　沁	57.09	101.56	183.04
甘　德	21.10	44.46	79.07
达　日	110.43	201.60	152.01

学生：除达日的夏秋理论草场载畜量外，其余地区的草场理论载畜量均小于实际载畜量。

教师：这说明什么呢？

学生：草都被牲畜吃光了，草场就慢慢退化了。

教师：像这样实际放养的牲畜量超过草场承载能力的现象就是过度放牧。（板书：过度放牧）还有没有其他原因造成草场退化？

（学生思考。）

教师：老师再给大家看两张图，分别是三江源地区平均气温和三江源地区平均降水的年际变化图（见附图 2-4、附图 2-5）。同学们先思考：从这两张图中分别能读出哪些信息呢？

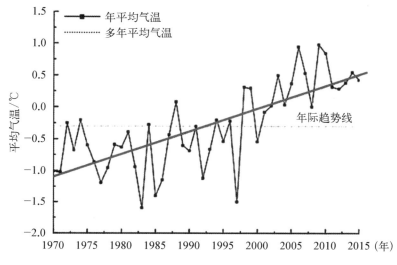

附图 2-4 三江源地区平均气温年际变化

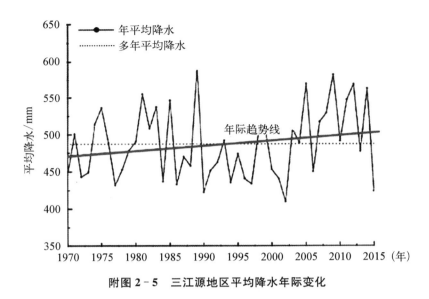

附图 2－5　三江源地区平均降水年际变化

学生：40 年间三江源地区气温明显升高，降水也呈上升趋势。

教师：同学们觉得哪个变化造成的影响可能更大？

学生：气温。

教师：那从气温和降水综合思考一下：这些变化与草场退化有什么关系？

（学生回答不出，教师提示：蒸发量）

学生：气温升高而降水变化不大，水分蒸发量大，土地容易干旱，不利于草的生长。

教师：看来除了刚才讲的过度放牧这个人为原因之外，自然的因素——气候变暖也可能是草场退化的原因之一。（书写板书：人为、自然——气候变暖）所以造成草场退化的原因是多方面的。我们在分析和解决某个问题时也要综合思考。

三、我为三江源地区草场恢复"出谋划策"

教师：三江源草场退化后，对于草场的治理问题很多人持有不同观点。老师选择了其中的 3 个观点，请同学们打开学习单，阅读这 3 个观点，讨论一下你更认同哪个观点，并说明理由。

观点 1：人们应该考虑三江源地区的长远发展，因此可以采取全面禁牧、生态移民的方式保护三江源的草场资源。

观点2：三江源地区的草场退化是由自然原因导致的，人为改变不会对三江源草场的修复起到关键作用，还不如顺其自然。

观点3：政府可以适当开发草场用来兴建住房、商场及旅游景点等设施，提升当地牧民的生活水平，改善他们的经济收入。

（学生活动）

教师：刚刚同学们讲的都有一定的合理性，其实我们国家现在已经采取了一些措施来治理三江源的草场退化。这是前不久的一则新闻，目前通过黑土滩治理、退化草场改良、沙化土地治理等修复工程，已使得草场覆盖度和产草量有了明显的提高。三江源地区也在积极构建"生态、产业、经济"发展新格局，走一条属于自己的绿色发展道路。在开发一定区域时，既要考虑当前利益，又要考虑长远生态效益，才能实现经济的可持续发展。回顾今天这节课，我们一起探寻了三江源地区草场退化背后的真相，其实我们就是沿着一条线索链展开的："现象—原因—举措"。在今后的学习中，同学们也可以尝试用这样的线索链进行学习。

六、课后反思

九年级的学生已经完成了初中阶段生命科学和地理学科知识的学习，具有相关的知识储备和一定的读图能力、问题分析能力。本节课从时事新闻情境出发，渗透了地理和生命科学学科的综合思维，希望学生能学会分析信息，辩证思考，树立生态保护的全局意识。在这个过程中，培养学生提取信息、质疑和分析问题、解释结论和创新的能力。

高中《地理》"自然界的水循环"教学设计

一、教材分析

水循环的过程是指水在陆地、海洋和大气之间的转化。水循环的关系是指水循环运动的实现方式,主要包括降水、蒸发(蒸腾)、输送水汽、径流等。水循环按发生范围分为大洋间循环(大循环)、陆地循环和海洋内部循环三种类型。本主题侧重于"水循环的过程"和"水循环的地理意义"两个方面的应用,采用的方法是使用示意图。

教材结合水循环示意图主要说明以下几个方面。第一,明确水循环的发生空间。虽然水循环每时每刻都在发生,但不同空间范围内发生的水循环有显著的区别。海陆之间的水循环又称为"大循环",是全球尺度的水循环,规模较大,环节较多,影响较深远。相比较而言,局部地区的水循环规模较小,环节较少,有些时候也会对当地自然环境造成重大影响。第二,清晰划分水循环的环节。水循环各环节紧密联系,相互影响。人类活动能够干涉或改变水循环环节。随着人类技术的进步,这种干涉或改变越来越剧烈。第三,解释水循环的动力。在常温条件下水的三态可以相互转化,使水循环成为活跃的地理过程。太阳辐射和重力作用是水循环的能量来源。

为了解释"水循环的地理意义",可以从以下几个方面入手。第一,必须在自然环境完整性的背景下理解水循环的地理重要性。水循环串联起了大气圈、水圈、岩石圈和生物圈,将这些圈层有机地联系在一起,相互影响、相互作用。第二,说明水量平衡的概念。水量平衡可以看作水循环的定量表示。长期来看,全球降水量等于全球蒸发量,全球水量保持平衡;某局部区域的降水量及流入的径流量等于蒸发量及流出的径流量,区域水量保持平衡。第三,从人类利用的角度说明水体更新速度与水资源储量的关系。如果人类合理利用水资源,水资源可以满足人类永续利用。第四,说明各圈层通过水循环进行物质迁移和能量转换,尤其是海洋与大气之间的相互作用。海洋通过输送热量影响大气运动,大气运动以风的形式向海洋提供动力。

二、教学目标

（1）利用水循环示意图，找出水循环中的主要环节，描述水循环的过程，指出水循环的种类。

（2）结合实例，分析水循环对自然环境的影响，解释水循环的地理意义，理解水平衡的思想。

（3）结合实例，说明人类活动对水循环的影响，提高重视和保护水资源的意识，认同人类活动与水循环的协调观。

三、教学过程

教师：同学们最近是否关注过新闻？现在科学家们正在如火如荼地进行火星探测活动。那么科学家为什么要选择探测火星呢？

学生：因为火星可能有地外文明的存在。它有生命存在的条件。

教师：人们根据什么判断火星上有生命存在的条件呢？请看这幅图（展示火星上干枯的河床的照片）。

教师：这幅图片能说明什么问题呢？

学生：（齐答）火星上可能有液态水的存在。

教师：本章开始我们共同研究地球上的水，今天先来研究地球上水的运动。

（教师板书）

环节一：水圈的构成与存在形态

教师：在了解水的运动之前，我们先来了解一下水圈的组成。（出示水圈的构成图）请同学们回答下列两个问题：

（1）地球上的水体有哪些类型？

（2）目前哪些水体可以被人类直接利用？

学生1：海洋水、大气水和陆地水构成了地球上的水。其中水圈的主体是海洋水，而陆地水又包括陆地淡水和陆地咸水。

学生2：陆地淡水是由冰川、河流水、湖泊淡水、地下水等水体组成。其中冰川所占比例最大，成为陆地淡水的主体。地下水又由浅层地下水和深层地下水组成。

学生3：陆地水体有多种类型。然而，海水和冰川都很难被人类直接利用。目前，可供人类利用的淡水资源主要是河水、淡水湖水和浅层地下水，其储量仅占世界淡水总储量的0.3%。

教师：人类可以利用的淡水总储量只有0.3%，说明什么？

学生4：节约用水和保护水资源已成为当务之急，人类应该合理利用有限的水资源。

教师：非常好。我们再来看几张图片，请同学们思考自然界中水是以怎样的形态存在的呢？

学生：（针对每幅图片齐答）海水，液态；云，气态；冰川，固态；河流，液态。

教师：大家看这是一幅黄河的图片。看到这幅图片让我想起了李白的一首诗中的两句：那么，黄河之水奔流到海会不会"复还"呢？

教师：（出示井水图片）看到井水我想到一句民间的俗语，形容两者互不相干的"井水不犯河水"。井水到底能否"犯"到河水呢？

【设计意图】通过火星图片引入学习内容，有效激发了学生的好奇心，同时也点明了水的重要性；通过黄河、井水的两个问题情境进一步引起学生学习探究的兴趣。

教师：了解了自然界中水循环的过程大家自然就找到答案了。（指着图片上的黄河）这种在地表由高处流向低处的水流，我们称为地表径流。同理（指着井水图片），这种在地下流动的水体称为地下径流。

教师：（出示教材中水循环示意图，给学生讲解）由于海洋占地球表面水体的绝大部分，所以我认为起点始于海洋蒸发。海洋蒸发到大气中的水蒸气凝结成微小的水滴，以云的形式存在。通过水汽输送的联系，它被风带到陆地上空。进入陆地空气中的水蒸气在一定条件下会变成降水，降水一小部分直接降到海洋之中，大部分降到陆地上。陆地上的降水一部分形成地表径流，最终又流到海洋中；还有一部分下渗到地下，形成地下径流。地下径流也从高处往低处流动，从地下流到海洋中。

教师：请问，为什么只有水汽从海洋上空的空气输送到陆地上空的空气的过程，而没有水汽从陆地上空的空气输送到海洋上空的空气的过程呢？

学生：我认为这主要取决于水汽输送动力的方向——风向。风当然会从海洋吹向陆地，也会从陆地吹向海洋。所以可能存在从陆地向海洋输送的水汽,但是那部分的水汽对人类活动产生的影响非常小,所以还是主要考虑对我们影响较大的从海洋向陆地的水汽输送过程。

教师:非常好,那么现在请同学们拿出学习单,完成水循环框图(见附图 2-6)。

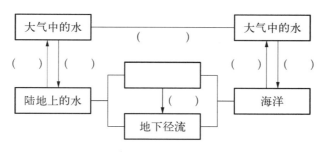

附图 2-6　水循环框图

(学生完成活动后,进行交流)

学生:海洋和大气中的水是双向箭头,往上的箭头含义是"蒸发",往下的是"降水"。海洋上空大气中的水箭头指向陆地上空,含义是"水汽输送"。陆地上的水和大气中的水箭头也是双向的,往上的是"蒸发",向下的是"降水"。陆地上的水形成"地表径流"经过"下渗"作用形成"地下径流"。

教师:出示正确的示意图(见附图 2-7)。

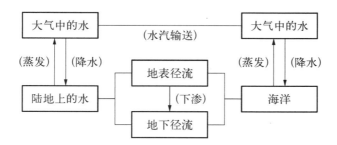

附图 2-7　水循环示意图

【设计意图】在学生绘出水循环示意图的基础上,进一步归纳水循环规律,从具体到抽象,总结出水循环的过程,让学生体会方法的提炼过程,进而认识到自然要素之间的联系。

教师：在自然界中的水时刻发生着有规律的运动。我们掌握了这个规律，再回过头来想想李白的诗和民间俗语，它们都说得对吗？

学生：李白的诗错在"不复还"，河水被蒸发后，又回到陆地，所以黄河之水能"复还"。

教师：棒，我们现在可以给大诗人挑挑刺了。

学生：（受到鼓舞，又有站起来的）那句民间俗语也不对，"井水不犯河水"，按照径流形式，河水是地表径流，井水是地下径流。地表径流和地下径流通过渗透通道相互连接。两者相互"联系"。

教师：非常好，原来我们要较真，会发现很多大家公认的俗语是没有科学依据的。科学的精神是严谨的、认真的。

环节二：水循环对地理环境的影响

教师：那么水循环的规律发生在自然界中，会产生哪些影响呢？这是我们接着重点探讨的内容。首先我们要理解地理环境这个大概念的含义。地理环境包括哪些要素呢？

学生：水、大气、土壤……

（教师一边板书"水循环对地理环境的影响"，在"地理环境"四字下画线。旁边打括号标注其含义，同学们说的同时就往括号里书写正确的。最终师生共同总结出水、生、土、地、气五要素）

教师：通过案例情境，讨论分析水循环对地理环境各要素具体产生什么样的影响（见附表2-6）。

附表2-6　分析水循环对地理环境的影响

案　例　情　境	归纳水循环对地理环境的影响
A. 金山金泽大坝源源不断地向上海供水，为什么水资源没有枯竭？"长江东流"，可是长江口水位为何不涨？	
B. 水循环的能源来自哪里？小浪底电站的水能资源是如何形成的？	
C. 黄土高原为何呈现千沟万壑的面貌？黄河三角洲为何还在不断地长大？（图略）	

续　表

案　例　情　境	归纳水循环 对地理环境的影响
D. 金泽库区与上海市区之间,哪个区域冬夏温差最小?	
E. 圆明园每年需蓄水三次,相当于 20 个昆明湖的用水量。如果在圆明园湖底加装防渗膜可以节约 2/3 的用水量,试分析一下优缺点	

(学生讨论,完成表格)

教师:好了,大家应该讨论得差不多了,哪个组的代表先来开个头? 看第一题:"金山金泽大坝源源不断地向上海供水,为什么水资源没有枯竭? '长江东流',可是长江口水位为何不涨?"这说明什么问题?

学生:说明水是循环的。

教师:那么为什么不枯竭,也不上涨呢?

学生:量是不变的,总量平衡。

教师:海水是咸的,无法直接利用,经过蒸发、水汽输送等环节到达陆地,陆地的河水是淡水,可以直接利用。请说明经过水循环,水资源发生了哪些变化?

学生:水资源得到再生、更新。

教师:非常好,请坐,我们把他刚才说的总结一下,得出结论:经过水循环,全球水量保持动态平衡,水资源得以更新。

教师:展示"小浪底水利枢纽工程在黄河中的位置图片",水循环的根本能量来源是什么? 小浪底电站的水能资源是如何形成的?

学生:小浪底的水能资源由势能转化为动能,动能驱动发电机转化为电能。

教师:可是,势能从哪里来的呢?

学生:是水由高处流向低处形成的。

教师:高处的水又从哪里来的呢?

学生:从山上流过来。

教师:水是怎么跑到山上的呢?

学生：大气降水形成的。

教师：大气中的水汽从哪里来的呢？

学生：太阳辐射蒸发的水汽。

教师：山上能蒸发出水汽吗？

学生：水面蒸发产生的水汽，经过风能传输到达山区上空。

教师：所以说水循环的根本能量来源是什么？

学生：太阳辐射。

教师：（伸出大拇指）非常棒，请坐。我们总结一下刚才这位同学的答案，就是第 2 小题的答案，水循环的根本能量来源是"太阳辐射"。小浪底水电站能量转化可以表述为：最初的太阳能—风能—势能—动能—电能。我们看该题第 3 小问，水循环对地理环境造成什么影响？

学生：促进自然界能量转化。

教师：非常好。

（板书：促进自然界能量转化）

教师：（展示图片）大家来看，这是黄土高原的景观图。请问，黄土高原为何有万千沟壑？为什么黄河三角洲还在增长？这两个问题说明了水循环对地理学的影响是什么？

学生：黄土高原千沟万壑的形成，是流水冲刷造成的。黄河三角洲不断扩大的原因是黄河携带的泥沙沉积在河口。

教师：同样是在黄河流域，一个地区形成"千沟万壑"，一个堆积形成"三角洲"。这是"水、生、土、地、气"中的哪个要素产生影响呢？

学生：（轻声地、不确定地）地貌吧。

教师：对，地貌。注意：流水把从黄土高原侵蚀的泥沙搬运到入海口处堆积，说明水循环过程中实现了什么变化呢？当然搬运的泥沙中可能含有化肥、农药金属元素等物质。

学生：物质的迁移。

教师：对了，这就是水循环对地理环境的又一影响。

（板书："物质运动"同时影响地貌）

教师：那么，我们再来看，金泽库区和上海市区，哪个地区冬夏温差较小？

学生：金泽库区冬夏温差小，因为水的比热容大，可以容纳更多热量，所以温差小,说明水循环影响了气候。

教师:很好,请坐。(教师板书"地貌"后加一顿号,写了气候二字。)

教师:(出示几张圆明园图片,接着展示铺防渗膜的工地场景)这是前两年闹得沸沸扬扬的圆明园铺设防渗膜的情景,大家知道该事件吗?

学生:由于圆明园内有很大的水域,每年都要往水域中注入大量水,才能保证园内游客的观赏游玩。因为下渗和蒸发很严重,圆明园为了节省成本,想铺设防渗膜,这样水的消耗只有蒸发环节,没有下渗,减少了不少损失。

教师:如果在圆明园湖底铺设防渗膜,可节省 2/3 的用水量。下面分析一下加装防渗膜的优缺点。这对水循环有何影响?

学生:要说"利"可能是对圆明园一家而言,就是省水了,节省了园内花销成本;主要是"弊",妨碍了水循环的环节,属于违背自然规律,同时影响周边及园内地区的植物生长和生态环境。

教师:很完整,分析透彻,让我们把掌声给他。

(板书"气候"后面写下"生态"二字。)

环节三:对案例的具体解读

教师:我们掌握了水循环的规律和水循环对地理环境各要素的影响,主要是为了趋利避害,把这个规律服务于人类活动。下面我们就身边的案例讨论一下,人类如何通过影响水循环的环节来影响水循环,从而使得水循环有利或不利于人类活动。

问题讨论:

A. 北京什么季节水循环量大?这些水都能被人类利用了吗?你有何建议?

B. 目前,上海周边的青草沙水库和上海地下水不能满足城市发展的需要,我们可以采取什么样的措施来增大上海水循环量?举例说明。

C. 在前两个措施中,人类改变了哪个环节来影响水循环?

D. 目前城市环境中大量使用透水砖,对城市地理有什么好处?

E. 水资源是不断更新的,是不是可以说水资源取之不尽、用之不竭?为什么?

(学生讨论)

教师:好了,大家应该讨论完了,下面谁来发表一下你们讨论的结果?先看第 1 小题。

学生：北京夏季水循环量大,而且夏季的雨水不能被充分利用。所以,我们的建议是:下雨多时,把水存起来,等水少的时候拿出来用。

教师：用什么方式存呢?

学生 1：可以修水窖,不过水窖装的水太少了,或者直接在楼顶上修集水装置,不让雨水下到地面,直接在楼顶上截住了,还节省了地面空间。

学生 2：这不可能的。北京哪有地方修水窖啊! 这是极其缺水的地方才使用的方法。

教师：是啊,你这给建筑师提出难题了,在楼顶建水窖,长期被水浸泡着,还不能让楼房漏雨。

学生：那还可以在合适的地方修建水库。

教师：这个意见不错噢,可以采纳。第二题,大家帮上海市政府想想办法,上海缺水,采取何种措施能增大上海的水循环量?

学生：(大声齐答)南水北调。

教师：对,跨流域调水不仅是咱们中国解决区域水量不平衡问题使用的方法,在其他国家也有采用调水工程的。这在下学期我们会学到。

教师：不过老师要强调一下,上海的缺水不是一种数量上的缺水,而是质量上的缺水,属于"水质型缺水",因此,提高水质才是解决上海缺水问题的关键。

教师：现在请同学们想想,前两道题是人们改变水循环的哪个环节实现的呢?

学生：(齐答)地表径流。

教师：现在北京的路面大量使用透水砖,对城市地理环境有什么好处?

学生：增加下渗。

教师：增加下渗对地表和地下有什么好处呢?

学生：对地面的好处主要是夏季暴雨时节,立交桥下有大量积水影响交通,所以下渗水有利于减少地表径流在地表的汇集。对地下的好处主要是增加地下水,保证植物生长;同时藏在地下的水在干燥的时候,可以增加大气湿度。北京是个缺水的城市,使用渗水砖太有必要了。

【设计意图】 在归纳意义的基础上,进一步将水循环理论与生活实际相联系,通过讨论解决问题的原则提高学生的认知水平。

　　教师:非常全面,我们总结一下:增加下渗,有利于减少地表径流的积累和水的快速积累;有利于增加地下水,保证植被生长;有利于增加城市大气湿度。自然界水循环不断,那么水资源永远不会枯竭吗?

　　学生:不会,虽然总量不变,但在一定地区、一定时段内,还是缺水的。

　　教师:显然,同学们对最后几道题把握很到位。这是基于大家已经很好地理解了水循环的规律,谢谢同学们的配合。

高中《地理》"人类面临的
主要环境问题"教学设计

一、教材分析

环境与发展密切相关又相互影响。这里的环境是指自然环境,发展主要是指人类社会的发展。这里面有两个显著特点:第一,人类从自然环境中获取物质和能量;第二,人类向自然环境排放废弃物。

本单元聚焦于环境与发展。按照课程标准的内容要求,"主题13 人类面临的主要环境问题"需要重点落实的是"运用资料,归纳人类面临的主要环境问题";同时,也要学生进一步学习"主题14 协调人地关系和可持续发展的途径"。因此,课程标准"内容要求"所说的"归纳",不是对环境问题的简单罗列,而是要求学生对与此相关的一系列问题有所认识,如:什么是环境问题?环境问题是怎么产生的?人类面临哪些环境问题?当前环境问题的地理特征是什么?在此基础上,归结到协调人地关系的重要性和必要性。

本节教材的编写是以人地关系为主线来选择并组织教学内容。教材主要从"全球变暖""荒漠化""生物多样性减少""环境污染"四个人类面临的主要环境问题入手,对其进行介绍。本课在设计时考虑到:第一,这四个方面在教学上是并列的,也就是说,可以详细讲一个,然后让学生通过自主学习与小组合作学习相结合的方式进行学习了解其他。第二,需要在进行四个方面的学习之前,对环境问题及其产生的原因进行详细讲解,并以此为后面四个问题的抓手。这样可以使整节内容联系紧密,层层递进,前后呼应。这样的内容选择和内容结构,不仅有利于培养学生的综合思维,也有利于促进学生形成正确的人地协调观。所以,本节教材也是培养学生环境素养的良好素材。

二、教学目标

(1)运用人类与环境的相关模式图,并结合实例,解释环境问题及环境问题的产生。

（2）利用图表，了解并解释人们面临的主要环境问题及其后果。

（3）根据相关资料，举例说明环境问题的地域差异和全球化趋势，认识协调人地关系的重要性。

三、教学过程

教师：同学们，今天我们来学习了解人类面临的主要环境问题一课，我们先来看一段材料。（展示《人类环境宣言》部分内容）

教师：你了解这次大会是在什么背景下召开的吗？为什么大会议题引发了全人类对环境问题的关注？你知道的环境问题有哪些？

学生1：斯德哥尔摩会议是工业革命后面临严重环境问题和环境污染的人们举办的会议。它开启了人类生活可持续发展的开端。

学生2：我查了资料，这次会议也是中华人民共和国政府回到联合国后参加的第一个国际会议。毛泽东在得知会议结果后曾说过："要不断积累经验，不断发明创造，不断创造前进。"

学生3：环境问题通常包括空气污染、水污染、土壤污染等。

【设计意图】以疑激趣，引导学生带着这些疑问开始本节课的学习。

一、环境问题及其产生的原因

教师：那么，现在请同学们以小组形式，展示课前搜集的环境问题图片，并结合多媒体展示的相关图片及教材，概括环境问题的相关概念。

（各个小组展示探究结果）

教师：从展示交流中我们了解到，当今环境问题层出不穷。其主要原因是人们对环境采取了不恰当的、敌对的态度和做法。而且同学们的交流大量都围绕着这些核心词："人类""不合理、不友好"。这说明什么？

学生："人类"说明的是引发环境问题的对象；"不恰当、不友好"强调人类对于环境问题产生的态度和做法。

教师：那么，人类对环境不同的态度和行为会产生不同的环境效应。人类应该如何处理与环境的关系？

教师：让我们一起结合人类社会与环境的相关模式图（见附图2-8），说说人类与环境之间的关系。

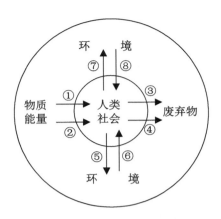

附图 2-8　人类与环境关系示意图

　　学生1:人类的生存和发展取决于环境,包括三个方面。首先,人类的生存和发展必须占据一定的环境空间,人类社会本身就是环境的一部分。其次,人类通过生产活动从自然界获取所需的资源,并将资源转化为消费品,以满足人类的消费需要。再次,人类生产和消费活动产生的废弃物("三废":废气、废水、固体废弃物)排放到环境中。

　　学生2:人类合理的活动应该遵循自然规律,合理利用资源,使环境得到保护或改善;不合理的活动会使得环境质量下降。

　　学生3:环境对人类的反馈作用。人类对环境的影响越大,环境对人类的影响力就越大。一类反应是良性的,可以使人类实现可持续发展;还有一些是恶性的,会影响人类的生产活动、生命和健康,甚至危及人类的生存。

　　教师:的确,通过对人类社会与环境相关模式图的分析,不难看出人类与环境的关系是对立统一的。那么,请同学们根据刚才同学们讲的内容,回答四个问题:人类社会与环境的关系是什么? 说明图中箭头表示的含义。举例主要废弃物有哪些? 归纳人类与环境的关系是什么?

　　(学生小组活动之后回答)

　　学生1:人类社会本身属于环境的一部分。

　　学生2:从图中的箭头,我们小组认为,①②人类通过生产活动从环境中获取物质和能量;③④人类生产、消费活动向环境产生废弃物;⑤⑦人类活动对环境的影响包括正面影响和负面影响;⑥⑧环境又把受到的影响反作用于人类。

学生 3：主要废弃物是指"三废"——废气、废水、固体废弃物。

学生 4：人与环境的关系：首先，人类从环境中获取物质和能量；其次，人类生产和消费活动产生的废弃物必然排放到环境中；再次，环境对人类的反馈作用。

教师：同学们，刚才我们一起学习了人类与环境的关系，那么现在我们研究材料，以小组合作的方式，探究环境问题产生的原因。

（学生小组合作，翻阅教材，结合图文资料，探究环境问题产生的原因。）

材料一：1958 年 8 月 1 日，横贯中国西北的交通大动脉——包头至兰州铁路正式通车。谚语云："天上无鸟，地上无草，千里无人，风吹石飞。"由于长期流沙肆虐，风沙经常"骚扰"铁路线路，填满铁轨，经常导致铁路停运。

材料二：半个多世纪以来，一代代铁路防沙工作者怀着立于大漠、服务于大漠的真情，在包兰铁路中卫至干塘铁路两侧修建了一条 800 米宽、55 千米长的绿色长廊。在广袤的腾格里沙漠东南边缘，包兰铁路犹如一条蜿蜒的钢龙，在苍翠林带的掩映下，纵横沙地，纵横群山。

结合材料，对下列问题进行探究：

（1）材料一谚语中提到的是哪种环境问题？

（2）材料二中的环境问题主要分布在我国的哪个地区？

（3）归纳环境问题产生的原因是什么？

（学生探究之后回答）

学生 1：材料一，表示的是土地荒漠化。材料二说是我国西北地区。

学生 2：环境问题产生的原因主要有两个。一是需求过大。人类对环境的需求已经超过了环境的承载能力，导致自然资源的枯竭和生态的破坏。二是超标排放。人类排放到环境中的垃圾量超过了环境本身的清洁能力，导致环境质量下降和环境污染。

教师总结：人类通过生产活动从自然界获取所需资源，造成生态问题；人类生产和消费活动产生的废弃物被释放到环境中，如果排放到环境中的废弃物数量超过了环境本身的清洁能力，就会造成环境污染和许多环境问题。

讲到这里，有一点老师要强调，注意区别环境污染与生态破坏（见附表 2-7）。

（教师出示两者的区别与联系表，并进行讲解）

附表 2-7　环境污染和生态破坏的区别

环　境　问　题		环　境　污　染	生　态　破　坏
区别	产生原因	过度排放	过度索取
	表现方式	大气污染、水体污染	森林的环境调节功能下降
		固体废弃物污染	水土流失、土地荒漠化
		噪声污染	土地盐碱化
		海洋污染	生物多样性减少
联系		都是环境问题的基本形式，环境污染往往会导致生态破坏	

教师：在人类社会与环境的关系中，环境对人类的反馈作用，包括恶性的反馈作用。所以人类在发展过程中，一定要注意与环境的关系。

【设计意图】对这两个关键词之间的区别与联系进行说明。通过表格的方式，引导学生学习习惯的培养，提升学生对环境知识的理解。

二、环境问题的表现

教师：教材中罗列了"全球变暖""荒漠化""生物多样性减少""环境污染"4 个人类面临的主要环境问题。同学们在课前也已经自行阅读过了。那么现在老师出示 4 则材料，请同学们根据教材的内容，对材料的相关问题进行探究，待会儿请同学们交流。

材料一：指狐猴被认为是世界上最丑陋的动物，只有在马达加斯加的野外被发现。马达加斯加原住民认为，指狐猴是会给人们带来厄运的"恶魔"，因此当地迷信的居民猎杀指狐猴。可能用不了多久我们就会和指狐猴说再见。

材料二：小明的烦恼——我从小就生活在城市中，在充分感受到城市生活的各种便利的同时，也不得不忍受城市中的环境问题——越来越污浊的空气与越来越灰蒙蒙的天空，几乎无时无刻不充斥在耳边的噪声，极度炎热的夏天，似乎越来越暖和的冬天……我们从城市里拿走了太多，以至于忘记了我们至少还应该做点什么，去保护这承载着千万人生活的城市。

农村环境是一个非常需要关注的话题，关系 2035 年能否基本实现现代化,精准扶贫目标的实现也取决于农村环境的整体改善。生态脆弱地区环境恶化是无法脱贫的重要原因。

材料三:世界各大洲存在的环境问题示意图。(图略)

材料四:在应对全球气候变化中,小岛国联盟是最积极的倡议者和最坚定的支持者。小岛国家联盟是由数十个小岛屿国家和沿海低洼国家为加强话语权而结成的联盟。它们密切关注全球化石能源(煤炭、石油、天然气等)和木材生产年度报告,并将国家未来命运与此联系起来。

结合材料,探究的问题有:

(1)材料一中指狐猴的濒临灭绝属于哪种环境问题?该环境问题产生的主要原因是什么?

(2)材料二说明城镇和村庄存在哪些环境问题?描述环境问题的特点并举例说明。

(3)根据材料三分析当前环境问题出现何种趋势,列举其中一种,说明其形成的原因和影响。

(4)材料三图中哪个环境问题可能会影响其他地区甚至全球?根据以下提示找出内在联系,绘出联系框图。

两极冰川融化、全球变暖、砍伐森林、燃烧石化能源、海平面上升、大气CO_2含量增加、淹没岛屿和沿海低地。

(5)材料四中小岛国的忧虑是什么?你认为他们担心的有道理吗?

(6)就解决小岛国忧虑,提出你的看法。

【设计意图】用具体的情境,让学生运用所学知识开展学习。避免只能了解一些环境知识,缺少运用分析的能力。

(学生开展小组合作)

教师:好,现在请同学们就刚才的几则材料,进行交流分享。

学生1:材料一中的指狐猴是生物多样性减少的环境问题。我们认为,主要原因是人类的大肆猎杀。

学生2:城市和农村的问题是不同的。城市主要是环境污染。原因是人口高度集聚,交通和工业活动排放大量废弃物。由于资源使用不当或过度使用,农村地区的生态遭到破坏。

学生3:材料三的这张图说明,环境问题日趋全球化,连几乎没有人居住的南极洲也被污染了。比如,欧洲北海和地中海的水污染是由过量的工业和生活废弃物排放造成。影响是海域水体富营养化;海洋生物多样性减少;海洋生物死亡产生的毒素通过食物链危害人类健康。

学生4:我们小组是这样画的联系框图(见附图2-9)。

附图2-9 联系框图

学生5:忧虑是国土被淹没。有道理,因为化石能源的燃烧和森林的减少(砍伐和焚烧森林),增加了大气中CO_2的浓度,导致全球变暖,加速极地冰川融化,导致海平面上升,淹没岛屿和沿海低地。

学生6:我们小组讨论的举措有:调整能源消费结构,使用新能源和清洁能源;发展能源利用技术和提高能源利用率;开发清洁燃烧技术;努力加强国际合作;等等。

【设计意图】让学生对相关问题提出解决措施,有利于学生形成"分析问题—认识影响—进行解决"的思维链,同时提升学生环境素养中的环境技能。

教师:老师这里要强调一下,环境问题存在地区差异,在城市和乡村以不同的方式表现出来。城市环境问题主要是环境污染,而农村环境问题主要是生态破坏。环境问题因国家而异,在发达国家和发展中国家以不同的方式表现出来。发达国家的生态问题主要表现为过度消耗资源造成的生态影响,发展中国家的生态问题主要表现为生态破坏和快速工业化造成的环境污染。当前环境问题不断升级,一些环境问题已经跨越国家和地区界线,发展成为全球性环境问题,引起世界各国的广泛关注。为了谋求人类现在和未来的可持续发展,联合国人类环境会议制定并通过了《人类环境宣言》。

教师小结:通过本节课的学习,首先,明确了环境问题到底是什么;其次,理解人类活动可以影响环境,环境对人类社会有明显的反馈作用;再次,分析环境问题产生的原因;最后,对环境问题的主要表现进行了分析与了解,提倡人们在生产生活实际中,注意保护环境,走可持续发展之路。

(教师边小结,PPT上边呈现本节课的学习框架,见附图2-10。)

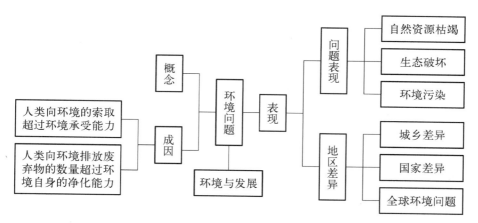

附图 2-10　学习框架

高中《地理》"资源跨区域调配
——以我国西气东输为例"教学设计

一、教材分析

本课主要围绕课标要求"以某区域为例,说明资源跨区域调配对区域发展的影响"开展教学设计。这里的区域,主要指资源调入区和调出区,也包括沿线区域和行使调配的更上一级区域。

要理解资源调配可能产生的影响,首先要从为什么要跨区调配资源入手,即理解资源跨区域调配的原因。区域间的差异,如资源禀赋、经济发展水平等方面的差异,会引发区际要素流动。这些要素包括资源、商品、资金、人口、信息等,体现为物资流动、信息传递、资金转移、技术交流和人口迁移。要素流动使区际联系更加紧密。

区域之间差异的存在为区际相互交流和联系奠定了基础。除此之外,区际联系的建立,还需要满足其他条件,如互补性、中介机会和可达性。地区之间的互补性是,由于区域特征的不同,使得彼此之间可以相互影响。它是区域特征的必要条件。中介机会是改变区域空间相互作用格局的因素,区际联系可以发生在不连续地区之间。

本节"资源跨区域调配"与"主题7 区域产业转移"都属于区际联系中的要素流动案例。本节内容是上一节区域的产业转移的延伸。

本课题首先从理论上分析了区域资源分布对于区域发展的重要性,从而解释其区域影响。随后,选取了我国西气东输调配工程作为主案例,介绍了"西气东输"的概况原因和产生的区域影响。

本主题的环境素养培育主要表现在:通过西气东输案例学习,让学生通过某个案例得出结论,独立探究其他跨区域资源配置项目的原因和现实意义,认识资源分布不平衡和经济发展不平衡普遍存在,形成正确的人地协调观,认识区域资源配置的重要性。

二、教学目标

（1）用数据和实例分析自然资源跨区域配置的原因。

（2）结合实例，辩证地认识经济、环境、人力等方面的资源分布受区域资源配置的影响。

（3）结合实例，说明跨区域配置资源对区域发展和合理利用自然资源的重要性。

三、教学过程

（教师播放纪录片《辉煌中国》片段。该纪录片对我国的一个个全国性的超级工程进行了介绍与说明。）

教师：从这个视频中，你能获得哪些信息呢？

学生：中国现在越来越强大，越来越繁荣。

学生：我们国家有许多伟大的工程。

教师：纪录片中有一个工程，叫作"西气东输"。我们今天这节课就来了解这个工程。

【设计意图】播放视频，一方面是让学生增加背景知识，为后面的具体案例教学做铺垫；另一方面引起学生的探究兴趣，带着问题进入课堂学习。

一、资源跨区域调配与区域发展

教师：课前大家对教材已经进行了预习。请同学判断下列说法是否正确，并阐述理由。

（教师在课件中一条条呈现下列问题，见附图2-11）

判断下列说法是否正确，并阐述理由。
- 资源的跨区域调配是解决资源短缺的唯一途径。
- 西部地区一直是我国油气资源开发的重点区域。
- 我国区域能源资源的赋存量与区域发展是基本匹配的。
- 资源调入区资源供小于求。

附图 2-11　课件

学生1：我觉得第一个说法不正确。解决资源短缺的主要途径是开源节流。具体包括提高资源利用效率,节约资源;寻找替代资源和跨区域调配资源;防止浪费和污染等。

学生2：第二个说法也不正确。20世纪80年代以后,西部地区成为我国石油资源开发的重要地区。

学生3：我觉得第四个正确。资源调入区经济发展迅速,资源贫乏,资源供应小于需求。

学生4：第三个也是不对的。我国东部地区经济发展水平高,对能源的需求量大,能源供给相对短缺,而中西部地区能源资源丰富,需求量小。

【设计意图】这部分内容相对简单,重在让学生通过阅读图文资料总结归纳,并能描述。这部分内容都可以从课本中找到答案,但学生往往会忽略对基础知识的理解。通过设计以上问题,可以引导学生深入思考,也为学习下一部分内容做铺垫。

教师小结：同学们判断得都非常正确。资源跨区域调配的原因是区域差异。(PPT呈现结构图,见附图2-12)

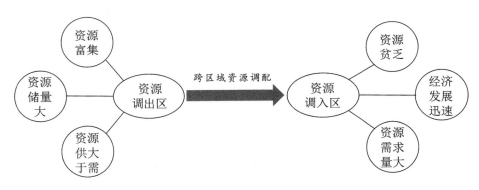

附图2-12 结构图

教师：资源的跨区域调配对于区域发展具有重要影响。资源跨区域调配的必要条件：区域间存在资源分布与需求的差异;资源跨区域调配是发生在同一行政管理主体(国家)下的行为;资源跨区域调配需要交通运输等基础设施的建设和政策作为保障条件,需要在具有更高资源调配权力的区域中实现。

二、实施西气东输的原因

教师：区域差异是资源跨区域调配的基础,没有区域差异,资源调配无从谈起。那么,现在我们来学习西气东输。

(教师出示"西气东输"的示意图)

教师:请同学们以此对课件上的这些问题进行思考,并回答:

(1)"西气东输"工程一线、二线、三线工程的起点与终点分别位于哪里?

(2)"西气东输"一线工程沿途经过我国哪些地形区?几次穿越黄河、长江?经过的气候类型有哪几种?

(3)"西气东输"二线工程经过哪些省级行政区和地形区?

(4)"西气东输"工程管道建设的主要自然障碍有哪些?

(5)影响"西气东输"工程线路具体走向的因素有哪些?

(学生回答略)

教师:那么,让我们来看看东西部地区有哪些区域差异?

(一)能源地区差异大

[出示:能源生产和消费在东、中、西部的占比(2015年)图(略)]

教师:请同学们读图,说说我国能源生产和消费有什么特点?

学生1:东海岸地区经济发达,对能源需求量大,但能源的相对匮乏,阻碍了经济效益的充分发挥。

学生2:由于西部地区经济水平的限制,丰富的能源无法得到充分开发利用。

(二)调整能源消费结构

[出示:我国能源消费结构与世界和中国能源消费结构(2020年)图]

教师:读图思考世界能源消费结构有什么特点?我国能源消费结构有什么特点?

学生:长期以来,在我国的能源消费结构中,煤炭一直占60%以上,而世界是以天然气和石油为主。

教师:大量使用煤炭作为能源,带来一系列的环境问题。结合生活实际思考,有哪些环境问题呢?天然气有哪些优点?

学生回答(略)

(三)西部是我国油气资源未来开发的战略重点之一

教师:大家仔细观察下面这幅我国天然气分布图,我们可以发现天然气分布的总体特征是什么?

学生:"西多东少,北多南少",所以我国油气资源未来开发的战略重点之一是西部地区。

教师：很好。老师现在给大家一段材料,请同学们小组讨论这样两个问题：

(1)分析自然条件对新疆天然气开发的影响；

(2)结合天然气开发利用的特点,讨论新疆的社会经济条件对天然气开发的影响。

(教师出示两则材料)

材料一：新疆能源资源十分丰富,仅塔里木盆地的天然气就占全国天然气资源总量的近1/4。然而,进入21世纪之前,新疆丰富的天然气资源长期没有得到充分开发。

材料二：煤炭与天然气作为能源的特性比较

附表 2-8　煤炭与天然气特性比较

	煤　　炭	天　然　气
优　势	开采成本低 存储、运输方便 价格便宜	清洁 使用方便 燃烧效率高 比较价格低
缺　点	使用不便 燃烧效率低 废气、废渣排放量大	开采、储运难度大 技术要求高 投资大,回收周期长

学生1：不利因素——年降水量少、河流湖泊较少、水资源匮乏；夏季炎热,冬季寒冷；风力强劲、地表干燥、植被覆盖率低、沙尘多、沙尘暴威胁大等。有利因素——多晴天,利于工程建设等。

学生2：天然气开采储运难度大,而新疆由于人口少、经济落后、市场需求量少,不利于大规模开发；天然气开采技术要求高、投资大,而且回收周期长,新疆由于整体科技水平低、资金匮乏、技术人员匮乏等,不利于开发。

教师：正是因为有了这些区域差异,所以有了"西气东输"工程。

三、"西气东输"对区域发展的影响

教师：我们举行辩论赛的内容为"'西气东输'对于中、西部地区来说,是利大于弊还是弊大于利"。我们分为正方和反方,请正方和反方同学讨论之后发表观点。

(学生自由辩论)

教师总结归纳：有利影响,如附表2-9所示。

附表2-9　"西气东输"的有利影响

		中、西部地区	东部地区
社会经济	资源开发与经济建设	将资源优势转变为经济优势,使之成为中、西部地区一个新的经济增长点	缓解能源短缺,优化能源消费结构,促进东部地区经济发展
	产业结构调整	加快天然气综合利用的步伐,发展以天然气为原料的化工工业	推动天然气化工、发电等产业的发展
	基础设施建设	推动中、西部地区天然气勘探开发和管道等基础设施建设	配套工程的建设,将极大地带动东部城镇基础设施建设
生态环境		缓解沿线因砍伐森林、破坏植被带来的环境压力	提高清洁能源的使用比重,有效改善大气环境

教师：不利影响——工程范围大、施工方式多样,穿越的地形类型复杂,植被稀疏,生态环境相对脆弱,容易造成破坏。

教师呈现结构图(见附图2-13),对本节课进行小结。

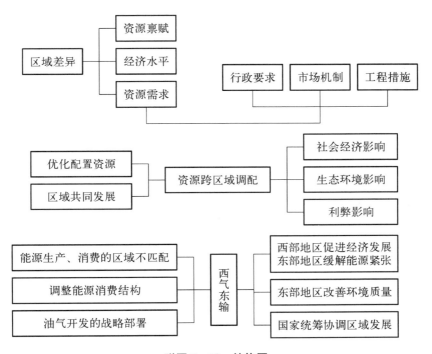

附图2-13　结构图

学生开展关于环境问题的探究报告

关于某学校用电量调查报告

一、调查背景

　　这样的场景在我们学校并不少见：一个滴着水的龙头、一间开着灯的无人教室、一个只有几个人的房间里开着所有的电扇……虽然有很多人会对这样的浪费现象不满，但并没有做出实际的行动来改善。本次的探究学习活动就是让同学们真正地了解节能减排，提高认知，最后把从活动中学到的知识运用到生活中，并带动身边的亲朋好友，也加入节能减排的行列中来。

二、探究过程

　　活动一：走访总务

　　目的：了解学校最近三年的用电量情况并分析原因。

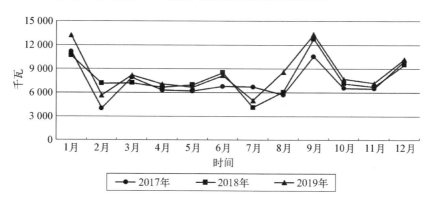

附图 3-1　2017—2019 年我校各月用电情况

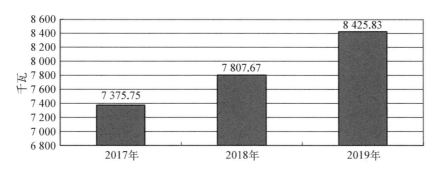

附图 3－2　2017—2019 年我校各月平均用电情况

（1）通过图 3－1 中折线的变化趋势可以发现：在 2017、2018 和 2019 三年中，9 月与 1 月的用电量最高。这与季节变化有关。由于温度变化，一些办公室使用空调，使得在这些月份中出现用电高峰。一些用电低谷主要出现在校内无人的寒暑假。

（2）通过图 3－2，2017、2018 与 2019 年比较，发现我校平均用电量在不断地上升，分析可能有如下原因。

① 学生的数量在不断增加，导致用电量的增加。

② 学校利用寒暑假期间对学校进行装修，并新建一些教室，造成了用电量的增加。

③ 电脑数量的增加。学校购进了许多电脑，并且有了 3 个电脑房，在教师办公室中也置换了新电脑。

④ 学生或教师在某些方面的用电不注意，导致有浪费的行为产生。

活动二：对学生进行节能减排问卷调查

目的：了解同学们的节能意识和节能知识，指出我们学校中可能有的浪费行为。此问卷发放 50 张，收回 50 张，有效问卷 50 张。

第 1 题：你们教室（办公室）有专人负责开关电灯、电脑、电视等电器吗？（单选）

有	36％
没有	64％

第2题：如果你看到空荡荡的教室（办公室）里灯亮着，你会怎么做？（单选）

主动去关	52％
与我无关，无所谓	16％
看情况再说	32％

第3题：你知道什么是节能减排吗？（单选）

知道	86％
不知道	14％

第4题：你知道普通日光灯与节能灯的区别吗？（单选）

知道	96％
不清楚	4％

第5题：你希望学校更换节能灯泡以达到节能降耗的目的吗？（单选）

愿意	86％
不愿意	12％
与我无关，无所谓	2％

第6题：你认为节能减排对环境有什么样的影响？（单选）

有积极影响，减少污染	72％
总的来说影响不大	22％
有负面影响，反而不好	6％

第7题：你认为应当怎样倡导节能减排？（多选）

A. 加大宣传力度	86％
B. 淘汰落后的产品，更新节能设备	82％

续　表

C. 制定严格的执行标准,健全法规	62%
D. 其他	4%

（两位同学提出建议：增强科学技术水平,使得产品更低功效）

第 8 题：你能指出学校里哪些行为不利于节能减排吗？（可多写）

28 位同学指出,有些师生在离开班级与办公室时没有关灯、关电风扇。

22 位同学指出,有时走进老师办公室就觉得很冷,原来空调开着,但是室外温度并不是很高。

14 位同学指出,有些楼层的电视机根本没人看,仍然长时间开着。

问卷调查结果的总体评价：通过问卷调查发现,仍有一部分同学对节能减排表态不明确,对于一些浪费用电的行为依然持冷漠的态度。

活动三：上网调查节能用电的数据

以电灯为例,我们学校大约一共有 300 支日光灯在使用中,1 支灯管 46 瓦。以每天使用 4 小时计算,这些日光灯每年一共要耗费 20 148 度电。如果使用节能灯,1 支节能灯只有 8 瓦,还是以每天使用 4 小时、300 支节能日光灯计算,仅需要 3 504 度电。这样一年可以节约 16 644 度电。

我们再从碳排放角度计算：

1 支普通日光灯（50 瓦）一小时排放 0.034 5 kg 的 CO_2,300 支普通日光灯 4 小时则排放 41.4 kg 的 CO_2。

1 支节能灯（8 瓦）一小时排放 0.011 3 kg 的 CO_2,300 支节能灯 4 小时则排放 13.56 kg 的 CO_2。一年可减少 27.84 kg CO_2。这确实是一个非常可观的数字！

三、汇报展示

（一）学校用电情况的现状

通过先前的走访、问卷、上网搜寻资料的结果来看,现状令人担忧。

从统计图表来看,学校的用电量趋势仍然是呈上升状态,并且平均日用电量有超过 8 000 度的可能。所以急需降低能耗,节能减排。为此,我们拟定了一份"学校节约用电的倡议书"。

（二）"节约用电的倡议书"

全校师生员工：

我们大家引以为自豪的美丽校园应该是空气清新,鸟语花香,草坪葱绿,道路整洁。但是,我们不时也会发现一些诸如"人走灯不灭,龙头水长流"的现象,与和谐的校园景观不甚协调。我们深知,珍惜能源,呵护校园,建设秀美和谐的教学环境,需要你我的参与。对我们而言,增强对环境保护的忧患意识,充分认识节能减排的紧迫性,在当前具有重要的现实意义。为此,我们探究小组特向全校师生员工发出以下倡议：

一、充分认识节能减排的重大意义

我们要认真学习节能减排的相关政策和知识,积极参加节能减排的宣传教育活动,动员和影响身边的亲朋好友降低水电消耗,减少污染排放,崇尚节俭理念,多用节能产品。我们要经常宣传介绍,使大家都能认识到,节能减排需要全社会每个成员的共同努力,节约用电、减少污染是我们大家义不容辞的责任。

二、进一步加强节能减排的社会实践

节约能源,减少污染应当从我们身边的小事着手,例如：

（1）每个班级推选一名专门负责用电情况的学生,监督没有随手关灯、关电视的行为。

（2）在每一个开关上都附一张小纸条,上面可以是一些关于节约用电的话语。

（3）在办公室,夏季空调温度与室外温度相差不超过5℃。例如,室外温度为32℃时,则空调应设置为28℃。温度每升高1℃,能耗可降低10％。

（4）配合电风扇使用空调。向上吹空调可以提高制冷效率。空调启动时,用电风扇将空调向上吹,短时间内可提高冷却效率,增加冷却效果。

（5）出门前30分钟关掉空调。空调关闭30分钟,室温不会有任何变化。所以应养成离开前30分钟关掉空调电源的习惯。

三、积极参加节能减排、绿色环保的金点子创意活动

节能减排全靠大家的努力,把我们自己在生活中的节约窍门和有关节能减排的发明创造贡献出来,传授给大家,为校园和社会的绿色环保发挥我们应有的作用。

图书在版编目（CIP）数据

知识·态度·行动：地理学科视角下的中学生环境
素养培育研究 / 李冬昕著. —— 上海：上海教育出版社，
2023.1
ISBN 978-7-5720-2419-1

Ⅰ.①知… Ⅱ.①李… Ⅲ.①环境教育－教学研究－
中学 Ⅳ.①G633.982

中国国家版本馆CIP数据核字(2024)第009264号

责任编辑　邹　楠
装帧设计　观止堂_未 氓

知识·态度·行动——地理学科视角下的中学生环境素养培育研究
李冬昕　著

出版发行　上海教育出版社有限公司
官　　网　www.seph.com.cn
地　　址　上海市闵行区号景路159弄C座
邮　　编　201101
印　　刷　上海叶大印务发展有限公司
开　　本　700×1000　1/16　印张 17.75　插页 1
字　　数　273 千字
版　　次　2024年5月第1版
印　　次　2024年5月第1次印刷
书　　号　ISBN 978-7-5720-2419-1/G·2146
定　　价　78.00 元

如发现质量问题，读者可向本社调换　电话：021-64373213